浙江省普通高校"十三五"新形态教材
高等职业教育工程造价专业系列教材

国际工程项目管理

主　编　陈乾浩　温运福
副主编　薛寿芳　胡晓磬　陈朝阳　孔宏伟　陈元元
参　编　范小琪　郭慧芳　潘春鹏　竹宇波　吴锦秀
　　　　向祥林　史　君
主　审　杨海平

机械工业出版社

本书是浙江省普通高校"十三五"新形态教材。本书共分为八个项目，每个项目通常有五项任务（项目二为四项），其中，任务一为每个项目的概述，主要介绍该项目涉及的专有名词含义、基本概念、历史发展状况等；任务二、任务三为该项目需要掌握的核心技能和重点内容；任务四为该项目涉及内容在国内和国外工程上的主要区别及应注意的事项；任务五为拓展模块，介绍我国涉外工程重点目标国的基本情况，包括国家与城市、营商环境、政策法规、涉目标国项目介绍等内容。

作为教材使用时，授课老师可以根据学生前置课程的开设情况，结合各专业对目标知识的诉求，有选择性地进行讲授。如未开设过前置课程的，可以按序进行；如前期已开设过"工程项目管理"等相关课程的，可以将授课重点放在每个项目的任务四和任务五部分。作为培训材料或阅读书目时，可以结合培训目标、岗位需求、自有知识储备等情况，选择合适的项目和任务进行学习。

本书适合建设工程管理、工程造价、建筑工程技术、市政工程技术等土建类专业的学生作为国际工程项目管理等相关课程的教材使用，也适合国际工程项目管理人员、咨询工程师、监理工程师、设计人员等从事国际工程管理的人员阅读参考。

图书在版编目（CIP）数据

国际工程项目管理/陈乾浩，温运福主编．—北京：机械工业出版社，2022.11

浙江省普通高校"十三五"新形态教材．高等职业教育工程造价专业系列教材

ISBN 978-7-111-71792-8

Ⅰ．①国… Ⅱ．①陈… ②温… Ⅲ．①国际承包工程-工程项目管理-高等职业教育-教材 Ⅳ．①F746.18

中国版本图书馆 CIP 数据核字（2022）第 189581 号

机械工业出版社（北京市百万庄大街22号 邮政编码100037）
策划编辑：王靖辉　　　　　责任编辑：王靖辉　沈百琦
责任校对：贾海霞　张　薇　封面设计：王　旭
责任印制：刘　媛
涿州市般润文化传播有限公司印刷
2023年1月第1版第1次印刷
184mm×260mm·14.75印张·362千字
标准书号：ISBN 978-7-111-71792-8
定价：45.00元

电话服务　　　　　　　　　网络服务
客服电话：010-88361066　　机　工　官　网：www.cmpbook.com
　　　　　010-88379833　　机　工　官　博：weibo.com/cmp1952
　　　　　010-68326294　　金　书　网：www.golden-book.com
封底无防伪标均为盗版　　　机工教育服务网：www.cmpedu.com

前　言

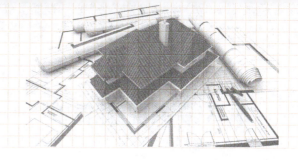

当前随着"一带一路"倡议的持续推进，非洲、南美洲等海外地区正成为我国大型建筑企业业务拓展的重点领域。一方面，从行业状况来看，当前了解海外业务的，无论是高层战略人才，还是中层管理人才，抑或底层技术技能人才，都十分匮乏，以致建设企业在从事海外工程项目时往往采用与国内项目相同的管理模式，缺乏对地缘政治、地区政策、汇率变动、国际法规等的了解和认识，进而造成大量超出预计的损失。另一方面，从国家各类政策导向和实际教学效果来看，在教育教学中适度增加国际化课程，培养学生国际化视野，对提升学生专业素养和拓宽职业发展渠道都有着不可忽视的作用。为此，编写团队引入多位行业经历丰富的副高级以上职称企业人员，并多次深入企业进行走访调研，为本书编写打下基础。

"国际工程项目管理"课程主要面向土建大类专业学生，由于专业特点不同，课程性质也不尽相同。如建设工程管理专业通常将该课程作为专业必修课，建筑工程技术、市政工程技术、工程造价等专业则将其作为专业必修课或专业限选课。同时，由于各专业目标岗位不同，对目标知识的诉求不同，侧重点自然也有所不同。各专业教师在使用本教材授课时，可以根据学生前置课程的开设情况，有选择性地进行教授。如未开设过前置课程的，可以按序进行教授；如前期已开设过"工程项目管理"等相关课程的，可以将授课重点放在每个项目的任务四和任务五部分。因此，本书在教授过程中弹性较大，可以根据不同专业需求，安排32~64学时。

本书由浙江同济科技职业学院陈乾浩、浙江天平投资咨询有限公司温运福任主编，由浙江同济科技职业学院薛寿芳、杭州市发展规划研究院胡晓磬、浙江中诚工程管理科技有限公司陈朝阳、杭州信达投资咨询估价监理有限公司孔宏伟、绿城建筑科技集团有限公司陈元元任副主编，由浙江同济科技职业学院杨海平任主审，参编成员有浙江金融职业学院范小琪，浙江同济科技职业学院郭慧芳、竹宇波、吴锦秀，浙江建设职业技术学院潘春鹏，耀华建设管理有限公司向祥林，杭州市建设工程管理集团有限公司史君。

本书在编写过程中参考了国内外同类教材和相关资料，并请教了中国联合工程有限公司、中国电建集团华东勘测设计研究院有限公司等企业的专家学者，在此一并表示感谢。限于编者水平，书中难免有不足之处，敬请专家及广大读者批评指正。

编　者

本书微课视频清单

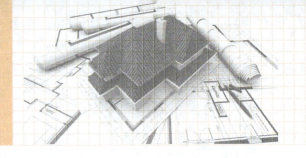

序号	名称	图形	序号	名称	图形
1	工程项目管理的概念		10	投标文件制作2	
2	工程项目主要参与者		11	工程项目合同管理的概念	
3	工程项目生命周期阶段划分		12	工程项目合同分类1	
4	工程总承包与全过程咨询		13	工程项目合同分类2	
5	工程项目招标范围和标准		14	工程项目合同分类——按合同范围分类	
6	工程项目招标与投标程序		15	设备租赁合同	
7	招标文件的主要内容		16	劳务承包合同的写作	
8	招标文件的组成和编制原则		17	影响进度的人为因素	
9	投标文件制作1		18	工程项目进度计划实施检查的步骤	

(续)

序号	名称	图形	序号	名称	图形
19	国际工程项目进度管理中需要注意的事项		22	风险应对的基本方法	
20	风险的概念		23	FIDIC中对风险管理的要求	
21	风险发生概率的几种类型				

目 录

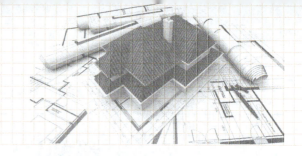

前言
本书微课视频清单
项目一　国际工程项目管理概论 …………… 1
 任务一　了解工程项目管理 ……………… 1
 任务二　工程项目管理模式 ……………… 7
 任务三　工程项目管理体制 ……………… 14
 任务四　国际工程项目管理市场环境分析 … 21
 任务五　了解国际工程项目目标国 ………… 27
 思考题 …………………………………… 33
 知识拓展屋——中国建设标准 …………… 34
项目二　国际工程项目可行性研究 …………… 35
 任务一　了解可行性研究 ………………… 35
 任务二　可行性研究的基本内容 …………… 37
 任务三　可行性研究的发展 ……………… 45
 任务四　国际工程目标国介绍——越南 …… 49
 思考题 …………………………………… 56
 知识拓展屋——"四万亿计划"和"十二万亿
      计划" ………………………… 56
项目三　国际工程项目招投标管理 …………… 57
 任务一　了解工程项目招投标 …………… 57
 任务二　工程项目招投标文件编制 ………… 62
 任务三　工程项目招投标注意事项 ………… 77
 任务四　国际工程项目招投标管理要点
    分析 …………………………… 80
 任务五　国际工程目标国介绍——马来
    西亚 …………………………… 84
 思考题 …………………………………… 89
 知识拓展屋——中国招标投标公共服务
      平台 …………………………… 89
项目四　国际工程项目合同管理 ……………… 90
 任务一　了解工程项目合同管理 …………… 90
 任务二　工程项目合同管理与评审体系 …… 97
 任务三　工程项目合同履行管理 …………… 101
 任务四　国际工程项目合同管理要点
    分析 …………………………… 105
 任务五　国际工程目标国介绍——老挝 …… 109
 思考题 …………………………………… 113
 知识拓展屋——合同的由来 ……………… 113

项目五　国际工程项目成本管理 ……………… 114
 任务一　了解工程项目成本管理 …………… 114
 任务二　工程项目成本计划与估计 ………… 121
 任务三　工程项目成本控制与考核 ………… 127
 任务四　国际工程项目成本管理要点
    分析 …………………………… 134
 任务五　国际工程目标国介绍——
    墨西哥 ………………………… 138
 思考题 …………………………………… 143
 知识拓展屋——FIDIC 系列合同的由来 …… 143
项目六　国际工程项目采购管理 ……………… 144
 任务一　了解工程项目采购管理 …………… 144
 任务二　材料或设备采购管理 …………… 146
 任务三　工程采购管理 …………………… 156
 任务四　国际工程采购管理要点分析 ……… 160
 任务五　国际工程目标国介绍——巴西 …… 166
 思考题 …………………………………… 170
 知识拓展屋——政府采购的起源 ………… 170
项目七　国际工程项目进度管理 ……………… 172
 任务一　了解工程项目进度管理 …………… 172
 任务二　工程项目进度计划实施与检查 …… 179
 任务三　网络计划技术 …………………… 183
 任务四　国际工程项目进度管理要点
    分析 …………………………… 187
 任务五　国际工程目标国介绍——
    哥伦比亚 ……………………… 192
 思考题 …………………………………… 196
 知识拓展屋——建造师执业资格的由来 …… 196
项目八　国际工程项目风险管理 ……………… 197
 任务一　了解工程项目风险管理 …………… 197
 任务二　工程项目风险识别、分析与
    评价 …………………………… 205
 任务三　国际工程项目风险应对与决策 …… 209
 任务四　国际工程项目风险管理要点
    分析 …………………………… 214
 任务五　国际工程目标国介绍——南非 …… 222
 思考题 …………………………………… 226
 知识拓展屋——风险的由来 ……………… 226
参考文献 ………………………………………… 228

项目一

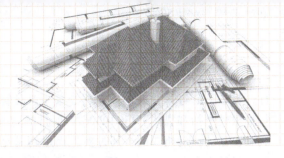

国际工程项目管理概论

能力目标

1. 掌握工程项目管理的概念，能够清晰地说出工程项目管理全过程的阶段划分，以及各阶段的主要参与角色。
2. 熟悉工程项目管理的主要模式及相互间的区别，了解工程项目的主要管理体制。
3. 掌握国际工程项目管理市场环境的分析要点，能够对目标国家进行分析。

任务驱动

任务一 了解工程项目管理

一、工程项目的概念

（一）工程

工程，按其字面的意义理解，就是工作的程序，或者称工作的计划；从名词角度理解，就是按一定计划进行的工作。工程是一个通用的名词，其含义十分广泛，我们不能简单地给它一个确切的定义。

1. 广义的工程

工程是指将自然科学的原理应用到工农业生产部门中去而形成的各学科的总称。这些学科是运用数学、物理学、化学等基础科学的原理，与生产实践中所积累的技术经验相结合而发展起来的，其目的在于利用和改造自然来为人类服务。例如，土木建筑工程、水利工程、冶金工程、机电工程、化学工程等。

广义的工程是指由一群（个）人为达到某种目的，在一个较长时间周期内进行协作（单独）活动的过程。

2. 狭义的工程

狭义的工程是指以某组设想的目标为依据，应用有关的科学知识和技术手段，通过有组织的一群人将某个（或某些）现有实体（自然的或人造的）转化为具有预期使用价值的人造产品的过程。

工程项目管理中的工程是狭义概念上的工程。

（二）项目

项目（Project）一词已经被广泛地应用于社会经济文化和军事的各个领域，如工业、软件开发、科研等，并有许多管理专家和项目管理协会组织试图通过简单通俗的语言对项目进行抽象性概括和描述。ISO10006 对项目的定义为"由一系列具有开始和结束日期、相互协调和控制的活动组成的，通过实施而达到满足时间、费用和资源等目标的独特的过程"。美国项目管理学会（Project Management Institute，PMI）在其《项目管理知识体系指南》（PMBOK 指南）（Project Management Body of Knowledge，2008 版）中对项目的定义是"为创造独特的产品、服务或成果而进行的临时性工作"。因此，项目具有两个基本特征，即独特性和临时性。

1. 独特性

独特性（也称唯一性）是指每个项目在某些特定的方面有别于其他项目，每个项目都是独一无二的。尽管这些项目的可交付成果中可能存在一些相同的特征，但这并不会改变项目所具有的独特性。例如，即便使用相同的材料，或者由相同的项目团队建造居民楼，但每一幢楼的地理位置和涉及的工程地质都是独一无二的。

2. 临时性

临时性（也称一次性）是指每个项目都有明确的起点和终点，不具有重复性。当一个项目的目标已经实现时，或当项目因不会或不能达到目标而终止时，或当项目的目标不再需要时，该项目即达到了它的终点。临时性并不意味着项目持续时间短，许多项目可能要经历若干年。

（三）工程项目

工程项目是以工程建设为载体的项目，是作为被管理对象的一次性工程建设任务。它以建筑物或构筑物为目标产出物，需要支付一定的费用、按照一定的程序、在一定的时间内完成，并应符合质量要求。

工程项目包括工程咨询和工程承包两大主要领域。工程咨询包括可行性研究、项目评估、勘测、设计、招标文件编制、招标投标管理、项目管理、监理等以高水平的脑力劳动为主的服务工作。工程承包主要包括工程项目施工、设备和材料的采购以及设备安装调试、分包、提供劳务等工作。目前越来越多的业主倾向于采用设计-建造（Design-Build，DB）、设计-采购（Engineering-Procurement-Construction，EPC）、设计-建造-运营（Design-Build-Opeation，DBO）等总承包项目管理模式，以减少变更、控制成本和降低风险，因此工程承包正逐渐向"咨询+承包"的综合服务方向发展。

工程项目一般具有以下特点：

（1）多学科交叉，综合性强。工程项目涉及多个专业领域的多个学科，因此项目管理过程十分复杂，对人才综合素质的要求非常高。对于从事工程项目管理的人员来说，既要掌握某一专业领域的技术知识，也要掌握法律、金融、外贸、保险、财会等多方面的专业知识。

（2）以合同管理为核心。工程项目的履约活动必须遵守双方所签订的合同，行政指令不能凌驾于合同之上。为保证工程项目的顺利实施，项目各参与方必须严格按合同约定，履行自己的责任和义务，同时获得自己本应拥有的权益。

（3）风险大。工程项目管理的各个环节易受社会环境和自然环境因素的影响，风险很高。因此，从事工程项目管理不仅要关心工程本身的问题，还要关注经济环境的变化，并恰当地通过保险、套期保值等方式转移损害风险和商业风险。

二、工程项目管理的相关概念

（一）工程项目管理的概念

工程项目管理的概念

《项目管理知识体系指南》（PMBOK 指南）对项目管理（Project Management）的描述是"项目管理就是将知识、技能、工具和技术应用于项目活动，以满足项目的要求。需要对相关过程进行有效管理，来实现知识的应用"。在设计-招标-建造（Design-Build-Bid，DBB）工程项目管理模式中，业主与承包商两大主体是通过合作实现双方的目标，但从追求各自经济利益的角度来看，更多的是处于对立而非合作的关系，因此他们对项目的要求时常存在冲突的一面。通过合理运用和整合项目管理过程，可以兼顾各利益相关者对项目的要求，提高工程项目成功运作的可能性。

（二）工程项目的主要利益相关者

项目利益相关者（又称干系人）是参与该项目或其利益可能受该项目实施或完成的影响的个人或组织。项目管理团队（Project Management Team）必须弄清楚谁是本项目的利益相关者，明确他们对项目的需求和期望，并对这些需求和期望进行管理且施加影响，确保项目成功。

利益相关者既可能看到积极的结果，也可能看到消极的结果。对项目抱有积极期望的利益相关者可以促进项目的成功；而消极的利益相关者可能会阻碍项目的顺利实施，消极的利益相关者会提高项目失败的可能性。

国际工程项目的利益相关者很多，涉及的专业领域很广，图 1-1 列出了工程项目的主要利益相关者。

（1）业主。业主通常是指工程建设项目的投资人或投资人专门为工程建设项目设立的独立法人。

（2）咨询公司。咨询公司通常是指运用专门的知识和经验，用脑力劳动为工程项目的建设、运行等提供具体服务的单位。

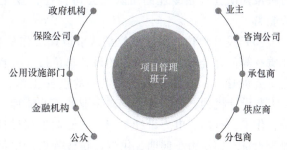

图 1-1 国际工程项目的主要利益相关者

（3）承包商。承包商是指有一定生产能力、技术装备、流动资金，具有承包工程建设任务的营业资格，在建筑市场中能够按照业主的要求，提供不同形态的建筑产品，并获得工程价款的建筑业企业。

（4）供应商。供应商是向企业及其竞争对手供应各种所需资源的企业和个人，包括提供原材料、设备、能源、劳务等。

（5）分包商。分包商是指承包商（尤其是总承包商）将承包的一个合同项目中的一个部分所给予的人或单位。

（6）政府机构。政府机构是指中央和地方的全部立法、行政、司法等机关。

（7）保险公司。保险公司是指依保险法和公司法设立的公司法人。

（8）公用设施部门。公用设施部门是指各级政府部门对公共设施的规划和管理，包括市政设施管理、环境卫生管理、城乡市容管理、绿化管理、公园管理和游览景区管理等。

(9) 金融机构。金融机构通常是指资金盈余者与资金需求者之间融通资金的信用中介,是从事各种金融活动的组织。

(10) 公众。公众是指与公共关系主体——社会组织发生相互联系、作用,其成员面临共同问题、共同利益和共同要求的社会群体。在工程项目中,通常是指与项目关联的普通人群。

(三) 工程项目主要参与者

一个工程项目会有很多的单位参与并承担不同的任务,根据其职责不同,通常可以归纳为以下 7 方主体:

工程项目主要参与者

(1) 业主。业主作为工程项目的实际投资者,其最终目的是通过项目投资及过程控制,实现投资的预期收益。随着工程项目各个环节的专业化程度越来越高,业主这一角色的职责,从传统的全过程管理,包括策划、设计、施工等,逐渐过渡为重点解决资金来源这项单一工作。

英文中 Employer(雇主),Client(委托人),Promoter(发起人)在工程合同中均可理解为业主,开发房地产的业主又被称为开发商(Developer)。

(2) 决策团队。决策团队的核心工作,是通过专业化的分析,帮助业主或核心管理层做出更加合理可靠的决定。随着业主职责的逐渐单一化,工程项目各个环节工作的专业化,决策团队将逐渐作为单独的角色方出现。一般而言,决策团队的出现形式有两种,一是业主深耕该领域多年,有充足的积累和经验,此时决策团队往往作为业主单位的一个部门而存在;另一种是业主初涉该领域,或者该工程复杂程度很高,业主难以把握,此时的决策团队往往由专业的团队或公司担任,业主通过额外签订管理合同,获得相关专业的能力。

(3) 设计单位。设计单位是从事设计工作的各类机构的总称,对设计文件的编制及设计质量等负有全面责任。我国的设计单位按业务性质大致分为三类:①区域规划设计机构,主要负责城市、工业区等建设规划的设计工作,如城市规划设计院、城市建筑设计院等。②工艺设计机构,主要负责工矿企业的工艺流程、工艺设备和产品的设计工作,如冶金、机械、化工、石油、电力设计院等。③专业工程设计机构,主要负责某些专业工程设计工作,如给水排水、动力、照明、供气、供暖等设计单位。由于勘察设计在工程建设中起到龙头作用,是提高工程项目投资效益、社会效益、环境效益的最重要因素,因此优秀的设计单位是确保工程项目顺利实施、降低建设费用的重要前提。

(4) 施工单位。施工单位又称承建单位,是建筑安装工程施工单位的简称,指承担基本建设工程施工任务,具有独立组织机构并实行独立经济核算的单位。在采取承发包方式进行施工时,施工单位常被称为乙方。我国的施工单位按照经营方式分为施工企业和自营单位。施工企业是按照经济核算制原则建立的生产组织,按照计划承担各项工程的建筑安装等施工任务。在工程项目建设过程中,施工单位是主要的实施者。

(5) 设备厂家。在工程项目建设过程中,建筑物、构筑物通常由施工单位负责建造,但对于部分设备,如锅炉、机械、空调等,则由设备厂家提供;并且设备的大小、荷载、工期等会直接影响设计、施工,因此设备厂家的参与程度往往要比合同约定的更高,参与时间也更早。

(6)监理单位。监理单位是指取得监理资质证书,具有法人资格的监理公司、监理事务所或兼承监理业务的工程设计、科学研究及工程建设咨询的单位。它是受业主委托对工程建设进行第三方监督检查的具有经营性质的独立的企业单位。它以专门的知识和技术,协助用户解决复杂的工程技术问题,并收取监理费用,同时对其提供的建筑工程监理服务承担经济和技术责任。

(7)运营团队。运营团队是指负责工程项目建设完成后正常运转、生产、产生收益的团队。当工程项目交付给业主后,通常认为工程项目已经完成;但事实上,对于绝大多数建设项目而言,还有运营环节。如电厂交付后需要有专业的管理团队确保电厂的正常运转;商业地产交付后,需要有专业的运营团队确保其正常的运转和收益等。而这部分工作往往较为专业,因此,需要业主专门成立相关的运营团队进行运转,或是交由第三方公司进行专业运维。

三、工程项目的生命周期

为有效管理项目的最终可交付成果,在需要特别控制的位置将项目按时间排序进行分界,从而形成了项目的不同阶段。这些项目的不同阶段虽然大多是按顺序完成的,但在某些情况下也会以交叠的方式出现。例如,为了缩短工期,国际工程项目中经常采用快速跟进法(Fast Track)进行"边设计、边发包、边施工"。项目阶段划分的数量和必要性以及每个阶段所需的管理方法,取决于项目的规模、复杂程度和潜在影响。把项目划分成合理的几个阶段进行决策控制有助于项目的成功实施。

(一)项目阶段特征

每一个项目阶段都以一个或数个项目可交付成果的转移或移交作为其完成的标志。可交付成果是指某种有形的、可以核对的工作成果。可交付成果及其对应的各阶段组成了一个逻辑序列,最终形成了项目成果。

每一个项目阶段的工作重点不同,需要的技能也不同,通常会涉及不同的组织。在工程的设计阶段,一般由提供专业咨询设计服务的公司负责设计工作;而施工阶段,则由承包商组织工程施工,并对分包商、指定分包商进行全面的监督和管理。

每一个项目阶段通常包括一套计划的工作成果,用来确定完成的成果需要达到的功能和性能水平,因此需要对每个阶段进行目标管理控制,以成功实现各阶段的主要可交付成果为目标。

(二)项目生命周期

项目生命周期(Project Life Cycle)是指按顺序排列而有时又相互交叠的各项目阶段的集合。虽然不同类型和规模的项目生命周期是不一样的,但项目一般可以分为四个阶段:①启动项目;②组织与准备;③执行项目;④结束项目。

项目生命周期结构通常具有以下特征:

(1)成本与人力投入。在项目开始时所需投入的成本和人力较低,在项目执行期间达到最高,并在项目快要结束时迅速回落。

(2)利益相关者的影响力、项目的不确定性在项目开始最大,并在项目的整个生命周期内随时间推移而递减。调查研究表明,有效的项目前期规划可使设计-建造(DB)项目的施工成本降低15.1%,使设计-招标-建造(DBB)项目的施工成本降低12.1%。

（3）变更代价。在不显著改变项目成本的前提下，改变项目产品最终特性的能力在项目开始时最大，变更的代价最低；随项目进展而逐渐减弱，变更代价逐渐增大。

（三）国际工程项目生命周期阶段划分

虽然各个国家的工程项目建设程序有所不同，政府的和私人的项目各不相同，但大型工程项目一般均包括五个阶段，即可行性研究阶段、规划与设计阶段、施工阶段、试车和投产（调试）阶段以及运营阶段，如图1-2所示。

工程项目生命周期阶段划分

1. 可行性研究阶段

可行性研究是项目投资决策的重要依据，是项目管理前期工作的重中之重。本阶段的主要目标是通过投资机会的选择、可行性研究、项目评估和业主决策，对项目投资的必要性、可行性，以及为什么要投资、何时投资、如何投资等重大问题，进行科学论证和方法比较。本阶段工作量不大，但却对投资者以及项目的长远经济效益起着决定性的作用。为保证项目决策的科学性和客观性，可行性研究和项目评估工作应委托高水平的咨询公司独立进行。这一阶段的主要参与者有业主、决策团队和设计院。

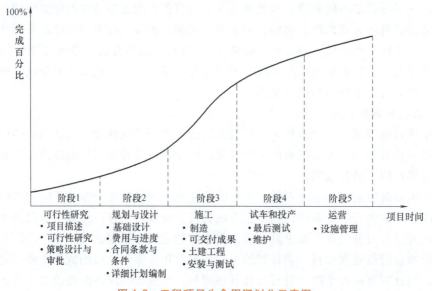

图1-2　工程项目生命周期划分示意图

2. 规划与设计阶段

规划与设计阶段的主要目标是确定项目实施模式，组建项目实施机构，确定资金来源，确定进度要求，办理各种审批手续，并进行工程设计。在设计工作开始后的一段时间里，有咨询设计单位协助业主进行工程施工招标（包括招标文件准备、资格预审、招标、评标等）谈判和签订合同等工作。这一阶段的主要参与者有决策团队、设计单位和设备厂家。

各个国家的工程建设管理制度有所差异，对设计的阶段划分与叫法也多种多样，根据建设项目的复杂性程度，一般可分为两阶段设计和三阶段设计。对于普通的民用工程项目，习惯上分为初步设计（Preliminary Design）与施工图设计（Working Drawings Design）。对于工业项目或较复杂的基础设施项目在上述两个阶段之间增加一个技术设计（Technical Design）或扩大的初步设计（Expended Preliminary Design）。在英国和美国，一般将设计分为三个阶段，即概念设计（Conceptual Design）、基本设计（Basic Design）与详细设计（Detailed Design）。近年来，在详细设计开始前，还必须进行 HAZOP（Hazard and Operability，危险与可操作性）分析和 IPF（Instrumented Protective Functions，仪表保护功能）审查，此类审查必须由具备相关资质的国际专业机构和人员进行，并根据意见对前期工艺流程与技术方案进行修改，然后才能开始下一阶段的详细设计。

3. 施工阶段

施工阶段包括施工、材料设备的采购和设备安装等，它们在实施阶段可同时进行。根据工程的性质和复杂性，业主可以将该阶段的全部工作委托给一家总承包商实施，也可将工程划分成相对独立的部分，分开招标。本阶段的主要任务是将"项目蓝图"变成实体，实现投资意图。在本阶段投入的人力、物力、财力最多，项目的管理过程非常复杂。这一阶段的主要参与者有决策团队、设计单位、施工单位、设备厂家和监理单位。

4. 试车和投产阶段

试车包括两个阶段，即承包商及其分包商进行工程调试和业主的试运行。在合同条件中应将所有的试车要求均包含在相应的条款和规范中。工程调试的目的是检验安装的设备功能是否达到设计和规范的要求。承包商应将每一个部位和全部工程调试的时间均包含在整个工程的进度计划表中。业主试车的目的是确保工程按合同约定安装和运行，检验工程运行的可靠性和稳定性。试车工作往往以业主方人员为主组织实施，承包商协助。这一阶段的主要参与者有业主、决策团队、设计单位、施工单位、设备厂家和监理单位。

5. 运营阶段

随着国际工程市场的不断发展，许多新型的项目管理模式相继出现，设计、采购、施工、运营等项目阶段的工作可能由一个总承包商或联营体承揽。最近20年来，有引导地利用私人资本或由私营公司融资来提供传统上由政府提供的公共设施和社会公益服务的项目日益增多，常见的有 PPP（Public-Private-Partners，公私合作）、PFI（Private-Finance-Initiative，私人主动融资）、BOT（Build-Operate-Transfer，建行-运营-转让）等项目管理模式，而这些模式一般都包括运营阶段。承包商主要通过运营阶段所获得的收益作为其投资回报。这一阶段的主要参与者有决策团队和运营公司。

任务二　工程项目管理模式

国际工程项目管理模式（或工程项目交易方式）是指一个工程项目建设的基本组织模式以及在完成项目过程中各参与方所扮演的角色及合同关系。在某种情况下，还要规定项目完成后的运行方式。项目管理模式确定了工程项目管理的总体框架，项目参与各方的职责、义务和风险分担，因而在很大程度上决定了项目的合同管理方式以及建设速度、工程质量和造价。因此，业主最重要的能力是选择恰当的工程项目管理模式，英国著名的 LATHAM 报告（《政府与行业对英国建筑业中招标与合同协议的联合审查报告》）将工程项目管理模式称为进行成功项目管理的基石。

近年来，国际建设市场上已形成多种较为成熟的项目管理模式，以满足项目业主不同的需求，并且这些模式得到不断的创新和完善。下面介绍几种

工程总承包与全过程咨询

常见的项目管理模式。

一、设计-招标-建造项目管理模式

设计-招标-建造（Design-Build-Bid，DBB）模式也叫传统的项目管理模式或通用模式。

（一）DBB 项目主要参与方之间的关系

在 DBB 模式下，由业主委托咨询公司开展前期可行性研究工作，待项目评估立项后再雇用设计咨询公司进行初步设计和详细设计，聘用咨询工程师（或称为"工程师"）编制施工招标文件，并在咨询工程师的帮助下通过招标方式选择承包商。业主和承包商签订工程施工合同，再由承包商与分包商、供应商单独订立分包及设备材料的供应合同并组织实施。业主也可以自己采购部分材料和设备，称为甲供材料和设备。

业主一般指派业主代表与咨询工程师共同工作，将主要的合同管理工作委托咨询工程师负责。由于投资控制对业主非常重要，所以业主有时选定工料测量师作为业主代表负责监督工程的设计和施工，而在施工阶段的有关管理工作一般授权咨询工程师进行。在国外常常是做设计的工程师与业主签订委托服务合同按照业主方和承包商合同中规定的工程师的职责和权限进行项目管理。

（二）DBB 模式的优缺点

1. DBB 模式的优点

1）由于 DBB 模式在国际工程承包市场得到了长期、广泛地应用，其管理方法较为成熟，项目各方对有关工作程序都比较熟悉。

2）业主可自由选择设计公司和工程师，可控制设计要求。

3）DBB 模式体现了风险公平和合理分担的原则，即无论是业主还是承包商，哪一方对控制某种风险最有利并使项目的风险管理成本最低，则该风险就由哪一方承担。因此，DBB 模式下的风险管理成本较其他项目管理模式最低。

2. DBB 模式的缺点

1）DBB 模式将项目设计和施工阶段分别招标，实施周期长，不利于业主的资金周转。

2）业主方负责设计公司与施工公司之间的工作协调，工作较复杂，业主管理费较高，前期投入较高。

3）工程造价不固定，特别是在设计过程中对"可建造性"考虑不够时，容易发生变更，造成项目费用的增加，项目工期也不易控制。

4）出现质量事故时，设计和施工双方容易互相推诿。

二、设计-建造项目管理模式

设计-建造（Design-Build，DB）项目管理模式中，总承包商既负责项目的设计，又负责项目的施工及相关组织工作。

（一）DB 项目主要参与方之间的关系

在 DB 项目管理模式下，业主一般先选定一家咨询单位进行研究并提出拟建项目的业主要求。在招标文件中明确项目的工作范围之后，业主再选择一家承包商对项目的设计、施工进行总承包。这种模式适用于以机电设备安装为主要内容的工程项目，在投标时和签订合同时通常以总价合同为基础，但允许根据合同约定进行调价，也允许某些部分采用单价合同的方式。

业主聘用工程师进行合同管理，管理的内容既包括施工管理，也包括对承包商的设计进行管理，如对承包商设计人员资质的审查，对承包商设计文件和图纸的审查，"业主要求"的规定检查、审核或批准承包商文件等。

在DB项目管理模式下，合同总价一般是固定的，承包商承担了比单价合同更高的风险，但业主仍然承担了一部分不可预见的风险。

（二）DB模式的优缺点
1．DB模式的优点

1）DB模式的突出特点是设计和施工搭接进行，有效地缩短了工期；另外，承包商在设计过程中即可安排大型长周期设备的采购，避免了因设备采购延误而造成工期的拖延。

2）承包商对整个项目的设计和施工负责，有利于在项目设计阶段预先考虑施工因素，避免了设计和施工的矛盾，可减少由于设计不合理或错误引起的变更，以及对设计文件解释引发的争议。

3）在业主选择承包商时，把设计方案的优劣作为主要的评价指标，从而可保证得到高质量的工程设计。

4）由于采用固定总价（但可调价）合同，业主支出的最大费用可得到较好的保证。

2．DB模式的缺点

1）投标邀请（Request for Proposal，RFP）只对项目功能、特征进行描述，业主要求（Employer's Requirement）的详细程度较低，业主只能根据最终验收以及项目交付运行情况判断项目质量，对过程的控制程度相对较低。

2）业主无法参与设计人员（单位）的选择。

3）由于采取固定总价合同，因此可能影响设计和施工质量。

三、设计-采购-施工/交钥匙项目管理模式

在设计-采购-施工/交钥匙（Engineering-Procurement-Construction/Turnkey，EPC/T）项目管理模式中，由EPC/T总承包商向业主提供包括设计、设备采购、施工、安装和调试直至竣工移交的全套服务，有时还包括融资。这种项目管理模式主要应用于以大型装置或工艺过程为核心技术的工业建设领域，这些项目的共同特点是工艺设备的采购与安装和工艺的设计紧密相关，成为投资建设的最重要、最关键的部分。

（一）EPC/T项目主要参与方之间的关系

在EPC/T模式下，"业主代表"有时是业主组织内部派出的项目管理队伍，有时是业主从外部聘请的项目管理公司派遣的管理队伍，有时则是上述两者的混合体。这种管理模式下，业主与EPC/T总承包商签订EPC/T总价合同，由EPC/T总承包商对项目进行设计、采购和施工，EPC/T总承包商可以选择自己完成设计或施工，也可以将设计、施工分包给专业的咨询、设计分包商和施工分包商。在项目完工后，EPC/T总承包商以交钥匙的方式向业主交付已完工的工程。

EPC/T总承包商的工作范围大致包括以下几项内容：

（1）设计。"业主要求"中列明的设计工作，如主体工程设计、配套公用工程设计、辅助工程设施的设计以及结构与建筑设计等。

（2）采购。购买各类工艺技术，专利产品以及设备和材料等。业主为了控制成本的需要，可能会负责部分主要材料或设备的采购。

（3）施工。由 EPC/T 总承包商负责项目施工管理，包括施工方案、施工技术和方法、安全、质量、费用和进度管理，设备安装调试以及工作协调等。

在这种项目管理模式下，EPC/T 总承包商几乎承担了除法律风险、不可抗力之外的其他较高的不可预见风险。

（二）EPC/T 模式的优缺点

1. EPC/T 模式的优点

1) 由 EPC/T 总承包商对项目的设计、采购、施工负责，项目责任单一，简化了合同。

2) 采用固定总价合同，业主投资成本在早期即可确定并得到保证。

3) 由于 EPC/T 总承包商承担了项目实施阶段的管理和协调工作，减轻了业主方在项目管理方面的负担和投入。

4) EPC/T 总承包商介入工程前期决策工作，并且可以将采购纳入设计过程，有利于工期的缩短。

5) 业主承担的风险较少。

2. EPC/T 模式的缺点

1) 由于没有完成设计就进行招标，业主准确定义项目工作范围的难度加大，双方容易对项目的工作范围产生争执。

2) 能够承担 EPC/T 大型项目的总承包商数量较少，不易获得有竞争力的报价，工程造价相对较高。

3) 由于 EPC/T 模式还没有形成固定的运作方式，在实践中存在多种形式，导致业主方与 EPC/T 总承包商容易就某些职责划分问题产生争议。

4) 承包商承担的风险较大，工程项目的效益、质量完全取决于 EPC/T 总承包商的经验和水平。

四、建造-管理模式

建造-管理（Construction Management，CM）模式又称阶段发包方式（Phased Construction Method）或快速跟进模式（Fast Track Method），是目前国外较为流行的一种项目管理模式。这种模式采用的是"边设计、边发包、边施工"的阶段性发包方式。该模式由业主和业主委托的 CM 经理与工程师组成一个联合小组共同负责组织和管理工程的规划、设计和施工，但 CM 经理的主要职责是协调管理，必须具有丰富的工程管理和实践经验。在项目的总体规划、布局和设计时，要考虑到设计控制项目的总投资，在主体设计方案确定后，随着设计工作的进展，完成一部分工程的设计后，即对这部分工程进行招标，业主或 CM 经理就每个相对独立的工程与承包商签订承包合同。

CM 模式又可分为代理型 CM（Agency Construction Management）模式和风险型 CM（Construction Management at Risk）模式。

（一）代理型 CM 模式

代理型 CM 模式是较为传统的 CM 类型。CM 经理在设计阶段提出建议，帮助业主进行招标选择承包商，在施工阶段进行管理。业主和 CM 经理的服务合同的计价方式一般采用固定酬金加管理费。业主在各施工阶段和多个承包商签订工程施工合同。

1. 代理型 CM 模式的优点

1) 业主可自由选定工程师承担工程设计。
2) 在招标前可确定工作范围和项目原则。
3) 有完善的管理和技术支持。

2. 代理型 CM 模式的缺点

1) 在明确整个项目的成本之前，投入较大。
2) CM 经理不保证项目进度和成本在计划范围之内。
3) 对于大型复杂的项目，业主必然会与多个承包商签订合同，需要花费很大的精力来管理这些合同。

（二）风险型 CM 模式

风险型 CM 模式实际上就是业主综合考虑技术、资格、经验、信誉等因素选择 CM 经理。CM 经理在项目前期就参与项目的咨询、编制预算、成本估算、编制进度计划等工作。在施工图设计过程中，CM 经理将项目分成若干标段进行招标，并由 CM 经理、业主和工程师共同决定分包商。在施工阶段开始时，CM 经理提出最大保证价格（Guaranteed Maximum Price，GMP），并管理工程的实施过程。如果最后结算超过 GMP，则由 CM 经理和业主按合同中约定的比例共同承担；如果最后结算低于 GMP，则节约的投资同样按合同约定的比例由业主和 CM 经理共享。业主向 CM 承包商支付管理酬金及专业承包商所完成工程的费用。由于风险型 CM 经理承担了施工成本风险，因此其服务费率相对较高，一般占项目总成本的 4%~7%。

在风险型 CM 模式下，工程师承担工程设计任务，CM 经理也参与设计工作并提出建议，以更准确地估算工程成本。

1. 风险型 CM 模式的优点

1) 可以预先确定工程项目的建设成本，便于融资。
2) 可提前开工，提前竣工，业主的投资风险小。

2. 风险型 CM 模式的缺点

1) GMP 中包含设计和投标的不确定因素，因此价格较高。
2) 在确定 GMP 时，特别是不可预见费时，业主和 CM 经理容易出现意见不一致的情况且难以达成统一意见。

五、项目管理承包模式

项目管理承包（Project Management Contracting，PMC）模式是指由业主通过招标的方式聘请一家有实力的项目管理承包商（公司或公司联营体，以下简称 PMC 承包商）对项目实施全过程的项目管理。在这种模式下，PMC 承包商须与业主订咨询服务合同，并与业主的专业咨询顾问（如建筑师、工程师、工料测量师等）进行密切合作，对工程进行计划、管理、协调和控制。由各施工承包商具体负责工程的实施，包括施工、设备采购以及对分包商的管理。PMC 承包商可以采用阶段发包方式选择施工承包商，但选定的施工承包商须经业主批准。

目前，在石油化工等国际工程承包中，经常采用 PMC+EPC 模式，即 PMC 承包商将工程以 EPC 的形式发包出去，并对 EPC 承包商的设计、采购、施工、试运行进行管理，业主只需保留很小部分的管理力量对项目实施过程中的一些关键问题进行决策，绝大部分的项目管理工作由 PMC 承包商来完成。

在实践中，PMC 项目的工作范围变化较大，有时需要分阶段签订项目管理服务合同，如先签订可行性研究和基本设计的项目管理服务合同，如果业主认为 PMC 承包商称职，则再签订实施期间的项目管理服务合同。PMC 模式分为非风险型和风险型两类，其组织结构形式与 CM 模式的代理型和风险型相对应。

六、建造-运营-移交项目管理模式

建造-运营-移交（Build-Operate-Transfer，BOT）项目管理模式是指一国财团或投资人为项目的发起人，从一个国家的政府获得某项目基础设施的建设特许权，然后由其独立式地联合其他方组建项目公司，负责项目的融资、设计、建造和经营。在整个特许期内，项目公司通过项目的经营获得利润，并用此利润偿还债务。在特许期满之时，整个项目由项目公司无偿或以极少的名义价格移交给东道国政府。它是由土耳其总理 Targut Ozal 在 1984 年首次应用于基础设施建设，旨在鼓励私营机构投资兴建国家急需的基础设施工程，以便为社会大众提供更多的服务，同时解决本应由政府承担但因资金短缺而无法兴建的基础设施工程。随后该模式引起了世界各国尤其是发展中国家的广泛关注与应用。BOT 项目融资并没有一个统一的定义，但其基本思路是：由东道国为基础设施项目的建设和经营管理提供一种特许权协议作为融资的基础，由本国或外国投资者和经营者安排融资，承担风险，开发建设项目并在特许期内经营获取相应的利润，特许期届满时根据协议将该项目移交给东道国（一般为无偿或极少的名义价格移交）。因此，BOT 模式有时也被称为"暂时私有化过程（Temporary Privatization）"。

BOT 项目从前期的论证、融资，到建设、运营和工程的最终顺利移交，一般都要经过十几年到几十年漫长的时间，其运作过程大概可以分为以下 4 个阶段：

(1) 准备阶段：包括确定项目、项目立项、招标准备、资格预审。
(2) 招标阶段：包括准备投标文件、评选出候选中标者、详细谈判、选定中标者。
(3) 融资阶段：包括融资决策、融资结构、融资谈判、融资执行。
(4) 实施阶段：包括设计、建造、运营、维护、移交等工作。

上述各阶段并非严格按照时间顺序划分，招标阶段的详细谈判和融资阶段的谈判等往往是同步进行的。待中标者与东道国政府完成谈判并取得一致意向后，将草签特许权协议。然后会给中标者一定的融资期，一般为 3~6 个月。在这个期限内，中标者必须凭草签的特许权协议跟银行或其他贷款机构签订贷款合同，获得项目所需的资金，在融资期内完成项目融资后特许权协议才正式生效。如果中标者在给定的融资期内未能完成融资，政府有可能会取消已草签的特许权协议，并重新组织招标。

七、设计-建造-运营项目管理模式

设计-建造-运营（Design-Build-Operate，DBO）项目管理模式是指承包商在业主手中以某一合理总价承包设计并建造一个公共设施或基础设施，并且负责运营该设施，满足在该设施试用期间公共部门的运作要求。承包商负责设计的维修保养以及更换在合同期内已经超过

其使用期的资产,在该合同期满后,资产所有权交回业主或公共部门。它通常分为规划和设计、施工和安装、运营和维护三个阶段。FIDIC 于 2008 年出版了相应的标准《设计-建造和运营合同》范本。

DBO 的组织结构与 EPC/T 类似,包括业主、业主代表和 DBO 承包商。DBO 承包商设计并建设一个公共设施或基础设施,并且运营该设施,满足在工程使用期间公共部门的运作要求。承包商负责设施的维修保养,以及更换在合同期内已经超过其使用期的资产,DBO 承包商不仅承担设施的设计与施工,在移交给业主之前还要负责其所建设设施的运营。融资由公共部门负责,所以承包商没有融资风险,公共部门依据付款计划表对承包商的工作进行支付。

DBO 项目管理模式的优点

1) 从时间角度看,DBO 模式将设计和建造活动进行搭接,减少了延误并优化了施工活动,可有效缩短工期。

2) 承包商承担了费用限制和承诺以及其他的风险,不存在价格超支的风险。

3) 承包商负责相对较长时间的运营,因而会关注设计和建造的质量,以减少运营和维护成本,不仅生产设备会满足预期目的,而且项目寿命会更长。

因此,这种模式优化了项目全寿命周期费用。

八、伙伴关系项目管理模式

伙伴关系(partnering)是指两个或两个以上的组织之间为了充分利用各方资源,获取特定的商业利益而做出的共同承诺。建设项目中伙伴关系项目管理模式是指项目的各个参与方,通过签订伙伴关系协议做出承诺和组建工作团队,在兼顾各方利益的条件下,明确团队的共同目标,建立完善的协调和沟通机制,实现风险的合理分担和矛盾的友好解决的一种项目管理模式。2000 年,英国咨询建筑师协会(Association of Consultant Architects,ACA)出版了第一版《项目伙伴关系合同标准格式》(Standard Form of Project Partnering Contract),近年来,ACA 对该合同进行了完善和修改升版。伙伴关系合同由各伙伴方共同签署。

在伙伴关系项目管理模式下,各参与方之间以项目为中心,以伙伴关系合同为纽带建立起合作关系。传统观念认为,这些合作关系仅仅是简单的契约关系,处于项目价值链不同位置的参与方相互转嫁成本。但现代管理理论则认为,从协同角度重新审视这些关系有助于建立新型项目合作纽带,解决项目实施中的许多困难,有效推动项目顺利进行。伙伴关系模式旨在从项目组织入手,根本改变项目各方之间传统的对立关系,以双赢(win-win)的态度解决问题。伙伴关系的实施大部分由业主发起,不同业主对伙伴关系的应用时机和程序都有所不同,但基本框架一致。

伙伴关系项目管理模式的一个突出特点是,该模式采用了一种全新的争端处理程序,希望尽快、有效地解决工程中出现的争议,其中的核心文件是事务处理阶梯表,表中按现场操作人员、中层管理人员及高层管理人员等层次列明了各参与方的负责人员和处理时限。如果问题在低层次的处理时限内没有及时解决,将会提交到上一级管理层处理。由于项目各参与方遵循相互沟通及合作的宗旨,所以越是到高层,越有利于问题的解决。

与传统的项目管理方式相比,合作伙伴式的项目管理既可以保持分工的效率,又可以获得协作的好处。这种管理模式的主要优点有:

（1）缩短工期。采用此种管理模式实际进度比计划进度平均提前了4.7%，而用传统的方式管理的工程项目平均工期比计划工期要拖期10.04%。

（2）节约交易费用。采用合作伙伴关系项目管理模式的工程项目，其工程变更、项目争议与工程索赔费用只是传统项目管理模式的20%~54%。

（3）提高满意度。采用合作伙伴关系项目管理模式，业主对工程项目质量的满意度比采用传统项目管理模式对工程项目质量的满意度平均提高约26%。

（4）改善对立关系。采用合作伙伴关系项目管理模式，业主认为团队成员工作关系得到很大改善的占67%，项目总承包商有同样感觉的高达71%。

任务三　工程项目管理体制

我国工程项目管理体制经过多年的改革，在体制结构上已经和国际惯例接近，但整个运作体制还需要进行不断的发展和完善，以适应社会经济的发展要求，当前运行的主要管理制度中，项目法人责任制、工程监理制、招标投标制和合同管理制在各类工程项目中普遍采用，被称为工程建设行业的四项基本管理制度。项目资本金制度是为适应社会主义市场经济形势，确保工程项目资金来源渠道的合理性和稳定性而设立。政府相关部门也设立了一系列监督管理机制，以确保工程的安全、质量和环境保护，这些管理制度各有侧重，互相配合，形成了一个具有系统性、层次性的管理体制框架。

一、项目法人责任制

为了建立投资约束机制，规范建设单位的行为，工程项目应当按照政企分开的原则组建项目法人，实行项目法人责任制，即由项目法人对项目的策划、资金筹措、建设实施、生产经营、债务偿还和资产的保值增值，实行全过程负责的制度。通常国有单位经营性基本建设大中型项目在建设阶段必须组建项目法人，凡应实行项目法人责任制而没有实行的建设项目，投资主管部门不予批准开工，也不予安排年度投资计划；非经营性大中型和小型基本建设项目可参照该规定实行项目法人责任制。该制度不限于经营性项目，也适用于准经营性项目、公益性项目等。

项目法人可按《中华人民共和国公司法》（以下简称《公司法》）的规定设立有限责任公司（包括国有独资公司）和股份有限公司形式，新上项目在项目建议书被批准后，应及时组建项目法人筹备组，具体负责项目法人的筹建工作。项目法人筹备组主要由项目投资方派代表组成，在申报项目可行性研究报告时，需同时提出项目法人组建方案，否则，其项目可行性报告不予审批，项目可行性研究报告经批准后，正式成立项目法人，并按有关规定确保资金按时到位，同时及时办理公司设立登记。

项目法人组织要精干，由各投资方按照《公司法》的有关规定设立股东会、董事会和监事会。董事会应建立例会制度，讨论项目建设中的重大事宜，对资金支出进行严格管理，并以决议形式予以确认，各类建设项目的董事会在建设期间应至少有一名董事常驻现场。监事会依照《公司法》的规定行使职权，按照《公司法》的规定，根据建设项目的特点，任命项目总经理在授权范围内行使职权并对董事会负责。

实行项目法人责任制，贯彻执行市场经济下的"谁投资、谁决策，谁承担风险"的基本原则,这就给项目法人提出了一个重大的问题:如何做好决策和承担风险的工作。也正是为了解决这一问题,建设项目的工程监理制也就应运而生。

二、工程监理制

依据《中华人民共和国建筑法》第三十二条规定"建筑工程监理应当依照法律、行政法规及有关的技术标准设计文件和建筑工程承包合同,对承包单位在施工质量、建设工期和建设资金使用等方面代表建设单位实施监督",依据《建设工程监理规范》(GB/T 50319—2013),建设工程监理指工程监理单位受建设单位委托,根据法律法规、工程建设标准、勘察设计文件及合同在施工阶段对建设工程质量、进度、造价进行控制,对合同、信息进行管理,对工程建设相关方的关系进行协调,并履行建设工程安全生产管理法定职责的服务活动。

建设工程监理不同于建设行政主管部门的监督管理,也不同于总承包单位对分包单位的监督管理,而是特指具有相应资质的工程监理企业开展的对承建单位的监督管理。工程监理企业并不是建设单位的代理人,建设单位拥有工程建设中重大问题决策权,工程监理企业可以向建设单位提出适当的建议,但不能替代。同时工程监理企业也不是承建单位的保证人,工程监理企业主要通过规划、控制、协调等方法监督管理承建单位的建设行为,最大限度地避免和制止其不当建设行为,并不保证项目计划目标一定实现。建设工程监理性质可归纳为以下几个方面。

1. 服务性

建设工程监理是业主方的项目管理,因而工程监理企业只为建设单位服务。监理人员运用自己的专业知识、技能和经验,借助必要的试验、检测手段,为建设单位提供管理服务和技术服务。

2. 科学性

科学性是由建设工程监理的服务性质决定的,不仅要求从事工程监理工作的专业人士——监理工程师掌握工程监理科学的思想、组织、方法和手段从事工程监理活动,而且要求工程监理企业建立健全管理制度,运用现代化的管理手段,增强组织的管理能力。

3. 独立性

在委托监理的工程中,工程监理企业与承建单位不得有隶属关系和其他利害关系;应及时成立项目监理机构,按照自己的工作计划、流程、方法,行使自己的判断,独立地开展监理工作。

4. 公正性

公正性是监理行业能够长期生存和发展的基本职业道德准则,《建设工程监理规范》(GB/T 50319—2013)要求工程监理企业公正、独立、自主地开展监理工作,尤其是当建设单位和承建单位发生利益冲突或者矛盾时,工程监理企业应实事求是,以法律法规、标准规范和有关合同为准绳,在维护建设单位的合法权益时,不损害承建单位的合法权益。

根据2000年国务院发布的《建设工程质量管理条例》和2001年建设部发布的《建设工程监理范围和规模标准规定》,下列建设工程必须实行监理:①国家重点建设工程;②项目总投资额在3000万元以上的大中型公用事业工程;③成片开发建设的建筑面积在5万 m² 以上的住宅小区工程,高层住宅及地基、结构复杂的多层住宅;④利用外国政府或者国际组织贷款、援助资金的工程；⑤国家规定必须实行监理的其他工程，包括项目总投资额在3000万元以上的基础设施项目及学校、影剧院、体育场馆项目。

建设单位与其委托的工程监理企业应当订立书面建设工程委托监理合同，明确对工程监理企业的委托和授权。工程监理企业还应依据工程建设文件（也称项目审批文件），国家现行的有关法律法规、部门规章和标准规范以及有关的建设工程合同等开展监理业务，最终目的是协助建设单位力求在计划的目标内将建设工程建成并投入使用。

三、招标投标制

招标投标是由交易活动的发起方在一定范围内公布标的特征和部分交易条件，按照依法确定的规则和程序，对多个响应方提交的报价及方案进行评审，择优选择交易主体并确定全部交易条件的一种交易方式。招标投标制是指依据《中华人民共和国招标投标法》（以下简称《招标投标法》）等有关法律法规，凡是属于应该招标投标范围内的工程、货物和服务，应通过招标投标方式选取承包商、供应商的管理制度。

《招标投标法》第三条规定，在中华人民共和国境内进行下列工程建设项目包括项目的勘察、设计、施工、监理以及与工程建设有关的重要设备、材料等的采购，必须进行招标：①大型基础设施、公用事业等关系社会公共利益、公众安全的项目；②全部或者部分使用国有资金投资或者国家融资的项目；③使用国际组织或者外国政府贷款、援助资金的项目，包括项目的勘察设计、施工、监理以及与工程建设有关的重要设备、材料等的采购，必须进行招标。

招标投标活动应当遵循公开、公平、公正和诚实信用的原则。依法必须进行招标的项目，其招标投标活动不受地区或者部门的限制。任何单位和个人不得违法限制或者排斥本地区本系统以外的法人或者其他组织参加投标，不得以任何方式非法干涉招标投标活动。招标投标通常分为招标、投标、开标、评标、推荐中标候选人、签订合同等环节，最终中标方案和合同要提交相关部门备案，全过程接受政府相关部门的监督。

四、合同管理制

为了使勘察、设计、施工、材料设备供应单位以及监理单位，项目管理单位等依法履行各自的责任和义务，在工程建设中必须实行合同管理制依据《中华人民共和国民法典》相关规定"合同是当事人或当事双方之间设立、变更、终止民事关系的协议"。同时，依据《建设工程项目管理规范》（GB/T 50326—2017），项目合同管理是指对项目合同的编制签订、实施、变更、索赔和终止等的管理活动。

严格推行工程项目合同管理是企业走向国内外市场的重要途径，也是在工程项目实施中处理好各种关系的基础。从宏观的角度来看，合同管理是规范市场行为，维持市场秩序的重要手段。合同是市场主体各方最高行为准则，各方需要靠合同规范行为，从而维护市场秩序，发展社会主义市场经济。从微观的角度来看，合同管理是工程项目管理的核心内容，是市场经济条件下保证工程项目顺利实施的必要手段。建设项目的参建各方以合同为纽带联系在一起，彼此间建立了法律和经济关系，合同中明确各方责任和风险，维护各方权益，从而保证工程项目顺利实施。

合同管理制的基本内容：建设工程的勘察、设计、施工、材料设备采购和建设工程监理都要依法订立合同。各类合同都要有明确的质量要求、履约担保和违约处罚条款。违约方要承担相应的法律责任。

五、项目资本金制度

项目资本金制度是指在项目的总投资中，除项目法人从银行或资金市场筹措的债务性资金外，还必须拥有一定比例的资本金。项目资本金是指在投资项目的总投资中，由投资者认缴的出资额，对投资项目来说是非债务性资金；投资者可按其出资的比例依法享有所有者权益，也可转让其出资，但不得以任何方式抽回。

《国务院关于固定资产投资项目试行资本金制度的通知》规定：投资项目资本金占总投资的比例，根据不同行业和项目的经济效益等因素确定，具体规定：交通运输、煤炭项目，资本金比例为35%及以上；钢铁、邮电、化肥项目资本金比例为25%及以上；电力、机电、建材、化工、石油加工、有色、轻工、纺织、商贸及其他行业的项目，资本金比例为20%及以上经国务院批准，对个别情况特殊的国家重点建设项目，可以适当降低资本金比例。而在2019年国务院印发的《关于加强固定资产投资项目资本金管理的通知》中，对相关内容做了进一步优化修改，适当调整基础设施项目最低资本金比例，包括港口、沿海及内河航运项目，项目最低资本金比例由25%调整为20%；并对公路（含政府收费公路）、铁路、城建、物流、生态环保、社会民生等领域的补短板基础设施项目，在投资回报机制明确、收益可靠、风险可控的前提下，可以适当降低项目最低资本金比例，但下调不得超过5个百分点。

此外，对各种经营性投资项目，必须首先落实项目资本金才能进行建设。个体和私营企业的经营性投资项目参照执行，公益性投资项目不实行资本金制度。实行资本金制度的投资项目，在可行性研究报告中要就资本金筹措情况做出详细说明，包括出资方、出资方式、资本金来源及数额、资本金认缴进度等有关内容。上报可行性研究报告时须附有各出资方承诺出资的文件，以实物、工业产权、非专利技术、土地使用权作价出资的，还须附有资产评估证明等有关材料。

六、政府监督管理机制

政府对工程项目的监督管理实行分级管理。国务院建设行政主管部门对全国的建设工程实施统一监督管理，国务院铁路、交通、水利等有关部门按照国务院规定的职责分工负责对全国有关专业建设工程进行监督管理，县级以上地方人民政府建设行政主管部门对本行政区域内的建设工程实施监督管理。县级以上地方人民政府交通、水利等有关部门在各自职责范围内负责本行政区域内的专业建设工程的监督管理。

政府有关主管部门不直接参与工程项目的建设过程，而是通过法律和行政手段对项目的实施过程和相关活动实施监督管理。由于建筑产品所具有的特殊性，政府机构对建筑工程项目实施过程的控制和管理比对其他行业的产品生产的控制和管理都更为严格，且贯穿项目实施的各个阶段。政府对工程项目的监督管理主要体现在工程项目和建设市场两个方面。

遵循工程项目建设程序，我国政府对工程项目的监督管理包括对项目的决策阶段和实施阶段的监督管理。按照我国政府机关行政分工的格局，大体上是项目的决策阶段由计划、规划、土地管理、环保和公安（消防）等部门负责；项目的实施阶段主要由建设主管部门负责。以上政府部门代表国家行使或委托专门机构行使政府职能，依照法律法规、标准等依据，运用审查、许可、检查、监督和强制执行等手段，实现对工程项目的监督管理目标。

（一）政府对工程项目决策阶段的监督管理

政府对工程项目决策阶段的监督管理主要是实行工程项目的决策审批制度。根据《国务院关于投资体制改革的决定》（国发［2004］20号），政府投资项目和非政府投资项目分别实行审批制、核准制或登记备案制。

1. 政府投资项目

对政府投资项目，项目建议书按要求编制完成后，应根据建设规模和限额划分分别报送有关部门审批。项目建议书批准后，可以进行详细的可行性研究报告。可行性研究报告经批准，项目正式立项。

对采用直接投资和资本金注入方式的政府投资项目，政府需要从投资决策的角度审批项目建议书和可行性研究报告，除特殊情况外不再审批开工报告，同时还要严格审批其初步设计和概算。对采用投资补助、转贷和贷款贴息方式的政府投资项目，政府只审批资金申请报告。政府投资项目一般都要经过符合资质要求的咨询中介机构的评估论证，特别重大的项目还应实行专家评议制度。国家将逐步实行政府投资项目公示制度，以广泛听取各方面的意见和建议。

2. 非政府投资项目

对企业不使用政府资金投资建设的项目，一律不再实行审批制，而是区别不同情况实行核准制或登记备案制，企业不需要编制项目建议书而可直接编制项目可行性研究报告。

（1）核准制。企业投资建设《政府核准的投资项目目录》（以下简称《目录》）中的项目时，只需向政府提交项目申请报告，不再经过批准项目建议书、可行性研究报告和开工报告的程序。政府对企业提交的项目申请报告，主要从维护经济安全、合理开发利用资源、保护生态环境、优化重大布局、保障公共利益、防止出现垄断等方面进行核准。对外商投资项目，政府还要从市场准入、资本项目管理等方面进行核准。

（2）登记备案制。对《目录》以外的企业投资项目实行登记备案制，除国家另有规定以外，由企业按照属地原则向地方政府投资主管部门备案。登记备案制的具体实施办法由省级人民政府自行制定。国务院投资主管部门要对备案工作加强指导和监督，防止以备案的名义变相审批。

为扩大大型企业集团的投资决策权，对基本建立现代企业制度的特大型企业集团，投资建设《目录》中的项目，可以按项目单独申报核准，也可编制中长期发展建设规划，规划经国务院或国务院投资主管部门批准后，其中属于《目录》项目的不再另行申报核准，只需办理备案手续。企业集团要及时向国务院有关部门报告规划执行和项目建设的情况。

（二）政府对工程项目实施阶段的监督管理

政府对工程项目实施阶段的监督管理涉及工程项目实施的各个阶段、各个方面，主要有以下内容。

1. 施工图审查

施工图（施工图设计文件的简称）审查是指国务院建设行政主管部门和省、自治区、直辖市人民政府建设行政主管部门委托依法认定的设计审查机构根据国家法律、法规、技术标准与规范对施工图进行结构安全和强制性标准、规范执行情况等方面的独立审查。施工图审查是政府主管部门对工程勘察设计质量监督管理的重要环节。

建设单位应当将施工图报送建设行政主管部门，由建设行政主管部门委托有关审查机构，对施工图着重审查建筑物的稳定性、安全性，包括地基基础和主体结构是否安全、可靠；是否符合消防、节能、环保、抗震、卫生和人防等有关强制性标准规范；施工图是否达到规定的深度要求；是否损害公众利益等。

对审查不合格的项目，由审查机构提出书面意见，将施工图退回建设单位，并由原设计单位修改，重新送审。审查合格的项目，建设行政主管部门向建设单位发出施工图审查批准书。施工图一经审查批准，不得擅自进行修改。如遇特殊情况需要进行涉及审查主要内容的修改时，必须重新报请原审批部门，由原审批部门委托审查机构审查后再批准实施。

2. 施工许可制度

建筑工程施工许可制度是建设行政主管部门根据建设单位的申请，依法对建筑工程所应具备的施工条件进行审查，符合规定条件的，准许该建筑工程开始施工，并颁发施工许可证的一种制度。

我国《中华人民共和国建筑法》（以下简称《建筑法》）规定：建筑工程在开工前，建设单位应当按照国家有关规定向工程所在地县级以上人民政府建设行政主管部门申请领取施工许可证。对国务院建设行政主管部门确定的限额以下的小型工程和按照国务院规定的权限和程序批准开工报告的建筑工程，不需要领取施工许可证。

工程项目施工许可制度的具体内容包括：①已经办理该建筑工程用地批准手续；②在城市规划区的建筑工程，已经取得规划许可证；③需要拆迁的，其拆迁进度符合施工要求；④已经确定建筑施工企业；⑤有满足施工需要的施工图纸及技术资料；⑥有保证工程质量和安全的具体措施；⑦建设资金已经落实；⑧法律、行政法规规定的其他条件。

3. 从业资格管理

根据专业技术人员、技术装备和已完成的建筑工程业绩等资质条件，划分为不同的资质等级，经资质审查合格，取得相应等级的资质证书后，方可在其资质等级许可的范围内从事建筑活动。

以建筑业企业资质为例，根据2015年1月22日实施的《建筑业企业资质管理规定》（中华人民共和国住房和城乡建设部令第22号），建筑业企业资质分为施工总承包、专业承包和劳务分包三个序列。施工总承包资质、专业承包资质按照工程性质和技术特点分别划分为若干资质类别，各资质类别按照规定的条件划分为若干资质等级。施工劳务资质不分类别与等级。企业可以申请一项或多项建筑业企业资质。

从事建筑活动的专业技术人员，应当依法取得相应的执业资格证书，并在执业资格证书许可的范围内从事建筑活动。比如，大、中型工程项目施工的项目经理必须由取得注册建造师证书的人员担任。

4. 工程质量监督

为加强对工程质量的管理，我国《建筑法》及《建设工程质量管理条例》明确政府行政主管部门设立专门机构对建设工程质量行使监督职能，其目的是保证工程质量、保证工程的使用安全及环境质量。各级政府质量监督机构对建设工程质量监督的依据是国家、地方和各专业建设管理部门颁发的法律、法规及各类规范和强制性标准，其监督的职能包括两大方面：一是监督工程建设的各方主体（包括建设单位、施工单位、材料设备供应单位、设计勘察单位和监理单位等）的质量行为是否符合国家法律法规及各项制度的规定，并查处违法违规行为和质量事故；二是监督检查工程实体的施工质量，尤其是地基基础、主体结构、专业设备安装等涉及结构安全和使用功能的施工质量。

在工程项目开工前，政府质量监督机构在受理建设工程质量监督的申报手续时，对建设单位提供的文件资料进行审查，审查合格签发有关质量监督文件，并支持召开项目参与各方参加的首次监督会议，公布监督方案，提出监督要求，并进行第一次监督检查。监督检查的主要内容为工程项目质量控制系统及各施工方的质量保证体系是否已经建立，以及是否已经建立完善的程度。

在工程项目施工期间，政府质量监督机构按照监督方案对工程项目施工情况进行不定期的检查，其中在基础和结构阶段每月安排监督检查。检查内容为工程参与各方的质量行为及质量责任制的履行情况、工程实体质量和质量保证资料的状况。对工程项目结构主要部位（如桩基、基础、主体结构）除了常规检查外；还要在分部工程验收时要求建设单位将施工、设计、监理、建设单位签认的质量验收证明在验收后3天内报监督机构备案，对施工过程中发生的质量问题、质量事故进行查处；对查实的质量问题签发质量问题整改通知单或局部暂停施工指令单，对问题严重的单位发出临时收缴资质证书通知书等处理意见。

在工程项目竣工验收阶段，政府质量监督机构应做好竣工验收前的质量复查，参与竣工验收会议，编制单位工程质量监督报告，并建立建设工程质量监督档案，经监督机构负责人签字后归档，按规定年限保存。

5. 工程质量保修制度

《建设工程质量管理条例》第三十九条规定"建设工程实行质量保修制度。建设工程承包单位在向建设单位提交工程竣工验收报告时，应当向建设单位出具质量保修书，质量保修书中应当明确建设工程的保修范围、保修期限和保修责任等"。第四十条规定，在正常使用条件下，建设工程的最低保修期限为：①基础设施工程、房屋建筑的地基基础工程和主体结构工程，为设计文件规定的该工程的合理使用年限；②屋面防水工程有防水要求的卫生间、房间和外墙面的防渗漏，为5年；③供热与供冷系统，为2个采暖期、供冷期；④电气管线、给排水管道、设备安装和装修工程，为2年；⑤其他项目的保修期由发包方与承包方约定；⑥建设工程的保修期，自竣工验收合格之日起计算。

住房和城乡建设部、财政部联合印发《建设工程质量保证金管理办法》（建质〔2017〕138号）中规定：建设工程质量保证金是指发包人与承包人在建设工程承包合同中约定，从应付的工程款中预留，缺陷责任期一般为一年、最长不超过两年，由发、承包双方在合同中约定，缺陷责任期从工程通过竣工验收之日起计缺陷责任期内，由承包人原因造成的缺陷，承包人应负责维修，并承担鉴定及维修费用，如承包人不维修也不承担费用，发包人可按合同约定扣除质量保证金，并由承包人承担违约责任承包人维修并承担相应费用后，不免除对工程的一般损失赔偿责任，由他人原因造成的缺陷，发包人负责组织维修，承包人不承担费用，且发包人不得从质量保证金中扣除费用缺陷责任期内，承包人认真履行合同约定的责任，到期后，承包人向发包人申请返还保证金。

6. 安全监察制度

安全监察制度是指国家法律、法规授权的行政部门代表政府对企业的生产过程实施职业安全卫生监察，以政府的名义，运用国家权力对生产单位在履行职业安全卫生职责和执行职业安全卫生政策、法律、法规和标准的情况依法进行监督、检举和惩戒的制度。安全监察具有特殊的法律地位。执行机构设在行政部门，设置原则、管理体制、职责、权限、监察人员任免均由国家法律法规所确定。

职业安全卫生监察机构的监察活动是以国家整体利益出发，依据法律、法规对政府和法律负责，既不受行业部门或其他部门的限制，也不受用人单位的约束，职业安全卫生监察机构对违反职业安全卫生法律、法规、标准的行为，有权采取行政措施。这是因为它是以国家的法律、法规为后盾的，任何单位或个人必须服从，以保证法律的实施，维护法律的尊严。

任务四　国际工程项目管理市场环境分析

一、国际工程项目的含义与特点

（一）国际工程项目的含义

国际工程项目作为工程项目的一种类型，具备一般工程项目的普遍特征的同时，带有自身鲜明的"国际化"特点。国际工程是指一个工程项目从咨询、融资、规划、设计、施工、管理、培训以及项目运营等各个阶段的参与者来自不同的国家，并且按照国际通用的项目管理模式和方法进行管理的工程。它可以是中国的设计师、承包商为国际业主进行设计或施工的工程；也可以是国外的承包商、供应商为中国业主进行施工或供应材料设备的工程。只要工程项目的参与方来自不止一个国家，并且按照国际惯例进行建设和管理的工程都可以称为国际工程，因此既有国际市场上的国际工程，也有国内市场上的国际工程。

由于各个国家的资源、技术、产品、生产成本等优势不同，并且存在着差异性，通过全球资源和优势的互补，能够促进生产力的高速发展，降低成本，取得高额利润，所以追求发展和利润是国际工程的原动力。简言之，国际工程可以在全球范围内合理选择最优的生产要素。国际工程承包业的发展是由于国际经济合作的发展带动的，国际工程（包括劳务、工程、咨询、设备供应）通常与跨国公司、国际投资、国际融资、技术贸易、国际旅游、国际租赁、加工贸易、合作合伙、合资经营、国际文化交流等紧密联系在一起。国际工程是综合性的国际合作业务，国际工程承包能够带动资金流动和材料设备、技术贸易等的出口与发展，因此应该从国际经济合作的高度与范围来认识和研究国际工程以及国际工程承包业，而不能仅仅认为是微观的国际工程问题。

（二）国际工程项目的特点

与一般工程项目相比，国际工程是在不同的法律环境、经济环境、社会环境、文化环境和技术环境下，按照国际惯例进行建设、管理和运作得特别复杂的工程活动，是在更大范围且更加激烈的国际竞争环境中进行的，复杂程度更高，不可预见因素和不确定性更多。同时，由于国内外工程管理理念的差异，对业主和承包商都有特殊的要求。具体而言，国际工程项目特点主要表现在以下方面：

（1）跨国的经济活动（Transnational Economic Activity）。国际工程涉及资本、科技、劳动力、经济信息和现代化管理在国际的流动，这种流动实质上就是国际上的广泛合作。国际工程涉及不同的国家，不同的政治、经济、文化和法律背景，不同的民族和宗教信仰，不同的参与方及其国家利益，因而各方不容易相互理解，常常会产生矛盾与纠纷。

（2）合同主体的多国性。国际工程的合同主体通常属于不同的国家，受多国不同法律的制约而且涉及的法律范围极广，诸如招标投标法、建筑法、公司法、劳动法、投资法、外贸法、金融法、社会保险法、各种税法等。一个大型国际工程的参与者往往来自多个不同的国家，虽然它们之间的责、权、利由各自的合同来限定，但这些合同中的条款并不一定与各自国家的法律、法规或惯例相一致，这就使得项目各方主体对合同条款的理解易于产生歧义。

（3）严格的合同管理。国际工程的参与者不能完全按某一国的法律法规或靠某一方的行政指令来管理，而是采用国际上多年形成的严格的合同条件和国际惯例来进行管理。来自不同国家当事人的权利、义务和职责规定全部体现在合同中，因而一般均采用国际上权威性组织或项目所在国编制的英文合同范本，而合同中的未尽事宜通常应受国际惯例的约束，以使产生争端的各方尽可能取得一致和统一，因而对合同管理要求十分严格。

（4）风险和利润共存。国际工程受到政治、军事、经济等因素影响明显增多，风险相对较大。如国际政治经济关系的变化引起的制裁和禁运；某些资金来源、国外的项目资金减少或中断；某些国家对承包商实行地区、国别限制或歧视政策；工程所在国与邻国发生边境冲突，由于政局形势失稳而可能发生内乱或暴乱，导致工程和人身安全问题凸显。由于经济状态不佳而可能出现金融危机等，都有可能使工程中断或造成损失。由于在一个相对陌生的国家，每次接触不同的业主工程师、承包商和供货商，各国法律、各国政府对外国承包商管理规章和要求不同，加上陌生或恶劣的自然条件，因而国际工程项目存在的风险更大，但获利的可能性和空间也相应增大。

（5）技术规范、标准庞杂。国际工程中材料、设备、工艺等的技术要求，通常采用国际上被广泛接受的标准、规范和规程，如 ANSI（美国国家标准学会）标准、BS（英国标准学会）标准等，但也会涉及工程所在国使用的标准、规范和规程，还有些国家经常使用自己的尚待完善的"暂行规定"。技术规范、标准的庞杂性无疑会给工程的实施带来一定的困难。

（6）货币和支付方式的多样性。国际工程支付将会涉及多国货币，例如承包商要使用国内货币来支付国内应缴纳的费用和开支，要使用工程所在国的货币支付当地费用，还要使用多种外汇（对工程所在国和承包商的总部注册国而言，都是属于外汇的第三国货币）用于支付材料、设备采购费用等。国际工程除现金和支票支付手段外，还有银行信用证、国际委托、银行汇付等多种支付方式。由于业主支付的货币和承包商使用的货币不同，而且是在整个工期内按时间或按工程形象逐步支付，这就使承包商时刻处于货币汇率浮动、利率变化和货币贬值等的复杂国际金融环境中。不熟悉或者不善于审度和分析国际金融形势变化的承包商，即使其施工技术和施工能力很强，也可能因国际金融财务管理对策不当而造成亏损。

（7）发达国家市场占有率较高。由于发达国家进入国际市场较早，加上理念、规则、标准、技术、设备、资金、人才等方面的优势，发达国家（主要包括欧洲、美国等国家）的国际市场占有率较高，尤其是国际工程咨询业务，其他国家要经过艰苦的努力才能在国际建筑市场上占有一席之地。而由于市场准入和技术壁垒等原因，外国承包商进入发达国家建筑市场难度也相对较大。

二、国际工程项目市场的形成与发展

（一）国际工程项目市场的形成

1. 早期

资本主义发达国家的资本输出是国际工程项目市场产生的根本原因。早在19世纪中叶，欧美等工业发达国家，纷纷在国外开拓市场，承包工程，为本国资本的扩张开道。

随着科学技术与生产力的迅速发展，一般商品输出已经不能满足发展经济的需要，客观上要求发展科技工程贸易，与此同时，资本主义发达国家为了争夺生产原料和牟取最大利润，向不发达国家输出大量资本。一方面资本输出通过获得廉价原材料与劳动赚取大量利润；另一方面，投资国的建筑师、营造商、现代施工技术和工程承包管理体制也随之进入接受投资国。众多的工业发达国家竞相染指一些国家和地区，这样就使这些国家和地区形成激烈竞争的早期的海外承包市场。

2. 第二次世界大战后

第二次世界大战期间，国际建筑市场很自然地受到战争影响而衰落。战后，许多国家为恢复和振兴本国经济，建设规模巨大的建筑业得到蓬勃和迅猛发展。但到了20世纪50年代的中后期，一些发达国家在战后恢复时膨胀发展起来的建筑工程公司和专业工程公司，因其国内任务相对减少而不得不转向国际市场。这时的国际资本也开始向不发达国家寻求原料资源，加上联合国开发机构和国际金融组织纷纷给第三世界的发展中国家提供贷款和援助，国际工程承包市场又开始活跃起来。

3. 20世纪70年代

国际工程承包市场在经过一段时间的快速发展之后，进入了平和期。当发现中东地区蕴藏的石油为全球之冠后，国际工程承包市场再次掀起了一股发展热潮，特别是70年代，许多资本主义发达的大国石油公司争相投资开采，使中东国家成了全世界瞩目的焦点。随后，世界石油价格大幅度上涨，中东的产油国家外汇收入剧增，石油美元的积累使中东国家有了雄厚的资金用来加强其国内基础设施建设。除了大力兴建油田，炼油厂和相应的石油化工工厂外，还大规模修建输油管道、港口、码头、公路、铁路、机场，以及与石油有关的各类工业和能源、水源项目；另外，还在过去人烟稀少的海滩和沙漠腹地建造起一座座现代化的新城市。70年代的中东和北非地区，特别是海湾地区的产油国，每年的工程承包合同金额达数百亿美元。这些国家既缺乏生产、设计和施工的技术，又缺乏熟练的劳务，因此，各国的咨询设计、建筑施工和专业安装公司以及各类设备和材料的供应商随之云集，数百万名外籍劳务人员也涌入中东，使这一地区成了国际工程承包商竞争角逐的中心场所，出现了国际工程承包史上的黄金时代。

4. 20世纪80年代后

中东建筑市场繁荣在20世纪80年代达到了顶峰，但此后，随着国际市场石油滞销，石油价格回落，加上地缘局势的影响，中东各国石油生产和出口大幅度下降，石油收入锐减，给中东各国经济发展带来了严重困难。随后的局部战争，不仅导致油田被破坏，而且战争开支庞大，中东地区在收入锐减和连年财政赤字的压力下，再加上地区局势不稳定，中东各国不得不大力压缩发展项目，削减建设投资，放缓建设速度，这就使繁荣了10多年的中东国际工程承包市场逐渐低落下来。

建筑业的兴旺与低落，总是同经济发展形势紧密联系的，在中东经济回落的20世纪80年代后期和90年代前期，东亚和东南亚地区利用外资的步伐加快，这一地区的许多国家和地区，例如新加坡、马来西亚、泰国、印度尼西亚、韩国等国以及中国香港和中国台湾地区的经济增长率普遍较高。同时，发达国家积极将劳务密集型工业、可利用当地资源的项目以及可以在当地占领销售市场的产品转移到这些国家和地区，这不仅进一步促进了这些国家和地区的经济繁荣，还带来基础设施如能源、电力、水源、通信、交通及其他配套服务设施，如城市住房、商业和办公建筑的相应发展，使这一地区每年的国际工程承包合同金额增长率及在全世界的合同总金额中所占比例均高于中东及其他地区。

（二）国际工程项目市场发展趋势

随着全球经济的持续增长，国际投资呈现持续增长的趋势，国际工程承包市场依然充满活力。根据2021年8月发布的《全球最大250家国际承包商》数据，欧洲市场超过亚洲市场占据首位，250家上榜企业在该地区的营业额合计1059.79亿美元，占营业总额的25.21%；亚洲市场排第二位，营业额为905.05亿美元，占营业总额的21.53%；其次是美国市场、中东市场、非洲市场、拉美市场，占比分别为16.20%、13.21%、11.48%、4.66%。受国际经济和政治环境变化的影响，国际工程承包市场呈现出新的发展趋势：

（1）工程规模大型化。随着国际直接投资的不断增加、投资主体结构的变化、承包商经营管理大型项目能力的不断提高，国际工程承包市场发包的单项工程正在朝着大型化、复杂化的方向发展，业主越来越希望由一家大型承包商或承包商联合体来承担设计、采购和施工的全部内容。设计-采购-施工（EPC）、项目管理总承包（PMC）等一揽子式的交钥匙工程，建设-经营-转让（BOT）、公共部门与私人企业合作模式（PPP）等带资承包方式，成为国际大型工程项目广为采用的模式。

（2）科技革命与标准化。建筑业及其相关产业的科技开发投入加大，科技含量成为国际竞争新的杠杆；同时，信息技术的广泛应用使工程管理技术日益提高。预期未来几年，国际服务贸易的标准化对工程承包商的资质要求和对服务的质量标准要求，将成为市场准入的新的技术壁垒。

（3）产业分工体系深化。国际工程承包市场在半个多世纪的发展中已经初步形成其独特的产业分工体系。以美国为首的欧美国家基本上控制了高科技含量的制高点；日本由于工业制造技术的发达和相对低廉的成本，基本控制了建筑工程相关的设备供应的主动权；早期参与到国际工程承包市场的国家发展中国家，在施工总承包方面已经积累一定的优势，在积极巩固已有优势的情况下，也正逐渐向高技术含量的项目设计和咨询方面发展。

（4）承包和发包方式发生变革。由于国际环境的不断变化，推动着工程项目承包和发包方式的不断变革。特别是受到疫情和全球经济不景气的影响，各国纷纷鼓励民间资本对基础设施的投资，也要求承包商拥有更强的风险把控、资金运行、资源整合能力。

（5）国际承包商之间的兼并与重组愈演愈烈。国际承发包方式的变化，使得承包商的角色和作用都在发生变化，承包商不仅要成为服务的提供者，而且要成为资本的运营者和投资者。尤其在大型和超大型项目的运作方面，一般企业很难独立承担。近年来，国际工程承包业的兼并和重组不断发生，大的国际工程承包商在兼并中获得了新的金融和技术支持，竞争力也不断提高。

（6）大型承包商管理日益科学化、信息化、规范化。为降低成本、提高效益和走向规范化，一些大型承包商都制定了一套集团特有的运营体系，规范整个集团的管理模式。通过资金控制，直接将管理延伸到各机构以及各执行项目上。依托信息技术建立管理体系，对各分部、机构以及项目进行管理和成本控制，利用这个庞大而强有力的管理系统，不但可以方便掌握和控制整个集团的运营情况，还可以根据此系统的数据对集团财务状况进行分析，从而找出盈利或亏损的原因，为集团的决策提供依据。

（7）融资能力逐渐成为承揽工程承包业务的关键因素。随着国际直接投资的增加、业主结构的变化，工程发包方式也发生了重大的变革，带资承包项目占国际工程承包市场的份额不断增加，这意味着承包商如果没有强有力的金融支持将很难有所作为，项目融资能力逐渐成为承揽工程承包业务的关键因素。

（8）工程安全和绿色工程逐渐为各国所重视。可持续发展是当前全球关注的问题，如何在发展国民经济的同时注重以人为本和保护环境，将绿色工程的原则融入项目的规划、设计和施工，已经成为建设工程领域的普遍做法。同时，全球最主要的业主和承包商都认为工程现场零事故是可以实现的，在安全保护方面投入巨资，使得事故率大大下降。

三、国际工程项目市场评估因素

1. 自然条件

自然条件是指承包市场所处地理位置及气候条件等。地理位置对承包商的物资运输将产生很大的影响，因为国际运输的主要手段是海运，故地理位置条件主要指海运条件；但从广义上讲也应包括陆运条件，例如，工程地点是否处于闹市，一旦中标承包某一工程将会遇到什么样的不利条件，如因处于战争波及地区要增加多大的开支和将可能面临的风险。气候条件对承包工程也会产生很大影响，例如，因气候的原因，每年有多长的时间无法施工，在恶劣条件下所面临的困难等，这些因素直接影响施工人员的身体健康和施工进度甚至工程成本。例如，在西伯利亚地区，每年可供施工的时间仅 2~3 个月；非洲的撒哈拉以南地区，因酷暑而影响施工人员的身体健康和在恶劣气候条件下进行作业所必然产生的工效降低和工程费用增加等。

2. 资金来源

有无资金来源直接决定工程发包的可能性。由于受资金来源限制，决定了大部分需要建设的地区目前尚不能开展建设，没有资金就没有建设。

3. 后续项目

有无后续项目，直接反映了一个地区的承包远景。如果不考虑未来，仅仅为了一个项目（即使是超级巨型项目）而不惜工本，显然是不明智的。后续项目如果较为充分，即使承包的第一个项目有所亏损，也可以当作是熟悉市场的必要成本，从后续项目中挽回损失。靠孤注一掷必然冒极大风险，报价高则不能中标；报价低，又会存在亏本风险。因此，有无后续项目对于评估一个承包市场相当重要。对承包工程的效益估算绝不能单独就事论事，必须全面综合分析。

4. 技术要求

从技术角度看，当前国际上发包工程基本上可分为三大类型：

（1）高技术标准的工程。欧洲、北美及日本等发达的工业国，他们的基础建设任务已基本完成，现在拟实施的工程虽然很具有诱惑力，但因其要求的技术难度大，许多承包商是可望不可及的，如日本的海洋工程。

（2）中等技术难度的工程。这类工程常见于已完成基本建设任务正向工业化目标努力的市场，如新加坡、巴西、墨西哥等国家。这类工程既有一定的难度、又要求大量的中等技术劳务，要求承包商具备一定的实力，无论是技术设备还是人员素质，都要达到一定的标准，不能仅凭廉价的劳动密集队伍就期待能够占领市场。

（3）无特殊技术要求的工程。当然这类工程最易施工，但恰好因为其无技术难度，因而利润率较低，不过亏本风险也较小。另外，这类工程常见于非洲等国，尽管单位利润低，但由于工程量大，亦有盈利之可能。

5. 工程性质

工程性质主要指工程是属于普通工程还是专业性强的工程，是单一工种还是需要多工种配合。例如，土木建筑通常是土建加机电安装，但如果涉及大型成套设备或交钥匙、交产品的大型工程，则情况又大不相同，因为这样往往需要多种技术配合，常常碰到的问题是合作对象问题，与谁合作、怎么合作、利益如何分配等都是需要仔细考虑的问题。

6. 投资要求

当前世界承包市场最主要的特点就是项目需求过剩而资金供应不足。这主要因为广大第三世界国家蕴藏有大量的各种资源，而开发利用能力不足，尤其是资金匮乏。因此，其工程发包常常是附有条件，即要求带资投标所引起的问题并不单单是一个资金筹集问题，更主要的是能否平安地回收本利，毕竟承包商的自有资金常常也是有限的。

7. 业主的支付能力

工程承包是一种以盈利为根本目标的商业性活动。付出代价而赚不到钱，这是任何一个承包商都不愿接受的。因此，工程业主的支付能力将直接影响承包商的决策，即使工程的预期利润很高，但如果业主无能力支付，一切就都成为泡影。承包商进入一个市场之前的最主要工作就是了解业主的支付能力。有的国家口称友好，并希望他国公司承揽其工程，且发包给他国公司的项目款额巨大，而付款额却很迟缓，甚至长期拖欠，使他国公司背上沉重的债务包袱，而一旦发生意外，就使其应付工程款遥遥无期。在支付方面碰到的另一个问题就是实物支付，这里面的主要问题在于所支付的实物是否属于承包商急需的产品，如果不属急需产品，承包商还得进行转卖，这就加大了承包商的负担和风险。

8. 货币的稳定性

货币的不稳定性对承包商是一大风险，尤其是一些对外汇实行垄断的国家，如为数众多的使用非自由外汇的国家，签合同时，他们一般都拒绝在合同中写上汇率保值条款，声称汇率由其中央银行决定，业主无权过问，从而使承包商冒险签订合同，以至于有些承包商签完合同后不到两年，工程亏损竟达一半之多。因此，在评估一个承包市场时，切不可根据表面现象轻率做出决定。

9. 工资物价水平

世界经济的发展是不平衡的，各国的工资物价水平相差甚大，同样的工程在不同的国家造价可以相差10倍以上。因此了解差价非常重要，特别是具有带动物资出口可能性的承包项目。例如，根据加纳住房财经中心（CAHF）相关报道，2021年普通房屋建设成本约为每平方米400美元左右；而根据爱尔兰时报的2021年相关报道数据显示，在德国柏林其普通房屋建设成本可达2000美元以上。如果实施同样工程量的工程，假定盈利占同样的百分比，所取得的利润总和将相差非常大。

10. 政局稳定程度

一个国家的政局是否稳定是承包商决定是否进入该市场的前提。不考虑这一点而盲目进入就可能使承包商陷入难以自拔的境地。同时,《国际合同法》中也规定了专制行为条款,规定承包商如遇工程发包国政府干预必须首先服从等义务。除了政权更迭会导致承包商蒙受损失外,凡按行政法签订的国家合同或公共合同还存在一个经主管部门批准方能生效的问题。中外承包商都有过因已签字的合同被业主主管部门拒批,从而使承包商已做好的实施合同的准备工作完全徒劳的教训。

11. 经营基础

在一个市场开拓业务,有没有良好的经营基础非常重要。有了良好的基础,可以事半功倍,而没有良好的基础就恰好相反。经营基础首先取决于承包商在当地是否已取得良好的信誉,是否有可靠的代理人,同当地政府及有实力、有地位的公司是否有较好的合作,能否得到其支持等。国际招标的判标通常是全面评定,而不是单纯根据标价。报价最低而不能中标的事屡见不鲜,何况投标书中明文规定投标人理解业主不接受最低标这一条款。有良好的基础可使承包商在各种环境下变被动为主动,尤其是在行使合法权利方面,虽然承包商可以据理力争,但如果得不到对方的同情和理解,或没有人帮助从中调解,理由再充分也无济于事。

12. 市场的隶属性

由于当今世界的现实状况,一些小国不敢轻易离开其原有的保护伞。例如,在英联邦地区无疑英国及英联邦成员国的公司利益高于其他国家公司;法郎区总是首先向法国倾斜。因此分析市场的隶属性对于承包商制定策略非常必要。中国的承包公司应以守约、保质、薄利、重义作为取胜的指导方针,但如果不分析对方的具体情况而一味压价,就必然要吃大亏。因此,任何时候都必须冷静地分析对方,巧妙地运用策略,以智取胜。

13. 市场现状

忽视市场的现状,单纯根据其市场潜力硬往里钻,常常不会取得好结果。有些市场从其建设计划和远景规划看,似乎大有希望,但由于该市场已强手林立,先来者无论在能力、信誉、影响诸方面都已打下了良好的基础,基本上没有后来者立足之地。在这种情况下,如果承包商的实力的确很强,尚有挤走先来者而立住阵脚的可能,但这要付出很大的代价。例如,部分国家为了在全球已形成优势地位的国家地区竞争,通常以低价甚至赔本赢得立足之地,再考虑盈利问题。因此,我们应对市场的现状应有一个客观的估计,避免与相关企业进行盲目恶性竞争,从而造成不可挽回的损失。

任务五 了解国际工程项目目标国

一、我国国际工程业务概况

(一) 总体情况

近年来,我国对外承包工程行业面临的发展环境较为复杂。一方面,国际经济持续低迷,贸易保护主义有增无减,部分地区紧张局势频现,国际工程市场总体承受压力较大,市场竞争进一步激烈。另一方面，部分国家面临债务困境、违约风险加大等不确定因素，特别是拉美、非洲等多个我国重点国际工程目标市场，面临问题多样，各类风险激增。在行业发展面临诸多挑战和不确定性的大背景下，我国行业企业充分抢抓机遇，利用"一带一路"等国家合作倡议契机，不断探索创新合作形式，国际工程项目业务也取得了一定的发展，主要体现在以下几个方面：

1. 业务规模

对外承包工程业务规模总体保持增长。根据《中国对外承包工程国别（地区）市场报告》相关数据显示，2019年，我国对外承包工程新签合同总份数11932份，新签合同额2602.5亿美元，同比增长7.6%，在经历2018年业务下滑后，业务增速再次恢复；完成营业额1729亿美元，同比增长2.3%，略高于250家ENR上榜企业国际业务营业总额1%的增速。截至2019年底，对外承包工程业务已累计实现完成营业额1.76万亿美元，签订合同额2.58万亿美元。同时，74家会员企业入围2020年ENR全球最大250家国际承包商（以2019年业务为排名依据），市场份额达25.4%，较上年提升一个百分点，上榜企业数量和市场份额均居各国承包商之首。

2. 业务类型

从业务类型上来看，电力工程建设一直是我国国际工程业务的重点。根据《中国对外承包工程国别（地区）市场报告》相关数据显示，2019年新签合同额548.9亿美元，同比增长18.3%，占全行业新签合同总额21.1%；完成营业额328.4亿美元，同比增长11.1%，业务占比19.0%。其中，对于东南亚、南亚和西亚国家等化石燃料丰富的国家，主要拓展火力发电厂业务，2019年我国企业在境外开展火电工程（含化石燃料电厂和热电联产）签约237.6亿美元，成为电力工程的主要增长点。与此同时，水电、风电和太阳能等可再生能源总体平稳，但在环保日益受到重视的当下，清洁能源将持续受到关注。

交通运输领域，目前国际交通运输建设逐渐呈现出大型化、综合化、复杂化的趋势，使得我国企业承揽的交通工程项目越来越大，难度也越来越高。2019年度新签合同额超过10亿美元的交通工程项目共12个。进一步细分后发现，铁路建设和改造、公路桥梁工程是交通运输领域中的两大主力军，2019年度新签合同额均超过250亿美元。此外，在我国企业承接的机场和港口工程方面，则主要集中在"一带一路"沿线市场，包括马尔代夫维拉纳国际机场、巴基斯坦瓜达尔新国际机场等。与此同时，随着我国企业国际知名度的不断提升，交通领域设计咨询业务也取得突破，中铁国际集团签约芬兰海底隧道设计咨询服务项目，为其融资超千亿。

一般建筑领域，近年来发展较为稳定，无论新签合同额还是完成营业额均稳中有升。具体类型方面，除传统住宅外，我国企业参与的境外大型公共建筑、新城建设等综合类、复杂程度较高的项目建设逐步增多，标志着我国企业综合实力的不断增强。但从布局上看，仍然主要集中在亚、非市场，前者占比超60%，后者占比约30%，显示我国企业在开拓欧美等市场方面仍然有很大空间。

（二）机遇和挑战

1. 机遇

尽管当前，全球面临经济下行、新冠疫情影响、地缘政治紧张等问题，但从国际基础设施建设市场的中长期需求来看，基础设施建设始终是推动各国经济发展的重要引擎，国际基础设施建设需求依旧很大，特别是随着新兴经济体和发展中国家城市化进程加快，人民对基础设施需求的增加，新建基础设施建设依旧有很大市场。发达国家则面临基础设施陈旧等问题，也迫切需要更新升级。根据全球基础设施中心（GIH）对全球基础设施投资展望预测，2040年全球基建项目投资需求将增至97万亿美元。因此，加快通过改善基础设施来拉动经济发展已经成为各国政府的共识。目前，国际基础设施建设也呈现出一些方向和变化：一是基础设施建设日益由政府主导向商业主导转变，对企业投资建设需求加大；二是桥梁、隧道、公路、铁路、港口、机场等互联互通基础设施，电力网络、水利建设、房屋建筑、公共设施等民生工程建设在相当长的一段时间内仍将是各国建设的重点；三是各国政府和民众对工程项目高科技、智能化要求逐步提高，民众的环境保护意识不断提升，高科技、智能化、环保型建筑或成为新的业务增长点；四是随着技术不断创新，互联网、3D打印、物联网、虚拟现实、人工智能等将成为影响未来基础设施建设发展的主要技术。

随着"一带一路"倡议走深走实，政策沟通、设施联通、贸易畅通、资金融通、民心相通取得成果。受"一带一路"倡议激发，沿线国家进一步推动工业化发展和能源结构变化，消除物流瓶颈，降低交易成本，完善跨境基础设施，逐步形成"一带一路"交通运输网络，为各国经济发展、货物和人员往来提供便利。

除了经济、政策、发展趋势等利好，我国企业综合能力的不断增强也进一步提升了国际形象，促使相关工程项目业务的发展，形成了良好的良性循环。当前，我国企业在基础设施建设、设计咨询、装备制造等方面竞争优势日益显著，中国资本、中国装备、中国技术、中国建设越来越受到国际社会的广泛认可，在交通工程（包括高铁、铁路、公路、港口、桥梁、机场等）、电力工程、房屋建筑（超高层建筑）等合作领域，得到了业主和各合作方的认可，业务份额不断提升，国际竞争力不断加强。当前对外承包工程业务模式不断创新，业务布局和结构日益优化，为行业开辟了新的发展空间。

2. 挑战

虽然国际工程项目业务整体向好，但也面临多方面的挑战，具体如下：

（1）新冠疫情的影响。新型冠状病毒疫情带来了全球严重的经济衰退，促使产业链回归和完善。新冠病毒疫情的影响可能将长期持续。在2020中国对外承包工程行业发展论坛上，相关专家报告中就指出，在目前疫情持续发展并未得到有效控制的同时，超过75%的国家迫于经济停滞的压力正在重新启动经济，一些国家已开始缓慢复苏，但复苏程度存在不确定性和不均衡性。疫情的发展给实体经济带来严重打击，逆全球化思潮再次高涨，全球范围内的产业链和供应链将会重新布局。

（2）国际市场对承包商的要求不断提升。国际承包工程业务正朝着大型化、复杂化的方向发展，东道国政府和业主对承包工程企业的综合能力要求越来越高，包括：整合利用政策性、商业性和开发性资金；提供项目全产业链的综合服务，由传统工程承包向产业前端的规划、设计、咨询和后端的运营、维护和管理等领域扩展；由单一项目建设转向综合经济开发。业主所在国也越来越多地提出了转让技术、带动当地企业发展、再投资、提高当地社会的获得感等要求；不仅要求带动当地人员就业，而且要求同工同酬，平等待遇；对于一般的公益活动到企业社会责任、与当地社会的共同发展以及对项目的环保等方面提出了更多的要求。其他国际多边金融机构日益关注社会和环境可持续发展议题，要求项目参与方增加透明度，企业参与国际项目招投标面临更为严苛的要求。

（3）风险防控压力空前巨大。受新冠肺炎疫情、国际大宗商品价格不稳定等不利因素的影响，国际工程业务面临公共安全威胁，形势较为严峻，非传统不安全因素凸显。这些非传统安全威胁和传统安全威胁交织恶化了当地投资环境，威胁了企业人员和设备安全，对业务发展形成了严峻挑战。部分业务所在国政府在公共合同、鼓励投资、税收征缴、优化营商环境等方面的政策不稳定，企业在部分国家所面临的税收风险凸显。此外，国际和国内对于企业合规经营的范围和要求在不断提高，企业所面对的相关风险加大。

二、我国国际工程各地区开展情况

（一）亚洲

1. 市场概况

亚洲各国政府普遍把发展作为重点，积极推动地区贸易投资便利化，推动互联互通，促进产业升级，为在亚洲市场开展对国际工程业务提供了潜在的机遇。但是，受制于大多数亚洲国家的公路、桥梁、港口、机场等基础设施建设都比较滞后，地区国家间的竞争比较激烈，我国企业在亚洲市场开展业务带来较大挑战和困难。根据2019年度美国工程新闻纪录（ENR）"全球最大250家国际承包商"榜单显示，ENR国际承包商250强在亚洲市场的营业总额为1252.2亿美元，占其全球国际营业总额的26.5%，亚洲仍为全球国际承包商的第一大市场。

目前，亚洲国际工程的市场环境大体可以概括为以下3个方面：

一是亚洲基础设施建设普遍面临融资瓶颈，通常鼓励外资和私营资本参与建设。目前，东南亚、南亚等项目建设资金主要来源是政府、商业银行和机构投资者，但随着本地区基础设施投资需求不断增大，作为投资主力的政府未来出资提升空间有限。不少东南亚国家越来越多地通过改善当地投资环境，吸引私营资本、国际资本开展本国基础设施建设，积极鼓励外资和私营资本通过BOT、PPP等模式加大对当地基础设施的投资，稳步推进本国重大项目实施，支持企业在当地的综合性开发。

二是政权更迭及安全风险突出，基础设施建设面临的不确定因素增多。部分国别业务开展受到所在国政治因素、地缘博弈以及贸易保护主义等因素干扰，部分国家政权更替带来的政策变动以及地区安全风险突出，对有关项目推进产生了一定的阻碍。

三是本地承包商实力不可小觑，国际承包商竞争力强劲。不少亚洲国家本地承包商具有较强实力，且享有优惠政策。例如，泰国本地承包商的项目报价非常有竞争性，前十位的本地承包商几乎承揽了本地所有的大型项目；菲律宾的本地承包商在房建、桥梁、道路方面具有很强的竞争力，尤其是各大房地产开发商旗下的建筑公司，占有了绝大部分的房建市场份额；马来西亚的建筑业起步较早，培养了一大批有实力的本地承包商；沙特阿拉伯的本地建筑企业具有一定规模，在公路、市政、房建等领域占有较大市场份额。此外，欧美、日韩等国承包商的竞争力十分强劲，在亚洲市场所占份额超过50%。

2. 业务概况

我国企业在亚洲市场业务增幅扩大。根据《中国对外承包工程国别（地区）市场报告》，从2019年我国企业的整体业务情况来看，亚洲市场的新签合同额增幅扭转了连续三年的下降趋势，达到1411.3亿美元，同比增长18.2%，占比54.2%；完成营业额为981.4亿美元，同比增长由上年的2.7%扩大到8.2%，占比56.8%。主要得益于南亚、东南亚国家的经济形势持续向好，各国大力推进基础设施规划和建设，我国企业进一步深耕亚洲市场，尤其是采用 PPP 或 BOT 模式在亚洲市场运作不少"投建营一体化"项目收获成效。

（二）非洲

1. 市场概况

2019 年，非洲各国经济发展较快。但是，随着新冠疫情在全球蔓延、东非遭受蝗灾侵扰、国际石油价格下跌等不利因素影响，国际主要经济体增速普遍放缓，非洲经济面临较大的下行压力。非洲各国将减少基础设施建设投资预算，业主违约、政策变化等风险将更加严峻，汇率变动风险、外汇管制、税务政策变化和稽查等风险也将进一步加大。

目前，非洲国际工程的市场环境，大体可以概括为以下 3 个方面：

一是通过基础设施建设为非洲经济发展注入活力。落后的基础设施成为抑制非洲经济快速发展的重要要素，根据《中国对外承包工程国别（地区）市场报告》相关数据，部分非洲国家物流成本占到商品总成本的 75%，电力短缺造成的经济损失占到非洲经济的 2%～4%。非洲地区交通运输、通信工程、电力工程建设等基础设施相对薄弱，各种交通运输方式缺乏有效连接。各国将基础设施建设列为发展的首要议题。非洲还加强区域互联互通建设，致力于一体化、工业化和城市化"三化"建设，旨在通过加强基础设施建设来带动区域经济发展。

二是债务水平上升为业务开展带来较大压力。非洲基础设施建设需求的持续旺盛和滞后的经济发展造成资金缺口进一步扩大。根据联合国非洲经济委员会发布的《2019 非洲经济报告》显示，为实现联合国可持续发展目标，非洲每年所需资金约在 6140 亿～6380 亿美元。非洲国家普遍债务负担较重，自身缺少继续大额借贷能力，国家还款能力不足，导致拖欠工程款情况严重，这为业务发展带来了较大的风险。不少非洲国家极力推动外资以 PPP、BOT 方式参与基础设施建设，但由于投资项目风险大、见效慢等原因，目前成功案例较少。

三是非洲市场业务拓展面临诸多挑战和困难。首先，非洲多国开始执行本国优先的政策。赞比亚、阿尔及利亚、埃及、摩洛哥等国均提出本国优先的口号，规定本土承包商在政府工程项目中享有优先权或者一定比例的优惠或分包比例，提高当地材料和设备在项目中的使用比例，降低外籍雇员的雇佣比例，培养当地员工等。其次，工程款拖欠较为突出。再次，合同、税务风险较大。

2. 业务概况

中非在基础设施方面的合作是中非经贸合作的重要内容。中国政府长期以来大力支持非洲的基础设施建设，中非产能合作、非洲"三网一化""中非十大合作计划"等经贸合作机制和框架安排落实推进，中非发展基金、中非产能合作基金为中非基础设施合作提供了有力的金融支持。2019 年起开始举办两年一届的中非经贸博览会，聚焦贸易、农业、投融资、合作园区、基础设施等领域务实合作。非洲是我国企业开展对外承包工程业务的重点传统市场，我国企业在非洲市场形成了较好的业务基础，在各国承包商中具有相对较高的市场份额。2019 年我国企业在非洲市场业务下滑趋势加剧，传统现汇项目发包额减少，融资项目难度加大，传统合作模式面临困境，业务开展所面临的困难、风险和挑战明显增多。

根据《中国对外承包工程国别（地区）市场报告》，2019 年，我国企业在非洲市场国际工程业务完成营业额 460.1 亿美元，同比下降 5.8%，自 2016 年以来连续第四年下降，且降幅进一步加大；新签合同额 559.3 亿美元，同比下降 28.7%，业务开拓压力不断加大。

我国企业在非洲市场完成营业额占年度对外承包工程完成营业额总额的比重自 2014 年达到 37.2% 后逐年下降，本年度占比为 26.6%，新签合同额份额下降至 21.5%。根据 ENR 发布的 250 家最大国际承包商在非洲市场的业绩，自 2015 年起，国际承包商在非洲业务总体呈下滑趋势。虽然我国企业在非洲业务规模呈萎缩趋势，但在非洲市场的业务占比仍在逐步提升。2020 年榜单中，我国上榜企业完成营业额合计 341.7 亿美元，占比达到了 61.9%，较上年度提高 1 个百分点。

2019 年，我国企业在非洲地区对外承包工程新签合同额前 10 的国家依次为尼日利亚、加纳、阿尔及利亚、刚果（金）、科特迪瓦、埃塞俄比亚、几内亚、埃及、赞比亚、肯尼亚。其中，尼日利亚超过百亿美元。

从领域上来看，我国企业是非洲市场交通运输建设、一般建筑、电力工程建设等领域的重要参与力量。从完成营业额来看，交通运输建设、电力工程建设、一般建筑领域、工业建设和制造加工设施均下降，仅有石油化工同比增长 32.4%，废水物处理业务同比增长 12.9%。新签合同额方面，仅有石油化工领域和水利建设领域同比实现了增长。

（三）拉丁美洲

1. 市场概况

拉丁美洲和加勒比地区已成为我国海外投资第二大目的地和开展国际工程业务的第三大市场。目前，拉丁美洲多国政治、经济和社会格局仍然面临极大的不确定性，但稳定社会秩序、谋求经济发展，将是各国的共同选择，调整不合理的经济结构，加速基础设施建设，引进先进设备和技术，加强吸引资金是重点举措。拉丁美洲各国政府用于促进基础设施发展的投资将非常有限，通常以 PPP 模式开发建设基础设施项目。随着拉丁美洲国家与中国开展经贸合作意愿的不断加强，基础设施投资和建设是中拉经贸合作中最具增长潜力的领域。

2. 业务概况

根据《中国对外承包工程国别（地区）市场报告》，2019 年，我国企业在拉丁美洲地区国际工程业务略有增长，新签合同额 198.7 亿美元，占对外承包工程新签合同总额的 7.6%，同比增长 9.0%；完成营业额 116.4 亿美元，占对外承包工程完成营业总额的 6.7%，同比下降 2.8%。自 2015 年完成营业额出现下滑以来，下滑趋势逐年减缓，出现复苏迹象。

我国企业在拉丁美洲业务主要集中在哥伦比亚、巴西、墨西哥等市场。其中，2019 年哥伦比亚市场依靠大项目的拉动，新签合同额占到整个拉美市场业务的四分之一，墨西哥市场实现了新签合同额和完成营业额的双双快速增长。我国企业在拉丁美洲地区对外承包工程新签合同额前 10 的国家依次为哥伦比亚、巴西、墨西哥、阿根廷、格林纳达、秘鲁、委内瑞拉、玻利维亚、厄瓜多尔、古巴。其中哥伦比亚超过 50 亿美元。

从领域上来看，交通运输建设领域是我国企业在拉丁美洲市场开展 BOT 或 PPP 业务的主要业务领域，2019 年度得益于中国港湾签约哥伦比亚地铁 PPP 项目，以及中国交建收购巴西最大设计公司 Concremat 集团的相关业绩，我国企业在拉丁美洲交通运输建设领域新签合同额和完成营业额均实现较大幅度增长。我国企业在拉丁美洲电力工程建设业务规模虽然下滑，但光伏电站项目成为亮点，中国电建在墨西哥签约三个光伏电站项目，合计金额约 4.6 亿美元。通信工程建设领域位列第二位，主要为华为技术有限公司在巴西、墨西哥、阿根廷、秘鲁等市场业绩。

（四）欧洲

1. 市场概况

目前我国对外承包工程行业正处于转变发展方式、实现转型升级的关键时期，进入欧洲市场，与欧洲企业开展合作，对于提高我国企业业务运作能力，提升境外 BOT、PPP、特许经营等项目的经营水平具有重要意义，有助于我国企业业务的转型升级和市场布局的优化调整。

2. 业务概况

我国政府与中东欧各国政府在"17+1 合作"的总体框架下，将加快中东欧互联互通基础设施建设作为优先方向，目前已经实现与中东欧 17 国签署共建"一带一路"倡议合作文件的全覆盖。根据《中国对外承包工程国别（地区）市场报告》，2019 年，我国企业在中东欧市场有所突破，新签合同额 40.2 亿美元，完成营业额 18.1 亿美元，签约塞尔维亚高速公路、匈塞铁路（诺维萨德-苏博蒂察段）、波兰风电和高速公路、北马其顿房屋建筑等项目。此外，北欧也逐渐成为"一带一路"合作的重要参与者。在"一带一路"倡议的影响下，芬兰和挪威等国开始推进"北极走廊"项目。

2019 年，我国企业在欧洲地区对外承包工程新签合同额前 10 的国家依次为俄罗斯、乌克兰、西班牙、法国、塞尔维亚、波兰、芬兰、白俄罗斯、德国、英国。其中，俄罗斯超过百亿美元，其余国家均未超过 30 亿美元。

从领域上来看，我国企业在欧洲市场国际工程业务以通信工程建设、交通运输建设、电力工程建设及一般建筑等领域为主。

（五）大洋洲

根据《中国对外承包工程国别（地区）市场报告》，2019 年，我国企业在大洋洲市场业务规模保持稳定，新签合同额 82.5 亿美元，同比下降 3.7%；完成营业额 52.1 亿美元，同比增长 2.8%。主要业务领域为交通运输建设、一般建筑和水利建设等。

我国企业在大洋洲对外承包工程业务主要集中在澳大利亚、巴布亚新几内亚、新西兰等。新签合同额方面，澳大利亚、巴布亚新几内亚、所罗门群岛、斐济和新西兰居前五位，其中所罗门群岛、斐济和新西兰三个市场新签合同额均实现倍数级增长。

（六）北美洲

根据《中国对外承包工程国别（地区）市场报告》，2019 年，我国企业在北美洲地区（包括美国、加拿大、格陵兰岛等）新签合同额 27.6 亿美元，同比下降 4.7%，完成营业额 12.7 亿美元，同比下降 48.3%。

我国企业在北美洲业务以美国市场为主，加拿大市场新签合同额和完成营业额规模均较小。2019 年在北美洲市场新签合同额排名前 10 的项目均在美国，主要涉及一般建筑、制造加工设施建设、工业建设等领域。

思 考 题

1. 工程项目管理和管理之间是什么关系？
2. 工程项目管理全过程中，各个阶段的主要参与者分别有哪些？
3. 请解释 EPC 的含义。

4. 与国内工程项目相比，国际工程项目有哪些特点？
5. 如果我们要去一个新的国家开拓工程项目业务市场，需要关注哪些方面？
6. 我国的国际工程项目业务，主要集中在哪两个洲？

知识拓展屋——中国建设标准

工程建设标准是经济建设和项目投资的重要制度和依据。因此，我国建筑业对中国建设标准非常重视。

在我国，工程建设标准的作用主要体现在以下 8 个方面：一是贯彻落实国家技术经济政策，二是规范市场秩序，三是确保建设工程质量安全，四是促进建设工程技术进步、科研成果转化，五是保护生态环境、维护人民群众生命财产安全和人身健康，六是推动能源、资源的节约和合理利用，七是促进建设工程的社会效益和经济效益，八是推动开展国际贸易和国际交流合作。

根据《中华人民共和国标准化法》规定，我国的建设工程标准可以划分为四个等级，即国家标准、行业标准、地方标准和企业标准。其中，前三者按照属性又可以划分为强制性标准和推荐性标准。强制性标准必须严格执行，否则相关主体将会受到相应的惩处。

项目二

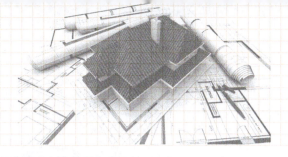

国际工程项目可行性研究

能力目标

1. 熟悉什么是工程项目可行性研究,它的目标是什么。
2. 掌握工程项目可行性研究有哪些主要内容。
3. 了解工程项目可行性研究的国内外发展历程。

任务驱动

任务一　了解可行性研究

工程项目与世间万物一样,都具有自己的生命周期。一般来说,项目的生命周期是从提出项目设想开始,经过立项、决策、开发、建设、施工、投运等所进行的生产活动和总结评价的全过程。一个完整的工程项目从规划开始到项目完成,需要经历7个工作阶段,即项目设想阶段、项目筛选阶段、项目准备阶段、项目评估阶段、项目建设实施阶段、项目投运生产阶段和项目总结评价阶段。这些项目阶段并不是相互独立的,而是相互衔接、相互制约、相互联系的,前一阶段的工作为下一阶段的工作打好基础,下一阶段的工作是前一阶段的发展和延续。项目的前四个工作阶段(项目设想阶段、项目筛选阶段、项目准备阶段、项目评估阶段)也被称为项目投资前期,而在这一时期最重要的工作就是项目可行性研究(Feasibility Study)。

一、可行性研究的定义

建设项目可行性研究是在工程项目投资决策前,根据市场需求和国民经济长期发展规划、地区发展规划和行业发展规划的要求,对拟建项目有关的市场、生产技术、经济效益等各方面进行深入细致的调查研究,对各种可能采用的技术方案和建设方案,进行认真的技术经济分析和比较,对项目建成后的经济效益、社会效益进行科学的预测和评价。在此基础上对拟建项目的技术先进性和适用性,经济合理性和有效性以及建设可能性和可行性进行全面分析、系统论证、多方案比较和综合评价,由此确定该项目是否应该投资和如何投资并得出一定结论。

项目可行性研究是基本建设程序中的一个重要工作阶段,也是工程建设项目前期管理过程中最主要的工作内容。在项目管理工作中,可行性研究对项目全过程的依据性和基础性作用的影响巨大，有特别重要的意义。

二、可行性研究的目标

近年来，随着我国市场经济体制的不断完善，投资者的市场风险意识不断加强，投资决策更趋于理性化、科学化，可行性研究的作用也越来越受到投资各方的重视。高质量的可行性研究工作，可以提高投资效益、降低投资风险、优化资源配置。

可行性研究是在投资决策之前，对拟建项目进行全面、综合的技术经济分析和论证，是为决策提供可靠依据的一种重要手段。因此，这个阶段是进行详细深入的、以技术经济分析为主的论证阶段，其具体的目标要求可以分为以下几类：

1）拟建项目是否符合国家经济的长远规划和社会发展的需求，是否符合国家相关的产业政策、国土规划等，能否对当地经济、社会发展起到促进作用。

2）对相关的产品方案、生产流程、资源供应、厂址选择、工艺技术、设备选型、工程实施进度计划、资金筹措计划及组织管理结构和人员配备等各种可能选择的技术方案，进行全面深入的技术经济分析和比较选择工作，同时要兼顾环境影响和社会效益。

3）项目建成后原材料的供应和有关生产配套条件能否满足持续生产的需求；对于分期建设或者预留有扩建的项目，同时应考虑项目未来发展的要求。

4）对项目建成后财务效益、经济效益、环境效益进行重点分析与评价，对投资方案进行多方案比选，确定一个能使项目投资和生产运行成本降到最低限度，以取得最佳的经济效益与社会、环境效益的建设方案。

5）项目筹集的资金是否可靠，是否符合国家的政策规定，各项建设条件是否满足项目按计划正常实施的要求。

6）项目建设过程中各项风险是否识别，并采取了相应的应对措施。

三、可行性研究的作用

可行性研究的作用主要有以下几项：

1）作为投资者决策的主要依据。
2）作为该项目与有关部门互定协议、签订合同的依据。
3）作为项目工程设计基础资料的依据。
4）对于有污染物排放的项目，可行性研究报告是作为向当地政府环保部门申请排放指标的依据。
5）作为筹措资金向银行贷款的依据，银行审查判断是否贷款的依据。
6）作为编制计划、设计、采购、施工以及机构设置与资源配置的依据。

四、可行性研究的必要性

1. 可行性研究是投资决策的依据

工程项目的可行性研究是确定项目是否进行投资决策的依据。投资体制的改革打破了由一个业主建设单位无偿使用的局面，把由政府财政统一分配投资变成由国家、地方、企业和个人的多元投资。可行性研究也就成为投资业主和国家审批机关提供评价结果的主要依据，以及确定对此项目是否进行投资和如何进行投资的决策性的文件。目前很多国家和地区已开始依据可行性研究结论预测和判断一个项目技术可行性、产品销路、竞争能力、获益能力再做出是否投资的决策。

2. 可行性研究是建设项目融资的重要依据

批准的可行性研究是项目建设单位筹措资金特别是向银行申请贷款或向国家申请补助资金的重要依据，也是其他投资者的合资理由根据，一方面，凡是应向银行贷款或申请国家补助资金的项目，必须向有关部门报送项目的可行性研究，银行或国家有关部门经审查认定后，才可进行贷款或进行资金补助；另一方面，可行性研究是向银行申请贷款的先决条件，凡贷款投资某项目，必须向贷款银行提送项目的可行性研究报告，银行通过审查项目可行性研究报告确认项目的效益水平、偿还能力、风险水平才能决定是否贷款。

3. 可行性研究是建设项目审批和设计的重要依据

可行性研究报告经审查，符合政府部门的规定或经济立法，对污染处理得当，不造成环境污染时，方能取得有关部门的许可。总体上讲，可行性研究报告应把握的重点包括：一是符合国家产业政策、行业发展规划，符合立项条件；二是资源优势突出，区域特色明显，市场前景广阔；三是技术工艺先进，科技含量较高；四是投资估算合理，前后逻辑一致；五是预期效益显著，农民增收明显，低耗节能环保，用地手续齐全；六是项目法人老实守信，社会形象良好，财务管理规范，财务状况良好，保障措施有力；七是文本语言流畅，专业用词准确；八是附件齐全完整，印刷规范清晰。此外，环境保护也已成为一项重要内容，可行性研究中为达到标准所提出的措施和办法，是环保部门签发执照进行审批的依据。此外，在设计过程中，可行性研究报告对厂址、生产工艺流程、设备选型、详细的经济技术方案等已确定的原则一经批准则成为详图设计的主要依据。

4. 可行性研究是项目建设生产和考核评估的依据

可行性研究报告中所附的工程地质、水文气象、勘探、地形、矿物资源、水质等所有的分析论证资料，是检验工程质量和整个工程寿命期内追查事故责任的依据。当项目完成正式投产后的生产考核，也应以可行性研究所制订的生产纲领、技术标准以及经济效果指标作为考核标准。设置相应的组织机构、进行职工培训以及合理地组织生产等工作安排也要根据批准的可行性研究报告，进行与项目有关的生产组织工作。

任务二　可行性研究的基本内容

一、可行性研究的基本流程

（一）可行性研究的阶段划分

建设项目由于投资额度大、建设周期长、内外协作关系多、涉及内容复杂，因此需要一个比较长时期、由浅入深不断深化的工作过程。一般情况下一个完整的可行性研究应包括投资机会研究、初步可行性研究、详细可行性研究三个阶段。

1. 投资机会研究

投资机会研究又称为投资机会确定，其主要任务是提出项目建设投资方向的建议，即在一个确定的地区和部门内，根据自然资源、市场需求、国家产业政策和国际贸易情况等，通过调查预测和分析研究，选择建设项目、寻找投资的有利机会。

投资机会研究作为可行性研究的起始阶段，一般来说都比较粗略，主要是从投资的收益和盈利角度来研究项目的投资可能性，进行投资机会的鉴别，提出备选项目，以引起投资者的投资兴趣和愿望。从时间周期上来讲，对于大中型的项目，投资机会研究所用的时间一般为1~2个月；对于小型项目或者不太复杂的项目一般在两周内完成。投资的成本和收益一般是通过现有类似项目的参考或者工程建设经验得来，因而数据与实际情况存在较大的误差。

投资机会研究通常可以分为一般机会研究与具体项目机会研究两种。

（1）一般机会研究。一般机会研究是对某一地区行业或部门鉴别投资机会，或是识别以利用某种自然资源或工农业产品为基础的投资机会，在这些机会研究做出最初鉴别之后，再进行项目的机会研究。一般机会研究通常可以划分为以下三类：

1）地区投资机会研究，即通过调查分析地区的基本特征、人口及人均收入、地区产业结构、经济发展趋势、地区进出口结构等状况，研究、寻找在某一特定地区内的投资机会。

2）部门投资机会研究，即通过调查分析产业部门在国民经济中的地位和作用、产业的规模和结构、各类产品的需求及其增长率等状况，研究、寻找在某一特定产业部门的投资机会。

3）资源开发投资机会研究，即通过调查分析资源的特征、储量、可利用和已利用状况、相关产品的需求和限制条件等情况，研究、寻找开发某项资源的投资机会。

（2）具体项目机会研究。具体项目机会研究就是将项目的设想转变为概略的项目投资建议以引起投资者的注意，使其做出投资响应，并从几个有投资机会的项目中，迅速而经济地做出决策，为初步选择项目提供依据。

2. 初步可行性研究

初步可行性研究（Pre-feasibility Study，PS）也称为预可行性研究，是在机会研究的基础上，对项目方案进行初步的技术、财务、经济、环境和社会影响评价，对项目是否可行做出初步判断。它是正式的详细可行性研究的前期准备阶段。经过投资者机会研究认为可行的建设项目，表明该项目值得继续研究，但又不能肯定是否值得详细可行性研究时，就要先做初步可行性研究，以进一步判断这个项目是否具有较高的经济效益。研究的主要目的是判断项目是否具备必要性，即是否有生命力，是否值得投入更多的人力和资金进行可行性研究，并据此做出是否进行投资的初步决定。经过初步可行性研究，认为该项目的可行性符合投资者预期，便可以转入详细可行性研究阶段，否则就终止该项目的前期研究工作。具体而言，项目建设的必要性，一般体现在以下几个方面：

1）企业为了自身的可持续发展，为满足市场需求，进行扩建、更新改造或者新建项目。

2）为了促进地区经济的发展，需要进行基础设施建设，改善交通运输条件，改善投资环境。

3）为了满足人民日益增长的美好生活需要而必须建设的文化、教育、卫生等社会公益性项目。

4）为了合理开发利用资源，实现国民经济的可持续发展而必须建设的跨地区重大项目。

5）为了增强国防和社会安全能力的需要而必须建设的项目。

3. 详细可行性研究

详细可行性研究又称为最终可行性研究，通常简称为可行性研究，是在前面阶段的基础上，对项目所需的信息加以更加广泛搜集、深入分析计算，最终形成书面版本的可行性研究报告供政府部门或行业专家组审查。而经过审查、修订的详细可行性研究报告不但为项目决策提供技术、经济、社会方面的评价依据，而且为项目的具体实施（工程设计、建设和生产）提供指导。

详细可行性研究阶段的主要目标是：

1) 提出项目建设的多种可行方案。
2) 进行效益分析和选定最佳方案。
3) 依据国家标准，对项目建设提出结论性意见。

可行性研究的最终结论，可以是推荐一个最佳的建设方案；也可以是提出两个可供选择的建设方案，但同时需要说明各自的优缺点和相应的措施；还可以提出本建设项目"不可行"的结论。

详细可行性研究的内容要求比较详尽，因此所花费的时间成本比较大，研究深度比较深。在这一阶段中，投资额和成本都应根据本项目的实际情况进行认真调查、预测、详细计算，一般要求计算精度控制在10%以内。大型项目详细可行性研究工作所花费的时间通常为8~12个月，所需费用约占投资总额的0.2%~1%（具体金额根据建设项目定额）；中小型项目详细可行性研究工作所花费的时间通常为4~6个月，所需费用约占投资总额的1%~3%。

（二）可行性研究编制与评估流程

1. 可行性研究编制流程

通常而言，编制建设工程项目可行性报告通常需要经历八个步骤，即签订委托协议、组建工作小组、制定工作计划、调查研究搜集资料、方案设计与优选、项目评价、编写可行性研究报告、与委托单位交换意见。

（1）签订委托协议。可行性研究报告编制单位与委托单位，就项目可行性研究报告编制工作的范围、重点、深度要求、完成时间、费用预算和质量要求交换意见，并签订委托协议，据以开展可行性研究各阶段的工作。

（2）组建工作小组。根据委托项目可行性研究的工作量、内容、范围、技术难度、时间要求等组建可行性研究报告编制小组。一般工业项目和交通运输项目可分为市场组、工艺技术组、设备组、工程组、总图运输及公用工程组、环保组、技术经济组等专业组。为使各专业组协调工作，保证可行件研究报告总体质量，一般应由总工程师、总经济师负责统筹协调。

（3）制订工作计划。制订工作计划的内容包括研究工作的范围、重点、深度、进度安排、人员配置、费用预算及可行性研究报告编制大纲，并与委托单位交换意见。

（4）调查研究搜集资料。各专业组根据可行性研究报告编制大纲进行实地调查，搜集整理有关资料，包括向市场和社会调查，向行业主管部门调查，向项目所在地区调查，向项目涉及的有关企业、单位调查，搜集项目建设、生产运营等各方面所必需的信息资料和数据。

（5）方案设计与优选。在以上调查研究搜集资料的基础上，对项目的建设规模与产品方案、场（厂）址方案、技术方案、设备方案、工程方案、原材料供应方案、总图布置与运输方案、公用工程与辅助工程方案、环境保护方案、组织机构设置方案、实施进度方案以及项目投资与资金筹措方案等，提出备选方案，进行论证比选优化，构造项目的整体推荐方案。

（6）项目评价。项目评价是对推荐的建设方案进行环境评价、财务评价、国民经济评价、社会评价及风险分析，以判别项目的环境可行性、经济可行性、社会可行性和抗风险能力。当有关评价指标结论不足以支持项目方案成立时，应对原设计方案进行调整或重新设计。

（7）编写可行性研究报告。项目可行性研究的各专业方案经过技术经济论证和优化之后，由各专业组分工编写。经项目负责人衔接协调综合汇总，提出可行性研究报告初稿。

（8）与委托单位交换意见。可行性研究报告初稿形成后，与委托单位交换意见，修改完善，形成正式可行性研究报告。

2. 可行性研究评估流程

可行性研究评估流程如图2-1所示，主要分为了五个阶段，即调查研究阶段、咨询文件编写阶段、初稿论证阶段、初稿修改完善阶段、成果上报阶段。

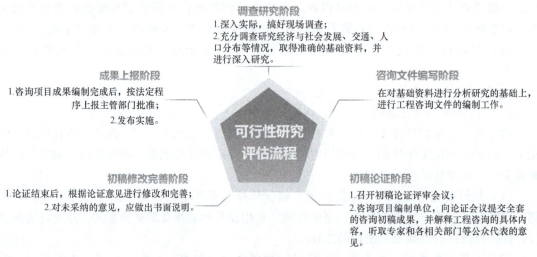

图2-1 可行性研究评估流程

在实际工程项目中，可行性研究评估主要按以下顺序进行：

（1）领取资料并预审。评估单位在接到委托人通知后，通常在24小时内领取委托任务并进一步搜集项目资料，了解项目情况，通过对项目资料进行预审，初步确定项目是否具备基本评估条件。如果项目不具备基本评估条件，则在接到委托任务后2日内以书面形式一次性告知项目单位，要求其补充、落实有关资料或文件，并要求项目单位书面回复能够提交补充资料的时间。根据回复时间，若中介机构认为无法按期完成任务，按照相关规定，可提出中止或延期评估申请。如果认为具备基本评估条件的，进入下一环节。

（2）编制工作方案、聘请专家、组成工作组。在接受任务后将研究聘任评审专家，提交工作计划（内容包括研究工作的范围、重点、深度、进度安排、人员配置及可行性研究评估报告编制大纲等），并将资料送专家审阅。同时将"评估工作方案"报委托人审定并书面传送。

根据委托项目可行性研究报告评估的工作量、内容、范围、技术难度、时间要求等组建可行性研究评估报告编制小组。一般分为市场组、工艺技术组、设备组、工程组、总图运输及公用工程组、环保组、技术经济组等专业组。为使各专业组协调工作，保证可行性评估报告总体质量，由技术负责人统筹协调。

"评估工作方案"应包括以下基本内容：

① 工作周期：拟定工作步骤，排定整个工作周期等。
② 踏勘和会议安排：确定踏勘现场和评估会的时间及会议日程安排。
③ 评估内容：明确承担咨询任务的具体评估内容。
④ 评估工作组人员名单：评估专家、项目经理和其他工作人员。

聘请"专家"原则：

① 专家聘请秉承慎重原则，原则上要求专家组成员中有外聘专家。
② 专家数量应不少于3人，应包括项目主要涉及专业。
③ 专家应具有相关专业的资质及评审经验，以往未尽职的专家不得继续聘任。

（3）中介机构组织现场踏勘、召开评估会

① 现场踏勘：就场址选择合理性、建设条件具备情况、项目形象进度等进行考察。通常，现场考察与召开评估会为同一天，也可以视具体情况分两天进行。项目相关单位人员均应到场参加。在时间紧张的情况下，如遇多地点建设项目，可由评估组指定代表性强、投资金额大的项目建设场址进行选择性考察。

② 召开评估会：评估会安排时间不应晚于委托要求完成时间前7日；委托人在中介机构工作过程中予以管理、协调、参与、监控；中介机构应至少提前24小时告知委托人踏勘及评估会时间。

（4）专家组形成初步评估意见。根据项目申报资料、现场踏勘情况、评估会沟通情况，评估会后，专家应形成书面的个人意见和专家组意见，作为"评估报告"的组成部分。专家出具的意见应是符合自身专业的、认真的、独立的、尽职的。

根据专家意见，有必要补充完善项目资料的，通常在会后24小时内一次性书面告知项目单位，要求其补充完善相关资料并书面回复能够提交补充资料的时间。

若项目单位能够按期提供满足评估深度要求的补充资料，则评估方将根据或参考专家意见组织编制评估报告。视项目单位承诺时间或补充资料情况，若评估方认为无法按期完成任务，按照相关规定，可提出中止或延期评估申请。

中止或延期申请通常于评估会后2日内办理，最晚也应于要求评估完成日的前1日办理。

（5）编制评估报告，征求相关意见。"评估报告"应格式规范、数据准确、表达清晰；评估结论应完整、明确、科学、合规、客观、公正。编制完成后的"评估报告"电子版应至少提前一天发送委托人征求意见，与委托单位交换意见，修改完善，形成正式可行性研究报告。同时将建立评估报告审核制度，报告电子版将经单位内部预审通过后提交。

二、可行性研究报告的基本内容

（一）可行性研究报告的内容范围

通常而言，可行性研究报告并没有固定的格式规定，通常包括问题的提出、制定目标、拟定建设方案、分析评价等内容，最终从多种可行的方案中选出一种比较理想的方案供投资者决策。一般来说，可行性研究应包括以下几项基本内容：

（1）明确项目范围和建设方目标。主要是明确问题，弄清楚项目论证的范围以及业主的目标。

（2）搜集并分析相关资料。搜集并分析相关资料包括实地调查及技术经济分析。投资决策中所需要的信息，既有与项目有关的历史信息，也有对于未来的预测信息；既有确定性信息，又有不确定信息；既有项目技术信息，也有相应的经济信息等。

（3）拟定多种可行的方案。项目论证在操作层面上的主要核心点是从多种可供实施的方案中择优选取，因此拟定相应的实施方案，是项目论证的一步关键性的工作。在列出技术方案时，既不能把实际上可能实施的方案漏掉，也不能把实际上不可能实现的方案当作可行方案列进去。所以在建立各种可行的技术方案时，应当根据调查分析的结果和掌握的全部资料进行全面仔细地考虑。

（4）进行多方案的分析比较。方案分析与比较阶段，包括分析各个可行方案在技术上、经济上、环境上和社会效益上的优缺点，比如分析方案的各种经济指标、投资费用、经营成本、投资收益率、投资回收期等；或者对于行业中的主流生产工艺进行比较，选择适合本项目的工艺路线。对于某些特殊行业来说，由于生产某种产品（如电能、热能、煤气化产品、化工产品等），行业中主流的工艺只有一种或几种，这样就有可能通过技术工艺路线直接决定项目建设方案。

（5）选择最优方案进一步详细全面的认证。进一步认证包括进一步的市场分析、方案实施的工艺流程、项目地址的选择及服务设施、劳动力及培训、组织与经营管理、现金流与经济财务分析、社会环境影响等。

（6）编制可行性研究与评估报告。可行性研究与评估报告应附上环境影响评估报告书，有时候也需要以采购方式审批报告。可行性研究报告的结构与内容通常有特定的要求，需要根据行业相关的国家标准来编制。如对于太阳能热发电厂项目，国家能源局颁布了两本行业规范：《太阳能热发电厂预可行性研究报告编制规程》（DL/T 5585—2020），以及《太阳能热发电厂可行性研究报告内容深度规定》（DL/T 5572—2020）。

（7）编制资金筹措计划和项目实施计划进度。在可行性研究的不同阶段，项目可利用资金也会发生一些变化（如新增投资者），因此要根据资金来源的变化来调整资金筹措计划。同时，项目实施计划进度是保证项目按时完工的重要条件，也需要加以详细规划。

（二）可行性研究报告的常见格式

虽然可行性研究报告没有固定的格式规定，可以根据项目实际情况进行删减增补，但经过大量的工程实践，也形成了相对统一的模式，具体如下：

（1）项目总论。项目总论主要包括概括性论述项目背景、主要技术经济指标、结论及建议。让报告阅读者能够快速掌握研究报告的整体思想和内容。

（2）项目背景及必要性。从宏观和微观方面分析项目提出的背景情况和产业发展情况，用定性和定量的方法分析企业进行投资的必要性。

（3）市场预测与建设规模。采用问卷调查、抽样调查等市场调查方法对现有市场情况进行准确分析，采用专家会议、德尔菲法、类推预测等定性分析方法和时间序列、因果分析等定量分析方法对市场进行预测，通过竞争力对比分析、战略态势分析、波士顿矩阵分析、

SWOT分析等确定项目市场战略和企业营销策略，通过差额投资内部收益率法、净现值法、最小费用法等定量分析方法确定项目的产品方案和建设规模，采用成本导向定价法、需求导向定价法、竞争导向定价法等方法确定产品的销售价格。

（4）建设条件与厂址选择。通过工程技术条件和建设投资费用的对比确定场址方案。

（5）工程技术方案。采用评分法、投资效益评价法确定项目的技术方案，采用投资回收期法、投资收益率法、运营成本法、寿命周期法确定项目的设备方案，通过对技术经济指标、总图布置费用、拆迁方案的对比确定项目的总图方案。

（6）节能节水与环境保护。从建筑设计、建筑结构、平面布置、设备选型、工艺流程等方面论述项目的节能方案，从设备选型、工艺流程、综合利用等方面论述项目的节水方案，从项目建设和项目运营两方面论述项目的环境保护措施及对环境的影响情况。

（7）劳动保护、安全卫生、消防。从危害因素、建筑施工、项目运营等方面论述项目的劳动保护与安全卫生措施，从建筑设计、功能布局、平面设计等方面论述项目的消防措施。

（8）企业组织和劳动定员。根据企业现有组织情况以及行业先进管理经验，采用劳动生产率或其他方法确定企业的组织结构和劳动定员情况，并根据企业的生产计划安排、员工定岗情况和人力资源情况制定人员培训计划。

（9）项目实施进度安排。根据行业经验和企业特点安排项目的实施计划和进度。

（10）投资估算与资金筹措。采用单位建筑工程投资估算法、单位实物工程估算法估算项目的建筑工程费用；采用设备原价加设备运杂费估算设备购置费用；以设备购置费用为基数估算工具器具及生产家具购置费用；根据设备购置费用，采用比率法确定项目的安装工程费用；根据国家有关计费文件估算工程建设其他费用；采用全额流动资金估算法估算项目所需流动资金。通过投资内部收益率、投资回收期、融资成本等对比确定项目的融资方案。

（11）财务分析与敏感性分析。利用资金时间价值方法对项目进行财务评价，采用不确定性分析、盈亏平衡分析等方法确定项目的抗风险能力和保本水平。

（12）社会效益分析。通过项目对社会的影响、项目与所在地互适性两方面对项目的社会效益进行分析，确保项目符合社会发展要求。

（13）风险分析。进行技术和产品风险，市场风险，原材料、自然资源或供货渠道的风险，政策性风险，持续融资风险等方面的风险分析，提出相应的风险应对机制，增加企业风险防范意识、提高项目抗风险能力。

（14）可行性研究结论与建议。主要是根据上述研究结果，提出建议。

（15）附件。附件内容包括以下几个方面：①项目承办单位营业执照、法人证书复印件。②当地规划、国土、环保等部门关于项目的支持文件。③查新检索报告。④检测报告。⑤相关知识产权、专利技术复印件。⑥自有资金存款证明。⑦相关银行贷款承诺。⑧其他相关证明材料。⑨项目财务分析报表。

（三）可行性研究报告的深度要求

可行性研究报告的深度要求，往往根据研究对象、需求、时间等的不同而不同。通常来说，需要满足以下几个方面：

1）可行性研究报告应做到内容齐全，结论明确，数据准确，论据充分，以满足决策者定方案定项目的需要。

2）项目的规划和政策背景，要求论证全面，结论可靠。

3）市场容量及竞争力分析，要求调查充分，分析方法适当，预测可信。

4）报告中选用的主要设备的规格、参数应该满足预订货的要求，引进的技术设备的资料应该满足合同谈判的要求。

5）报告中确定的主要工程技术数据，应该能满足项目初步设计的要求。

6）报告对建设投资和生产成本应该进行分项详细估算，其误差应该控制在±10%以内。

7）报告中确定的融资方案，应该可以满足银行等金融信贷机构决策的需要。

8）报告中应该反映在可行性研究过程中出现的某些方案的重大分歧及未被采纳的理由，以供决策者权衡利弊进行最终决策。

（四）可行性研究报告需要着重阐述的内容

可行性研究报告的基本内容就是报告的正文部分所要体现的内容。它是结论和建议赖以产生的基础，要求以全面、系统的分析为主要方法，经济效益为核心，围绕影响项目的各种因素，运用大量的数据资料论证拟建项目是否可行。当项目的可行性研究完成了所有系统的分析之后，应对整个可行性研究提出综合分析评价，指出优缺点和建议。

为了结论的需要，往往还需要加上一些附件，如试验数据、论证材料、计算图表、附图等，以增强可行性报告的说服力。因此，以下几个方面是可行性研究需要重点阐述的内容。

（1）总论。总论即项目的基本情况。在可行性研究报告的编制中，这一部分特别重要，项目的报批、贷款的申请、合作对象的吸引主要靠这一部分的内容。总论的内容一般包括项目的背景、项目的历史、项目概要以及项目承办人四个方面。总论的实质是对项目简明扼要地做一个概述，对项目承办人的形象和思想做相应的描述。在许多情况下，项目的评估、审批、贷款以及对合作者的吸引，其成败在一定程度上取决于总论写作质量的好坏。因此，写作时一定要尽心尽力，既要保证总论的内容完整、重点突出，又要注意与后面内容相照应。

（2）基本问题研究。可行性研究报告的基本问题研究，是对各个专题研究报告进行汇总统一、平衡后所做的较原则、较系统的概述。项目不同，基本问题研究的内容也就不同。目前较有代表性的有三个：工业新建项目的基本问题研究，技术引进项目的基本问题研究和技术经济政策基本问题研究。其中，工业新建项目的第一方面是市场研究，着重解决项目新建的必要性问题；第二方面是工艺研究，着重解决技术上的可能性问题；第三方面是经济效益研究，着重解决项目的合理性问题。在具体写作过程中，人们常把这三个问题分成10个专题来写。这10个专题为：市场情况与企业规模、资源与原料及协作条件、厂址选择方案、项目技术方案、环保方案、工厂管理机构和员工方案、项目实施计划和进度方案、资金筹措方案、经济评价、结论。

（五）可行性研究报告的写作要求

对可行性研究报告的写作要求主要包括以下四个方面：

（1）设计方案。可行性研究报告的主要任务是对预先设计的方案进行论证，所以必须设计研究方案，才能明确研究对象。

（2）内容真实。可行性研究报告涉及的内容以及反映情况的数据，必须绝对真实可靠，不许有任何偏差及失误。可行性研究报告中所运用资料、数据，都要经过反复核实，以确保内容的真实性。

（3）预测准确。可行性研究是投资决策前的活动，它是在事件没有发生之前的研究，

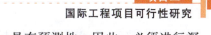

是对事物未来发展的情况、可能遇到的问题和结果的估计，具有预测性。因此，必须进行深入的调查研究，充分地占有资料，运用切合实际的预测方法，科学地预测未来前景。

（4）论证严密。论证性是可行性研究报告的一个显著特点，要使其有论证性，必须做到运用系统的分析方法，围绕影响项目的各种因素进行全面、系统的分析，既要做宏观的分析，又要做微观的分析。

任务三　可行性研究的发展

一、国外可行性研究的发展

建设项目可行性研究作为项目投资前期进行技术经济论证的一种科学方法，大致经历了以下四个阶段：

1. 19 世纪初至 20 世纪 50 年代

这一时期西方国家主要采用可行性研究财务评价的做法，即主要从企业立场出发，通过对项目收入和支出的比较来判断项目的优劣，其本质就是简单的财务评价。随着社会的发展，简单的财务评价已不能满足社会、政府和企业对项目投资决策的多元化需求。法国工程师让·杜比在 1844 年发表《公共工程效用的评价》一文，针对财务分析方法不能正确评价公共事业项目对整个社会的经济效益问题，提出了"消费者剩余"的思想。这种思想引起了英国经济学家阿尔弗雷德·马歇尔的兴趣，他从多方面研究，正式提出了"消费者剩余"的概念。随后，这种思想发展成社会净收益的概念，成为现在"费用-效益"分析的基础，构成了可行性研究的雏形，强调政府在进行公共工程项目投资时，要从整个社会角度衡量投资的得失。

2. 20 世纪 50 年代—20 世纪 60 年代

在"费用-效益"分析被普遍认同后，可行性研究逐渐从侧重微观财务分析发展到同时从微观和宏观双角度评价项目的经济效果。1950 年美国发表了《内河流域项目经济分析的实用办法》，规定了研究效益、费用比率的原则程序、评价项目效益与国民生产总值之间的关系。随后，诺贝尔经济奖获得者、荷兰计量经济学家简·丁伯根于 1958 年首次提出"影子价格"的主张，对完善经济分析理论起了重要作用。20 世纪 60 年代，美国实行"规划-计划-预算制度"（PPBS），要求政府机关对各项计划方案都要从"费用-效益"的角度来审查其是否合理。1968 年，牛津大学著名福利经济学家 I. 利特尔和经济数学家 J. 米尔理斯联合为经济合作与发展组织编写了《发展中国家工业项目分析手册》，该书中的方法被称为"L-M 法"。此后，世界银行和联合国工业发展组织（UNIDO）都在其贷款项目评价中使用财务分析和经济分析两种方法。

3. 20 世纪 60 年代—20 世纪 80 年代

社会分析这一新方法的提出，把可行性研究及项目评价的水平又提高到了一个新的高度。社会分析是以国民福利最大化为目标，被认为是最理想的项目评价方法。1972 年联合国工业发展组织委托经济学家 P. 达斯古普塔和哈佛大学教授 S. 玛尔果林等编写了《项目评价准则》一书，该书所使用的方法被称为"UNIDO 法"，也称传统法。UNIDO 法与 L-M 法分别代表了当今项目评价中的两个主要派别在经济分析中的价格问题上的两种处理方法。

1975 年世界银行研究人员 L. 斯光尔和 H. 万德塔克，发表了重要著作《项目的经济分析》，该书中的方法被称作"S-V-T 法"或"S/T 法"，该书对影子价格的计算和社会分析中的权重都进行了详细的推导。该书认为，项目评价的程序是先财务分析，然后进行经济分析，再进行社会分析，财务分析是项目决策的依据。S-V-T 法和 L-M 法在主要问题上的观点是一致的。1978 年，为了向发展中国家提供一个提高投资建议质量的工具，为发展中国家的工业项目可行性研究的标准化做出贡献，联合国工业发展组织编著出版了《工业可行性研究编制手册》。书中正式规定了可行性研究的主要内容和计算方法。至此，可行性研究理论框架初步形成，并成为世界各国订立可行性分析标准的基础。各国根据《工业可行性研究编制手册》中的方法对建设项目进行可行性研究和应用。同时，国际性金融机构（如国家货币基金组织、国际复兴开发银行、国际开发协会和国际金融公司等）都把可行性研究作为申请贷款的必要条件，各国要获得国际金融机构的贷款必须提交可行性研究报告，否则将无法获得国际银行的资助，这种做法也使各工业国在新建、改建、扩建项目中大都进行可行性研究，在此过程中，可行性研究得到了广泛普及。

4. 20 世纪 80 年代至今

可行性研究理论逐步向各种专业领域渗透，与各专业进行理论交叉和融合，可行性研究理论在基础理论、方法论和应用方面得到了更为广泛的发展。在这个阶段中，许多研究者详细分析了项目投资的不确定性和风险，使可行性研究理论更为完善，如 1987 年美国 A. 乔伊科奇、D.R 汉森和 L. 达克斯发表的《多目标决策分析及其在工程和经济中的应用》，George Wu 和 Richard Gonzalez 发表的《不确定因素下非线性权值的决策》，B. Mulholland 和 J. Christian 发表的《对项目建设期的风险评估》、Robert T. Cheme 和 Terence Reilly 发表的《相关事物的风险决策分析》、Dele CooPer 和 Chris Chapman 发表的《大型项目的风险分析—模型、方法与案例》等。另外，还有一些研究者对投资项目的经济评价做了深入的研究，如 Jame S. E. Smith 发表了《对利润评价的确定性分析》，Graig R. Fox 和 Alnos Trersky 发表了《不确定因素下的基本收益》。此外，在预测方面，可行性研究理论也得到了深入的发展，如 Spyros Makridaks 和 Steven C. Wheelwright 出版了《预测方法及应用》，科学地论述了预测的相关方法及其优缺点，同时对其应用给出了指导。

在项目投资决策分析方面，除了传统的纯经济效益的静态评价法和动态评价法之外，Myer 于 1977 年又发展了实物期权法，T. L. Saaty 于 1980 年提出了可用于多目标评价决策的层次分析法（AHP 法）等。同时，许多国家研究者将可行性分析运用到了各专业领域，如美国 1999 年出版了《REIT 不动产投资信托务实》，日本评论社出版了《公共项目投资的经济效果》和《公益事业的投资评价与展望》等。各国在项目投资领域中对预测、风险、评价等方面进行了较有效的研究，这些丰硕的成果为可行性研究发展提供了理论基础和应用案例。

二、国内可行性研究的发展

我国的可行性研究发展阶段可以划分为三个阶段：

1. 20 世纪 50 年代—20 世纪 70 年代末

1949 年中华人民共和国成立，中国正处在百废待兴的阶段。在第一个五年计划中，我国从苏联学习基本建设的先进管理经验，如"建设意见书""技术经济分析"以及"方案研

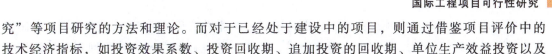

究"等项目研究的方法和理论。而对于已经处于建设中的项目，则通过借鉴项目评价中的技术经济指标，如投资效果系数、投资回收期、追加投资的回收期、单位生产效益投资以及年折算费用等进行项目评价，在当时也被叫作技术经济分析及论证。

在经过前期的学习和借鉴后，1951 年中央财政经济委员会发布了《基本建设工作程序暂行办法》，办法中明文要求项目在开建前必须经过实地调研和勘测，再通过相关技术经济分析和论证，进而确定工程项目在技术上的合理性和可行性。这是新中国成立以来第一次提出在项目建设的决策阶段需进行必要的技术经济分析和论证，也意味着项目可行性研究的概念正式纳入到了项目建设中。1952 年中央财政经济委员会又对上述暂行办法进行了大幅修改和补充，同年便颁布并执行新的《基本建设工作程序暂行办法》。办法着重强调了所有大型项目开建前必须经过实地调研，提出的计划书经相关部门批复后，才能开始设计。办法中还指出在设计初期，应根据批复的计划书对设计对象做出全面的计算和研究，计划书是所有设计的前提和依据，其目的在于阐明项目建设在经济上的合理性和在技术上的可行性。如果项目建设初步设计缺乏在经济上的合理性和在技术上的可行性，项目建设方案将不会被通过。这些规定在社会主义建设初期，对中国项目建设取得了良好的推动作用，特别是第一个五年计划期间的 156 个重点建设项目建成并使用，为中国建立初步的工业化体系打下了坚定的基础。但需要指出的是，这一时期的分析基本停留在静态分析上，没有考虑到时间价值。

2. 20 世纪 70 年代末—20 世纪末

1978 年，随着党的第十一届三中全会的顺利召开，我国开始实行对内改革对外开放的政策。此时，我国急需国外先进技术设备、管理经验和资金支持，也需要对拟建项目进行必要性分析，避免铺张浪费。因此，一方面因西方国家的金融组织在贷款以及相关资金支持上，需要做大量的资格审查和项目评估，而被动引入西方的可行性研究理论和方法，另一方面我国也开始着手组建自己的项目建设审核和评价咨询机构。1979 年 10 月联合国工业发展组织下属的可行性研究部门负责人应邀来华创办第一期中国可行性研究方法培训班。从此可行性研究方法和理论在我国掀起了一股全国性的学习热潮。越来越多的学者、专家以及相关部门的领导开始认识到项目建设的可行性研究的重要性和合理性，进而提议把可行性研究纳入到项目基本建设程序，将计划书与可行性研究结合起来，同时探讨将可行性研究逐步纳入到项目建设决策程序的可行性和必要性。

1983 年 2 月，国家计委通过学习国外的先进经验并结合我国的实际国情制定和颁布了《关于建设项目进行可行性研究的试行管理办法》，要求大型建设项目在决策和实施过程中必须严格执行国家关于基本建设程序的相关规定。在对可行性报告的内容、方法和深度上，该管理办法主要借鉴和参考了 1978 年联合国工业发展组织推荐使用的《工业建设项目可行性报告编制手册》，其中很多规定沿用至今，成为可行性报告研究和编写的规范和模板。1984 年，我国开始正式实施中国投资银行编写的《工业贷款项目评估手册》，手册在资金审批方面要求银行必须对工业建设项目进行可行性分析。我国对建设项目的可行性研究工作重视程度进入一个新阶段。1985 年国家科技委员会与国务院技术经济发展研究中心联合大专院校相关专家共同组织研究和编写了《工业建设项目可行性研究经济评价方法——企业经济评价》，后经国家相关部门审核后推荐有关单位和部门试行。之后又制定了《建设项目经济评价方法和参数（试行）》第一版，文中首次提出了建设项目经济评价需要参考的各类参数。20 世纪 90 年代后期，可行性研究方法和理论基础逐步完善，开始逐步向其他领域渗透和推广。1994年三峡工程项目论证，分析讨论了三峡建设工程的可行性，1995年《中国铁路项目可行性编制纲领》发布，之后在防洪、船舶、邮电通信以及农林牧渔等项目逐渐推广和展开。

在国家可行性研究相关规章制度颁布的同时，一大批国家咨询评估机构开始陆续成立，第三方可行性研究工作也随之展开。1982年为顺应我国投资体制改革，国内规模最大的综合性工程咨询机构——中国国际工程咨询公司设立，主要负责国家大中型项目建设的咨询和评价。随后中国工商银行、中国建设银行、中国银行以及中国农业银行先后设立了专门的内部咨询机构，负责对额度较大贷款项目进行评审。国家各级政府相关决策部门也陆续设立了专门的工程项目咨询和评估机构。随着国家经济体制和投资体制改革的深化，中国工程咨询协会（CNAEC）经国家民政部批准注册，于1992年底正式成立，并先后颁布《工程咨询业管理暂行办法》《工程咨询单位资格认定暂行办法》《工程咨询单位资格认定实施细则》《工程咨询单位持证执业管理暂行办法》以及《中国工程咨询业职业道德行为准则》。这些办法和准则的制定和实施，进一步明确了从事投资建设项目可行性研究与评估的机构，如未获取国家规定的资质，不得从事相关工作，该行业规范至此基本确立。

3. 21世纪初至今

2002年国家计委颁布《投资项目可行性研究指南》并实施，标志着我国投资项目的可行性研究方法与理论应用开始兴起。指南进一步参照和借鉴国际可行性研究的成功经验，结合我国的实际国情以及对之前可行性研究的误区进行总结，为我国各类型投资项目的可行性研究和评估确立了方向。十六大以后，为进一步与国际接轨，国务院制定并实施了《国务院关于投资体制改革的决定》，我国投资体制深化改革进入一个全新的阶段，这也对我国可行性研究理论和方法的深化产生了重大影响。2006年，为了与投资体制改革同步，国家发改委会同建设部相关专家一道，先后对《工业建设项目可行性研究经济评价方法——企业经济评价》与《建设项目经济评价方法和参数》进行修订，并配套出版了案例学习手册。方法的修订对促进国内产业结构调整和升级、优化投资项目资本结构、规避项目投资风险以及提高项目投资效益起到了进一步深化的作用。

当前，我国已发布了一系列可行性研究报告编制规程、内容深度规定等行业标准、地方标准。这一系列标准明确了投资决策的基本程序，特别是规定的基本建设项目，必须由具有相应资质的专业机构（如设计院、咨询机构）编制规范的可行性研究报告，并需要组织业内专家、相关政府部门对可行性研究报告进行评审。目前我国的工程建设项目一般要走"先评估后决策"的程序，否则项目就不能开工建设。进行项目可行性研究已经成为工程建设领域开展项目前期管理工作中一项十分重要的基础内容。虽然可行性研究需要占用一定的项目建设经费，但对项目管理来说非常值得，因为这不仅避免了盲目决策，可能造成的更大浪费和损失，还以极少的投入，间接地获取了可观的、未受损失的经济效益和社会效益；反之则要承担因盲目决策带来的恶果。

4. 可行性研究存在的问题

经过20多年的努力与实践，我国在可行性研究理论和方法上已经取得长足的发展，这对我国经济建设也起到至关重要的作用。但在现实的应用中，由于受计划经济传统体制的深远影响，仍有部分投资项目的可行性研究数据缺乏真实性、内容粗糙、研究不够深入等，使得投资项目可行性研究浮于表面，不能如实反映现实情况，项目建设完成后不能投入使用的现象仍有发生，造成严重资源浪费，具体表现在以下方面：

（1）企业为应付项目审批而编写可行性研究报告。可行性研究报告主要目的是为了研究项目的不同影响因子而进行全方位的对比分析研究，即对项目的设计方案做出是否可行评判并给出改进意见，使得项目方案实施能够取得最大效益。在我国，项目可行性研究报告一般需要政府相关部门进行审批，这就使得部分企业和部门为了应付政府部门审批，进而拿到项目被迫编写项目可行性研究报告，有时会弄虚作假，编造数据，低估成本高估收益，这与现行的市场经济体制相悖，其后果必然造成"钓鱼工程""豆腐渣工程"，项目建成后未能达到预期效果，同时导致国有资产损失。

（2）可行性研究报告无约束作用、流于形式。按照国际惯例，可行性研究报告一般是投资项目建设工作开工的依据，投资建设项目应该严格按照经上级部门批准的项目可行性研究报告中要求的内容进行设计，未经许可不能随意改动已确定的控制性指标。但在我国项目建设的实际操作中，一方面，项目设计方案被随意调整的现象依然存在，而项目建设方案、工程标准、项目用地以及投资金额等基础性的指标被修改一项，都可能会影响到最终的可行性研究结果，甚至会使得结果发生较大差异；另一方面，法律监管的缺失也是可行性研究报告流于形式的主要原因，相关单位在获得项目审批后，不能严格依照原项目设计的评价标准对项目进行跟踪、监管、评价以及责任的法律追究等，这必然导致热热闹闹走过场，虽付出巨大的社会成本，但同样未能取得实质成果。

（3）可行性研究执业人员管理不规范，报告编写缺乏科学性。一方面，有些项目评价机构只注重资质管理，忽视个人资质，导致可行性研究资质与准入门槛过低；另一方面，部分执业人员在项目执行过程中严重违反行为规范和道德操守，但相应的惩罚力度不够。在投资项目的可行性研究过程中，一般规定需要一个由工程师、经济师以及规划师等组成的专业性的研究小组，他们负责对项目进行考核和论证分析。然而，现实中一些项目虽然成立了项目组，但不是缺经济师就是缺规划师，导致项目的可行性研究报告缺乏科学性和合理性。

（4）项目可行性研究方法缺乏合理性和科学性。部分项目单位对项目的可行性研究方法和理论疏于学习，仅停留在表面上。在选择辅助和次要评价指标时，评价方法过于单一，主要指标无法识别，甚至刻意回避。在进行项目技术评价过程中，只会采用定性评价法，定量评价分析却被束之高阁，而不是采用定性与定量评价相结合，从而导致高估收益、低估成本，这样做出的可行性研究报告预期成果就缺乏合理性和科学性。

任务四　国际工程目标国介绍——越南

一、国家与城市

越南，全称越南社会主义共和国（Socialist Republic of Viet Nam），位于中南半岛东部，北与中国广西、云南接壤，边界线长1450km；西与老挝、柬埔寨交界；东面和南面临海。国土面积33万km^2，地形狭长，呈S形。地势西高东低，境内3/4面积为山地和高原。主要河流包括北部的红河和南部的湄公河。

越南官方语言为越南语，汉语与英语也被广泛使用，是东南亚国家联盟成员之一。越南属热带季风气候、高温多雨。年平均气温24℃左右。年降雨量1500~2000mm。北方分春、夏、秋、冬四季；南方分雨、旱两季，5~10月为雨季，11月至次年4月为旱季。

越南地域上划分为8个大区，即西北部、东北部、红河三角洲、北中部、南中部、西原、东南部、九龙江三角洲。根据越南官方2019年数据，红河三角洲人口密度最高，15071km²范围内，居住了2278万人口，平均人口密度为1512人/km²。西北部人口密度最低，50773km²范围内，居住了472万人口，平均人口密度为93人/km²。

河内市位于红河平原中部，是越南首都，全国政治、文化和科技中心。河内市面积3340km²。行政区包括2个市社、12个郡和17个县。河内市气候属热带季风气候，四季分明，年均气温23.4℃，10月至1月气候最宜，平均气温16.5℃。河内市水陆交通便利，有铁路和公路纵贯全国主要城市和省份。河内距海港城市海防102km，距胡志明市1725km，距中越边境重镇谅山154km。

胡志明市是越南最大的港口城市和经济中心，由原西贡、堤岸、嘉定三地组成，位于湄公河三角洲东北，西贡河右岸，距出海口80km，面积2090km²。胡志明市有60万华人，市内第五郡（原堤岸市）是华人聚居的地区。胡志明市气候温差不大，1月份最冷，月平均气温25℃；4月份最热，月平均气温29℃。

二、越南营商环境与政策法规

（一）营商环境

1. 基本概况

近年来，越南加入《全面与进步跨太平洋伙伴关系协定》（CPTPP），实现"两廊一圈""一带一路"对接，大量基础设施项目的需求及各行业领域的高速发展为外国投资企业提供了商业机遇，为促进越南境内投资增长创造了便利条件，越南投资环境的不断完善，奠定了国外企业开拓越南市场的坚实基础。

在《2019年营商环境报告：强化培训，促进改革》中，越南营商环境便利度2018年排名第69/190位，与2017年基本持平，较2016年排名82位次、2015年排名89位次，取得了稳健的上升，越南系列改善商业环境的举措取得了较大的成功，为吸引外来投资创造了具有竞争力的环境背景。

2. 投资环境问题及研究

在加深中越经贸合作、扩大投资规模的战略布局和目标下，"一带一路"倡议与越南"两廊一圈"构想达成对接，"澜湄合作机制"下的中越合作也卓有成效。我国积极促进经济结构改革调整的过程中，越南的基础设施开发、清洁能源、制造业等领域，吸收了中国大型项目的技术转让和资金支持，两国贸易关系日趋紧密，双边贸易额始终保持增长。同时，在投资环境中，也仍存在部分亟待解决的问题和风险。

（1）劳动力水平。越南2021年人口总数为9826万人，在东南亚国家中排名第三位，2016年数据显示越南人口年龄中位数为30岁，表现出人口相对年轻化的特点，劳动力资源相对丰富。在达沃斯世界经济论坛发布的《2019年全球竞争力报告》中排名为第67位。

但越南劳动力市场存在两个问题。一是劳动者中仅23.5%比例持有文凭，约77%（4300万余人）比例的劳动人数不具备专门技术水准，导致造成不必要的资源浪费。二是劳动力工资水平不断上涨。2018年当年基本工资上调6.5%，人均月收入达到376万越南盾（人民币约1106元），而2016—2018年三年期间人均月收入增长率指标达到10.2%。2019

年调整见表 2-1。

其中,社保费用部分,其金额占比约达员工投保薪资(含本薪、各类津贴及奖金)的 32.5%,东南亚其他国家该项占比在 3%~6%,整体社保费用缴纳中,雇主需负担约 22%。社保费用的投保薪资构成调整,对制造业等劳动密集产业的冲击较大,越南的低劳动成本竞争优势正在逐年下降。

表 2-1　2019 年 1 月 1 日越南最低薪资调整

级区	调整方向	月薪资(单位:万越盾)	折合人民币(单位:元)
第 1 级区	调涨	418	1237
第 2 级区	调涨	371	1098
第 3 级区	调涨	325	960
第 4 级区	调涨	292	864
社保费用	社保三险包含社会保险、医疗保险和失业保险		

(2) 风险因素

1) 社会风险。越南总体治安良好,社会相对稳定,对于外籍人士不存在重大人身安全风险。

2) 当地劳工罢工风险。

3) 政策环境风险。越南政策环境虽然存在一些潜在风险因素,但从信用保险公司 Credendo 的国家风险评估结果(图 2-2)来看,越南的各类风险可控,基本都处于中等或较低水平,即越南整体的外汇短缺、政治动荡风险不高,商业环境下,汇率波动欧冠、经济周期、通货膨胀、当地公司运作的支付背景及法律制度质量等均处于正常水平。直接投资类别中,征收、政治暴力、货币不可转换和转移限制风险均处于可控状态。

图 2-2　Credendo 的国家风险评估结果-越南

(3) 越南市场投资应对策略

1) 正确认识劳资矛盾。受中越经贸合作的强大内驱力影响,我国企业可以尝试建立多层次多领域合作机制,对越南员工薪资福利、生活条件支持、生产标准要求等问题协商解决办法,促进务实合作,促进中越合作稳定发展。

2) 拓宽越南投资领域。中资企业在矿产开发、技术服务、商贸旅游、交通运输、科学研究、金融保险等各领域存在广泛投资机会。

结合我国相关领域发展程度和领域经验积累,现代化农业和产品方向、商业服务外包方向、太阳能风能等能源发展方向、高端酒店管理及旅游业发展方向,均是需要重视的投资领域。

3) 选取合理的投资及合作方式。目前,越南主要的投资形态有外商独资工厂、外商独资商贸公司(100%外资)、联营公司(合资工厂)、合营公司(来料加工厂)、办事处(代表处)、BOT 等多种形式。其中,联营公司的外资比例最高可达 99%,合营公司的则不得超过 70%。我国企业在对越南进行直接投资中，对越南采用外商独资形式的企业逐步增加，但这种方式一般适用于品牌实力雄厚、资金充足、自主创新能力强的大型企业。实力优势较弱、规模较小的中小企业，则更加偏向选择合营公司或者 BOT 投资模式，降低、分散风险，迅速融入越南市场。

（二）政策法规

2021 年越南 GDP 总额为 3626 亿美元，发展增速回落至 2.6%。贸易因素催化，制造业低劳动成本需求促使国际上很多企业将越南作为投资方向，进行战略布局。目前，越南建立外交关系的国家（地区）已达 185 个，建立贸易与投资关系的市场已达 220 余个，签署自由贸易协定 11 项，签署避免双重征税协定 70 余项。

1. 经济环境政策

（1）核心措施。越南基于工业时代创新背景，提出五项核心措施：着力集中建设体制、法律、机制、政策和环境，为保持市场经济和融入国际社会顺畅、高效运行创造条件；打造平等经商环境，力推国有企业结构调整，力推私人经济发展，有选择地引进外国直接投资；挖掘创新革新能力；挖掘各方面增长潜力，提高区域和都市经济的效果；确保社会公平、环境可持续发展、适应气候变化。

（2）重点项目投资优惠。越南致力参与全球生产网络、加入全球价值链，政府主要关注推动有利于推动其他经济领域增长、创造高附加值、解决劳动力就业的重点产业，并针对性制定优惠政策。越南政府的重点外商投资鼓励发展类产业见表 2-2。

表 2-2 越南政府的重点外商投资鼓励发展类产业

序号	鼓励产业
1	具备世界领先水平的信息技术和电信产业、电子工业，以应对第四次工业革命需求，并为其他行业创造数字技术平台
2	清洁能源、可再生能源及智能能源产业
3	推动农业符合全球规范的加工和制造产业
4	纺织和服装产业（但主要优先发展具备高附加值的智能化与自动化生产流程项目）
5	机械行业，包括汽车、农业机械设备、工业机械设备、建筑机械设备、机电设备和医疗设备等

越南战略布局中，加工制造业的发展仍然为产业核心，电信产业及信息技术发展作为工业革命需求，为工业发展的主要途径，同时以智能制造产业发展作为突破口，以绿色产业发展作为"加速器"。

根据越南 2030 战略计划，越南政府优先考虑具有"高、新、清洁"科技特点并借助国内可利用材料辅料，承诺技术转移提供劳动力培训的投资项目类；优先考虑外商合资、合作形式；优先考虑高质量、高竞争力的知名跨国企业合作或专业于配套产业的外商企业。越南鼓励发展类产业优惠政策见表 2-3。

（3）产业投资热门行业。目前外商投资多集中于制造业、房地产业和其他目前越南政府鼓励投资的项目，如绿色能源产业、高新技术产业、批发业和基础设施产业等。

越南的 2045 远景规划目标是建设现代化、工业化高收入国家，结合越南深入全球供应链发展的 2030 年战略规划，分析越南政府的各类投资优惠来看，吸引投资者高度关注的项目集中在高新技术产业、配套产业和可再生能源产业。

表2-3 越南鼓励发展类产业优惠政策

优惠政策		1. 在整个投资期限或部分投资期限内适用优惠税率 2. 税率减免 3. 固定资产进口关税减免 4. 土地租金减免
税收优惠	企业所得税优惠	在整个投资期限或部分投资期限内适用企业所得税（CIT）优惠税率（即低于20%的标准企业所得税率）；在特定期间享有税务全额或部分的减免
	关税优惠	对进口的固定资产免征进口税，对特定类型的项目适用优惠税率等
	土地优惠	对土地租金和土地使用税实行优惠
	其他优惠	增值税豁免、个人所得税项目减免
适用投资项目标准	按区位	位于社会、经济条件困难或特别困难的地区，或者特定用途地区的投资项目
	按行业类别	从事鼓励投资的商业领域，例如高科技、社会化（即教育、医疗等）、配套产业、可再生能源和基础设施等
	按投资规模	注册资本总额达6万亿越南盾或12万亿越南盾或以上，并符合资本金到位期限、年收入以及雇用劳动人数等规定的制造业项目
	其他	注册资本总额达12万亿越南盾或以上，并自取得执照后5年内全部到位，并使用符合《科学技术法》规定的高新科技

1）高新技术产业，越南高新技术产业发展目标及优惠措施见表2-4。

表2-4 高新技术产业发展目标及优惠措施

目标	至2020年，越南高科技产业的发展需达到东盟领先国家水平；至2030年，特定领域的发展需达到世界领先水平，且科技水平需要符合工业化、现代化国家的基本要求
税收优惠	高新技术产业可以享有的税收优惠包括15年内10%的企业所得税优惠税率（标准税率为20%）以及盈利后4年内全免和9年内减半企业所得税
	高新技术产业的投资项目亦可以对构成其固定资产的进口机器设备、专用运输工具和建筑材料免征进口税，并在5年内对当地无法生产的进口货物免征进口关税。配套产业和可再生能源产业的税收优惠与此相同
	高技术人才可以享有减轻50%个人所得税
其他优惠政策	外国投资者和越南国内投资者适用统一租地价格；投资者可以土地使用权价值及与该土地使用面积相关联的财产做抵押，依法向在越南经营的金融机构贷款；对高新技术研发和高科技人才培训项目，可根据政府规定免缴土地使用租金
	在出入境和居留方面，外籍员工及其家属可申请签发与其工作期限相当的多次入境签证；越南政府依据有关法律规定为外籍员工在居留、租房购房等方面提供便利条件
	高新技术项目：投资者根据其他投资优惠政策法规文件的规定享受最高的优惠政策待遇
投资者标准	获取越南科技部（MOST）颁发的高新技术证书（条件如下）： 1. 高新技术产品产值占全年总经营收入70%以上 2. 投入在越南的研发支出达到全年总经营收入1%以上。投资额超过1000亿越盾（约3000万元人民币）、员工超过300人的企业，该项支出比例可放宽至0.5% 3. 直接从事研发的大学以上学历员工占企业总员工的5%以上。投资额超过1000亿越盾（约3000万元人民币）、员工超过300人的企业，该比例可放宽至2.5%

2）配套产业，在越南开启工业4.0时代的要求下，政府促进加强产业协作，同时推动配套产业的发展创新。根据2019年数据，1800余家零配件供应商中，只有300家企业参与到跨国公司的供应链中，且自贸协定施行以来，零配件进口关税的降低，导致越南相关厂商面临印度尼西亚、中国等厂商的份额竞争。CPTPP于2019年1月14日在越南生效，且越南要逐步提高配套产业生产能力。越南政府发布的《关于促进配套工业发展第115/NQ-CP号决议》中指出，要在2025年底之前达到在满足越南境内工业领域45%的零配件需求的目标。因此，越南对配套产业的发展十分必要。

表2-5 配套产业清单及条件

配套产业清单	越南拥有竞争力的产品(包括纺织和成衣业、鞋业和皮革产业等)，但主要优先发展具有附加值的产品；越南尚未有较强的生产能力和竞争力的产品，如汽车零部件；具有较高技术含量且相关技术可以转移到越南的产品，如高技术产业相关的配套产业等
享有条件	投资者享有的先决条件，是获取越南工商部(MOIT)颁发的配套产业的鼓励产品证书。而为了成功获取鼓励产品证书，投资者需要在项目、产品规格和质量、投资计划与生产状况的一致性、环保合规等方面满足特定要求

3）可再生能源产业，依托于越南丰富的自然资源和良好的贸易条件，结合越南政府2020、2050年分别实现可再生能源发电量1010亿kW·h、5420亿kW·h的目标，越南政府为加强能源安全、降低气候变化影响、构建可持续发展社会环境、减少对化石能源的依赖，近年来着力鼓励研究清洁能源，加快可再生资源的开发利用，重点关注可再生能源并网电站、可再生资源供热、生物燃料研究开发等项目。

（4）地区政策法规。越南鼓励投资行政区又分为条件特别艰苦地区（A区）与条件艰苦地区（B区）两类，享受特别鼓励优惠政策、鼓励优惠政策。A区基本包括北件、高平、河江、莱州、山罗、奠边、老街、得乐、嘉莱、崑嵩和得农省份，B区为A区以外部分。对不同地区实行的优惠政策见表2-6。

表2-6 地区鼓励政策

序号	政策项目	具体内容
1	企业所得税优惠	A区享受4年免税优惠(从产生纯利润起计算，最迟不超过3年)，免税期满后9年征收5%，紧接6年征10%，之后按普通项目征税 B区享受2年免税优惠(从产生纯利润起计算，最迟不超过3年)，免税期满后4年征收7.5%，紧接8年征15%，之后按普通项目征税
2	进出口关税优惠	A区免固定资产进口关税及从投产之日起免前5年原料、物资或半成品进口关税；属出口产品生产加工可免征出口关税或退税
3	减免土地租用费	租用A区土地最长减免15年；B区最长减免11年

（5）经济特区法规。越南发展经济园区包括工业区、加工出口区、沿海和口岸经济区，相关政策和法规在30多年来已经得到逐步完善。越南的三个经济特区分别位于南部坚江省富国岛、中部庆和省北文丰以及北部广宁省云屯，已经实行重点经济和行政政策。在工业区、出口加工区均对生产性和服务型企业免征出口税，同时对政府鼓励投资的企业类型固定资产引进免征进口税。针对工业区土地使用部分，基础设施建设项目免土地租金15年，公共设施土地面积全免土地租金。从具体的相关政策来看，按照经济特区实行的政策与前文所

述鼓励投资行业执行的法规政策基本相似。

2. 中越投资合作保护政策

中国与越南分别在1992年、1995年签订相对较为重要的《关于鼓励和相互保护投资协定》《关于对所得避免双重征税和防止偷漏税的协定》，中国与东盟10国于2009年签订《中国-东盟自贸区投资协定》。相关最惠国关税政策、投资征收条件待遇、争端解决及利益保障措施等条款的协定均对于推进贸易和投资自由化产生助力，对中越经贸合作产生了积极的保护作用。

3. 投资展望

越南凭借其优越的地理位置、丰富的自然资源和低廉的劳动力成本优势吸引众多外商资本进入，同时，越南政府通过不断完善建立更加公平透明的国际标准准则、改善营商环境、加大市场开放力度等，来完成创新经济转型，提高投资环境的国际竞争力。越南本地具备各类尚未开发的行业发展潜力，也拥有着不断扩大竞争力的消费市场。

我国企业进入越南市场投资前，仍要细致了解越南相关法律（如《劳动法》《土地法》《环境保护法》《预防打击贪污腐败法》《建设法》《知识产权法》）及税收体系、各类贸易法规、市场准入规定等基本条件，致力实现合作共赢发展。

三、涉越项目介绍：龙江工业园项目

据《西贡解放日报》报道数据，截至2018年7月，浙江企业在越投资已超40亿美元，约占我国企业在越投资总额的1/3，是我国在越投资占比最大的省份。

作为从制造大省走出的浙商企业，自然将加工制造业作为在越投资的重点产业之一。据了解，位于越南南部九龙江平原的龙江工业园，就是由温州企业前江投资管理有限责任公司投资开发的。该项目总投资约1.05亿美元，占地约600公顷，其中90%为工业区，剩余10%为住宅服务区。项目于2007年6月，经越南总理阮晋勇亲自批复后动工建设，于2011年通过国家商务部的考核，正式成为我国境外经贸合作区。同年，项目被浙江省人民政府授予"浙江省实施'走出去'战略境外投资平台"，成为浙商企业投资越南的重要落脚点。

可以说，在建立之初，龙江工业园就受到两国相关部门的高度重视，尤其是在税收优惠政策方面，可谓力度空前。据了解，对于入园企业，可以享受自有收入之年起，长达15年的企业所得税九折优惠。盈利后，更可以享受前4年免征，后9年减半的税率优惠政策。此外，在固定资产方面，相关设备可以免征进口税，而生产所用各类材料，则可以免征5年进口税。对于加工出口企业，更可以免除进口税和增值税。可以说，龙江工业园的相关税收政策，不仅力度空前，在覆盖面上也是极广，极大地扫除了浙商企业入驻园区的顾虑。

除了政策优惠外，得天独厚的地理位置，也是龙江工业园能够快速发展的重要因素之一。通过园区边的高速公路和国道，仅需40分钟车程，便可到达有着"东方巴黎"之称的胡志明市。作为越南第一大城市，胡志明市不仅是国际货物运输港口城市，更已经成为中国-东盟2小时经济圈空运中心。货物到此后，既可以通过传统海运将货物运往全球，也可以通过空运，在两小时内到达中国广州与香港，以及新加坡、曼谷、雅加达等。而为了进一步降低入园企业运输成本，越南前江省相关部门还特地在园区边修建了内陆河道，便于货物经水路直达国际港，减轻了企业负担。

正是由于地理优越，政策支持，作为越南唯一一家由中国企业投资建设的工业园区，龙江工业园不仅吸引了超过 40 家企业（浙商企业占 1/3）的入驻，带动逾 15 亿美元的投资，更为越南当地提供了超过 1.5 万个就业岗位，受到了越南政府的高度肯定。

思 考 题

1. 可行性研究的作用有哪些？
2. 如何开展可行性研究？它的基本流程是什么？
3. 可行性研究需要重点说明的问题有哪些？
4. 国外可行性研究起源于哪个国家？它的发展经历了哪些阶段？
5. 我国在越南开展工程项目业务需要注意些什么？

知识拓展屋——"四万亿计划"和"十二万亿计划"

四万亿计划：2008 年 9 月，国际金融危机全面爆发后，中国经济增速快速回落，出口出现负增长，大批农民工返乡，经济面临硬着陆的风险。为了应对这种危局，中国政府于 2008 年 11 月推出了进一步扩大内需、促进经济平稳较快增长的十项措施。初步估算，实施这十大措施，到 2010 年底约需投资 4 万亿元。

具体而言，这十项措施包括：加快建设保障性安居工程；加快农村基础设施建设；加快铁路、公路和机场等重大基础设施建设；加快医疗卫生、文化教育事业发展；加强生态环境建设；加快自主创新和结构调整；加快地震灾区灾后重建各项工作；提高城乡居民收入；在全国所有地区、所有行业全面实施增值税转型改革，鼓励企业技术改造，减轻企业负担 1200 亿元；加大金融对经济增长的支持力度。

十二万亿计划：2022 年，随着国内外经济环境的变化，我国经济增速放缓。为进一步促进经济发展，国务院印发了《扎实稳住经济一揽子政策措施的通知》，提出了 6 个方面 33 项措施，即财政政策 7 项、货币金融政策 5 项、稳投资促消费等政策 6 项、保粮食能源安全政策 5 项、保产业链供应链稳定政策 7 项、保基本民生政策 3 项。其中，直接涉及资金的包括：全年退税总额 2.64 万亿元；国家融资担保资金 1 万亿元，带来企业 5 万亿元资金融资；铁路建设债券 3000 亿元；专项债规模 3.65 万亿元，并提前下达 2023 年的专项债规模 2 万亿元左右，预计总投资 5.65 万亿元；900 亿商用货车贷款；4000 亿元小微贷款；3500 亿元航空专项贷款和债券等，以上合计可以释放资金约 12 万亿元。

项目三

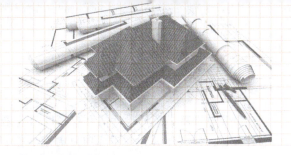

国际工程项目招投标管理

> **能力目标**

1. 掌握工程项目招投标管理的含义、方式和基本程序。
2. 能够编制基本的工程项目招投标文件,掌握过程中需要注意的问题。
3. 了解国际工程项目与国内工程项目在招投标管理方面的异同点。

> **任务驱动**

任务一　了解工程项目招投标

一、工程项目招标投标的含义、原则、特性与作用

(一) 工程项目招标投标的含义

工程项目是指建设工程,包括建筑物和构筑物的新建、改建、扩建及其相关的装修、拆除、修缮等;所称与工程建设有关的货物是指构成工程不可分割的组成部分,且为实现工程基本功能所必需的设备、材料等;所称与工程建设有关的服务是指为完成工程所需的勘察、设计、监理等服务。

工程项目招标投标是市场主体通过有序竞争,择优配置工程项目要素的交易方式,是规范选择交易主体并订立交易合同的法律程序。

工程项目招标是招标人(是提出招标项目、进行招标的法人或者其他组织)发出招标公告(或投标邀请)和招标文件(公布招标内容范围、技术标准、投标资格、合同条件),组织开标,依法组建评标委员会(评标委员会按招标文件规定的评标标准和办法,公正评价,推荐中标候选人),依法择优确定中标人,公布中标结果,并与中标人签订合同的过程。

工程投标是满足条件的潜在投标人(是响应招标、参加投标竞争的法人或者其他组织)按招标文件要求,进行公平竞争,编制投标文件,一次性投标报价,密封递交投标文件,参加开标,争取中标的过程。

(二) 工程项目招标投标的原则

根据《中华人民共和国招标投标法》(是招标投标领域的基本法,以下简称《招标投标法》)第五条的规定,我国工程项目招标投标活动遵循公开、公平、公正和诚实信用的原则。

1. 公开原则

公开原则就是招标投标活动要高度公开透明，实行招标信息公开，即招标公告、资格预审公告、招标文件（包括招标项目需求、投标人资格条件、评标标准和办法、合同主要条款等）等信息公开，开标程序和内容公开，中标候选人、中标结果等招标投标程序和时间安排等信息公开；使每个投标人获得同等的信息，知悉招标的条件和要求，获得相同的竞争机会，使招标投标工作置于公众监督之下，成为一项阳光工程。

2. 公平原则

公平原则是指每个潜在投标人都享有参与平等竞争的机会和权利，不得设置任何条件歧视排斥或偏袒保护潜在投标人，招标人与投标人公平交易，使其享有同等的权利，履行同等的义务。招标人不得以任何理由排斥或歧视任何投标人。依法必须进行招标的项目，其招标投标活动不受地区或部门的限制，任何单位和个人不得违法限制和排斥本地区、本系统以外的法人或其他组织参加投标，不得以任何方式非法干涉招标投标活动。与招标人存在利害关系可能影响招标公正性的法人、其他组织或者个人，不得参加投标；单位负责人为同一人或者存在控股、管理关系的不同单位，不得参加同一标段投标或者未划分标段的同一招标项目投标。

3. 公正原则

公正原则是指招标人和评标委员会对每个投标人应当按照统一标准实事求是的对待所有投标人，要严守已经公布的评标标准和方法，公正评价，不偏袒任何一方；行政监督部门应当公正执法，不得偏袒护私；保证招标投标双方在平等的基础上，维护各自的权利和义务。

4. 诚实信用原则

招标投标属民事活动，必须遵守诚实信用原则。招标投标活动主体要遵纪守法、诚实善意、恪守信用，严禁弄虚作假、言而无信。招标投标双方必须以诚实、守信的态度行使权利和履行义务，以维护双方的利益平衡和社会利益的平衡，遵循平等互利原则，从而保证交易真实有竞争力。

（三）工程项目招标投标的特性

（1）竞争性。有序竞争、优胜劣汰、优化资源配置、提高社会和经济效益，这是社会主义市场经济的本质要求，也是招标投标的根本特性。

（2）程序性。招标投标活动必须遵循严密规范的法律程序。《招标投标法》及相关法律政策，对招标人从确定招标范围、招标方式、招标组织形式直至选择中标人并签订合同的招标投标全过程每一环节的时间、顺序都要有严格、规范的限定，不能随意改变。任何违反法律程序的招标投标行为，都可能侵害其他当事人的权益，必须承担相应的法律后果。

（3）规范性。《招标投标法》、相关实施条例及相关法律政策，对招标投标各个环节的工作条件、内容、范围、形式、标准以及参与主体的资格、行为和责任都作出了严格的规定。

（4）一次性。投标要约和中标承诺只有一次机会，双方不得在招标投标过程中就实质性内容进行协商谈判、讨价还价，这也是与谈判、拍卖等交易方式的主要区别。交易主动权掌握在招标人手里，投标人只能应邀请进行一次性报价，并以合理的价格定标。

（5）技术经济性。招标项目都具有不同程度的技术性，包括使用功能和技术标准，建造、生产和服务过程的技术及管理要求等；而经济性则主要体现在招标人对招标项目的预期价格目标和投标人对招标项目的竞争期望值这两方面，招标投标形成的中标价就是这两者综合博弈的结果。

（四）工程项目招标投标的作用

工程项目招标投标的作用主要体现在四个方面：

1）优化社会资源配置和项目实施方案，提高招标项目的质量、经济效益和社会效益；推动投融资管理体制和各行业管理体制的改革。

2）促进投标企业转变经营机制，提高企业的创新活力，积极引进先进技术和管理经验，提高企业生产、服务的质量和效率，不断提升企业市场信誉和竞争能力。

3）维护和规范市场竞争秩序，保护当事人的合法权益，提高市场交易的公平、满意和可信度，促进社会和企业的法治、信用建设，促进政府转变职能，提高行政效率，建立健全现代市场经济体系。

4）有利于保护国家和社会公共利益，保障合理、有效使用国有资金和其他公共资金，防止其浪费和流失，构建从源头预防腐败交易的社会监督制约体系。

二、工程项目招标的方式

（一）工程项目招标组织形式

工程项目招标组织形式分为委托招标和自行招标。招标人根据项目实际情况需要和自身条件，可以自主选择招标代理机构进行委托招标；如具备自行招标能力的，可按规定向有关行政监督部门备案后，进行自行招标。

1. 委托招标

根据《招标投标法》第十二条规定，招标人有权自行选择招标代理机构，委托其办理招标事宜。任何单位和个人不得以任何方式为招标人指定招标代理机构。招标代理机构应当在招标人委托的范围内办理招标事宜，以招标人的名义组织招标工作和完成招标任务，并遵守关于招标人的规定。招标代理机构不得无权代理、越权代理，不得明知委托事项违法而进行代理。招标人应当与被委托的招标代理机构签订书面委托合同，约定收费标准和双方的权利义务等内容。

2. 自行招标

根据《招标投标法》第十二条规定，招标人具有编制招标文件和组织评标能力的，可以自行办理招标事宜。自行招标是招标人依靠自己的能力，依法自行办理和完成招标项目的招标任务。招标人具有编制招标文件和组织评标能力是指招标人具有与招标项目规模和复杂程度相适应的技术、经济等方面的专业人员。《工程建设项目自行招标试行办法》第四条对招标人自行招标的能力进一步作出了具体规定：具有项目法人资格（或者法人资格）；具有与招标项目规模和复杂程度相适应的工程技术、概预算、财务和工程管理等方面专业技术力量；有从事同类工程建设项目招标的经验；设有专门的招标机构或者拥有3名以上专职招标业务人员；熟悉和掌握招标投标法及有关法规规章。

（二）工程项目招标范围和标准

1. 必须招标的具体范围

《招标投标法》第三条的规定，在中华人民共和国境内进行下列工程建设项目，包括项目的勘察、设计、施工、监理以及与工程建设有关的重要设备、材料等的采购，必须进行招标：

工程项目招标范围和标准

1）大型基础设施、公用事业等关系社会公共利益、公众安全的项目。
2）全部或者部分使用国有资金投资或者国家融资的项目。
3）使用国际组织或者外国政府贷款、援助资金的项目。

上述项目的具体范围和规模标准，由国家发展和改革部门会同国务院有关部门制订，报国务院批准。根据国务院2018年批准的《必须招标的工程项目规定》，必须招标的工程项目的具体范围如下：

1）大型基础设施、公用事业等关系社会公共利益、公众安全的项目，必须招标的具体范围包括：

① 煤炭、石油、天然气、电力、新能源等能源基础设施项目。
② 铁路、公路、管道、水运以及公共航空和A1级通用机场等交通运输基础设施项目。
③ 电信枢纽、通信信息网络等通信基础设施项目。
④ 防洪、灌溉、排涝、引（供）水等水利基础设施项目。
⑤ 城市轨道交通等城建项目。

2）全部或者部分使用国有资金投资或者国家融资的项目包括：

① 使用预算资金200万元人民币以上，并且该资金占投资额10%以上的项目。
② 使用国有企业事业单位资金，并且该资金占控股或者主导地位的项目。

3）使用国际组织或者外国政府贷款、援助资金的项目包括：

① 使用世界银行、亚洲开发银行等国际组织贷款、援助资金的项目。
② 使用外国政府及其机构贷款、援助资金的项目。

2. 必须招标项目的规模标准

根据《必须招标的工程项目规定》，必须招标的工程项目其勘察、设计、施工、监理以及与工程建设有关的重要设备、材料等的采购达到下列标准之一的，必须招标：

1）施工单项合同估算价在400万元人民币以上。
2）重要设备、材料等货物的采购，单项合同估算价在200万元人民币以上。
3）勘察、设计、监理等服务的采购，单项合同估算价在100万元人民币以上。

同一项目中可以合并进行的勘察、设计、施工、监理以及与工程建设有关的重要设备、材料等的采购，合同估算价合计达到前款规定标准的，必须招标。

目前我国正持续深化招标投标领域"放管服"改革，努力营造良好市场环境，因此需特别指出的是：必须招标的工程项目，其勘察、设计、施工、监理以及与工程建设有关的重要设备、材料等未达到上述规定规模标准的，由招标人依法自主选择采购方式，任何单位和个人不得违法干涉。没有明确列举规定的服务事项不得强制要求招标。

3. 非必须招标项目

在上述必须招标的工程项目范围以外的项目，或者在必须招标的工程项目范围内但规模标准未达到必须招标规定的，均为非必须招标项目。非必须招标项目由招标人依法自主选择采购方式，任何单位和个人不得违法干涉。

三、工程项目招标投标的基本程序

（一）工程项目招标程序

工程项目招标活动按照一定的时间和空间应遵循的先后顺序，是以招标单位和其委托代理单位、投标人为主进行的有关招标的活动程序。工程项目招标包含下列三个阶段，流程如图3-1所示。

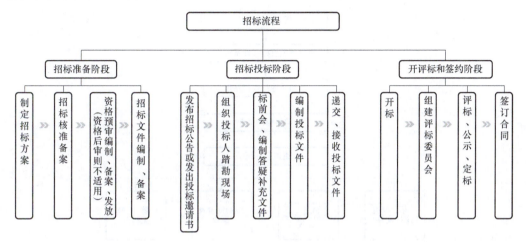

图3-1 招标流程图

招标准备阶段：从办理招标申请开始到发出招标公告或投标邀请书为止的时间段。该阶段的主要工作有设立招标组织机构、确定招标组织形式、确定招标方法、办理招标报建申请手续、编制招标文件、招标控制价或标底、办理招标文件备案手续。

招标投标阶段：该阶段也是投标人的投标阶段，指从发布招标公告之日起到投标截止之日的时间段。该阶段的主要工作包括发布招标公告或发出投标邀请书、资格预审、发放招标文件和有关资料、组织现场踏勘、标前会议、发布招标答疑及补充文件、投标人编制及递交投标文件和招标人接受投标文件。

开评标和签约阶段：指从开标之日起到与中标人签订承包合同为止的时间段。该阶段的主要工作是开标、组建评标委员会、评标、中标候选人公示、定标、发放中标通知书和签订合同。

（二）工程项目投标程序

工程项目投标程序是建设工程招标活动中投标人的一项重要活动，也是建筑企业取得承包权的主要途径。投标的程序应与招标程序相适应、相配合。工程项目投标主要包含下列三个阶段。

投标准备阶段：获取招标信息、确定是否参加投标；准备参加投标的相关材料；如果项目需要资格预审，按照招标人编制的资格预审文件的要求编制资格预审申请文件并参加资格预审；获取招标文件；组建投标班子。

投标阶段：包括分析、研究招标文件，进行现场踏勘，计算和复核招标文件提供的工程量，投标提疑、参加标前会，进行市场询价及调查、编制实施方案、投标报价决策，按照招标文件的内容和格式、顺序要求进行编制投标文件，按照招标文件规定的时间和地点递交投标文件，参加开标会议，接受评标委员会就投标文件中含义不明确、对同类问题表述不一致或者有明显文字和计算错误的内容作必要的澄清、说明或者补正等。

接受中标通知书、提交履约担保和签订合同阶段：投标人中标后，接收招标人发出的中标通知书，并应在通知书规定的时间内与招标人签订合同；招标文件要求中标人提交履约担保的，中标人应按照招标人的要求提供履约担保；合同正式签订之后应按要求进行备案。具体投标流程如图 3-2 所示。

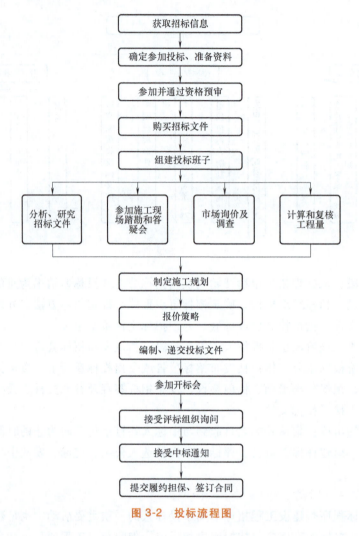

图 3-2　投标流程图

任务二　工程项目招投标文件编制

一、工程项目招标文件的编制

（一）招标文件的概念与作用

工程招标文件是工程招标单位单方面阐述自己的招标条件和具体要求的意思表示，是招标单位确定、修改和解释有关招标事项的各种书面表达形式的统称。

从合同订立过程来分析，工程招标文件在性质上属于一种要约邀请，其目的在于唤起投标单位的注意，希望投标单位能按照招标文件的要求向招标单位发出要约。凡不满足招标文件实质性要求的投标书，将被招标单位拒绝。

（二）工程项目招标文件范本

为规范招标文件的内容和格式，节约招标文件编写的时间，提高招标文件质量，国家各部委联合发布了招标文件范本，主要有：

1)《标准施工招标文件》（2007年版）。
2)《标准施工招标资格预审文件》（2007年版）。
3)《简明标准施工招标文件》（2012年版）。
4)《标准设计施工总承包招标文件》（2012年版）。
5)《标准勘查招标文件》（2017年版）。
6)《标准设计招标文件》（2017年版）。
7)《标准设备采购招标文件》（2017年版）。
8)《标准材料采购招标文件》（2017年版）。
9)《标准监理招标文件》（2017年版）。

以上范本为国家级招标文件范本，不受行业、区域限制，适用于全国各行业的工程项目招标。同时国家行业行政主管部门在以上范本的基础上发布国家级行业招标文件范本，如住建部、交通运输部、水利部等会结合行业的特点和管理需要，发布本行业的招标文件范本，它属于国家行业级招标文件范本；另外我国各省、市招投标主管部门会根据本地区的要求，在国家、行业招标文件范本基础上发布本地区的招标文件范本，如浙江省招标投标管理中心发布了浙江省重点工程建设项目的施工招标文件、货物招标文件、服务招标文件和监理招标文件的示范文本，杭州市城乡建设委员会发布了杭州市房屋建筑和市政基础设施项目的施工招标文件、货物招标文件、服务招标文件和监理招标文件的示范文本。

这些"范本"在推进招标投标工作中起到重要作用，在使用"范本"编制具体工程项目的招标文件中，通用文件和标准条款不需做任何改动，只需根据招标工程的具体情况，对投标人须知前附表、专用条款、技术规范、工程量清单、投标书附录等部分的内容重新进行编写，加上招标图纸等其他招标资料即可构成一套完整的招标文件。

（三）招标文件的内容和编写

一般情况下，各类招标文件的总体框架大致相同，以下国家范本《标准施工招标文件》为例，介绍工程施工招标文件的内容和编写要求。

招标文件的主要内容

1. 招标文件的内容

标准施工招标文件共包含封面格式和四卷八章的内容，具体内容如下：

第一卷
第一章　招标公告（未进行资格预审）
投标邀请书（适用于邀请招标）
投标邀请书（代资格预审通过通知书）
第二章　投标人须知
第三章　评标办法（经评审的最低投标价法和综合评估法）
第四章　合同条款及格式
第五章　工程量清单
第二卷

> 第六章　图纸
> 　　　　第三卷
> 第七章　技术标准和要求
> 　　　　第四卷
> 第八章　投标文件格式

2. 招标文件的编写

招标文件是招标人向潜在投标人发出要约邀请的文件，是告知投标人招标项目内容、范围、数量与招标要求、投标资格要求、招标投标程序规则、投标文件编制与递交要求、评标标准与方法、合同条款与技术标准等招标投标活动主体必须掌握的信息和遵守的依据，对招标投标各方均具有法律约束力。

招标文件的组成和编制原则

下面就标准施工招标文件内容介绍招标文件各项内容的编写。

（1）封面格式。封面格式包括下列内容：项目名称、标段名称（如有）、标识出"招标文件"这四个字、招标人名称（加盖单位印章）和招标代理名称（加盖单位印章，如有）、时间，如为必须招标项目还需加盖招标投标主管部门备案章。

（2）招标公告与投标邀请书。对于未进行资格预审项目的公开招标项目，招标文件应包括招标公告；对于邀请招标项目，招标文件应包括投标邀请书；对于已经进行资格预审的项目，招标文件也应包括投标邀请书（代资格预审通过通知书）。

1）招标公告（未进行资格预审），包括项目名称、招标条件、项目概况与招标范围、投标人资格要求、招标文件的获取、投标截止日期、投标文件的递交、发布公告的媒介和联系方式等内容。

2）投标邀请书（适用于邀请招标），包括项目名称、被邀请人名称、招标条件、项目概况与招标范围、投标人资格要求、招标文件的获取、投标截止日期、投标文件的递交、确认和联系方式等内容，其中大部分内容与招标公告基本相同，唯一区别是投标邀请书无需说明发布公告的媒介，但对投标人增加了在收到投标邀请书后的约定时间内，以传真或快递方式予以确认是否参加投标的要求。

3）投标邀请书（代资格预审通过通知书），适用于代资格预审通过通知书的投标邀请书，包括项目名称、被邀请人名称、招标文件的获取、投标截止日期、投标文件的递交、确认和联系方式等内容，与适用于邀请招标的投标邀请书相比，由于已经经过了资格预审阶段，所以在代资格预审通过通知书的投标邀请书内容里，不包括招标条件、项目概况与招标范围和投标人资格要求等内容。

此外，应注意招标人应当在资格预审公告、招标公告或者投标邀请书中载明是否接受联合体投标。

（3）投标人须知。投标人须知是招标文件中很重要的一部分内容，投标者在投标时必须仔细阅读和理解，按须知中的要求进行投标。其内容包括：总则、招标文件、投标文件、投标、开标、评标、合同授予、重新招标和不再招标、纪律和监督与需要补充的其他内容等。

一般在投标人须知前有一张"前附表"。"前附表"是将投标人须知中重要条款规定的内容用一个表格的形式列出来。主要作用有两个方面，一是将投标人须知中的关键内容和数据摘要列表,起到强调和提醒作用,为投标人迅速掌握投标须知内容提供方便,但必须与招标文件相关章节内容衔接一致;二是对投标人须知正文中交由前附表明确的内容给予具体约定,格式及内容见表3-1。

表 3-1 投标人须知明细表

条款号	条款名称	编列内容
1.1.2	招标人	名称:　　　　地址: 联系人:　　　电话:
1.1.3	招标代理机构	名称:　　　　地址: 联系人:　　　电话:
1.1.4	项目名称	
1.1.5	建设地点	
1.2.1	资金来源	
1.2.2	出资比例	
1.2.3	资金落实情况	
1.3.1	招标范围	
1.3.2	计划工期	计划工期:　　　日历天 计划开工日期:　年　月　日 计划竣工日期:　年　月　日
1.3.3	质量要求	
1.4.1	投标人资质条件、能力和信誉	资质条件:　　财务要求: 业绩要求:　　信誉要求: 项目经理(建造师,下同)资格: 其他要求:
1.4.2	是否接受联合体投标	□不接受 □接受,应满足下列要求:
1.9.1	踏勘现场	□不组织 □组织,踏勘时间: 踏勘集中地点:
1.10.1	投标预备会	□不召开 □召开,召开时间: 召开地点:
1.10.2	投标人提出问题的截止时间	
1.10.3	招标人书面澄清的时间	
1.11	分包	□不允许 □允许,分包内容要求: 分包金额要求: 接受分包的第三人资质要求:
1.12	偏离	□不允许　　□允许
2.1	构成招标文件的其他材料	
2.2.1	投标人要求澄清招标文件的截止时间	
2.2.2	投标截止时间	年　月　日　时　分
2.2.3	投标人确认收到招标文件澄清的时间	
2.3.2	投标人确认收到招标文件修改的时间	

（续）

条款号	条款名称	编列内容
3.1.1	构成投标文件的其他材料	
3.3.1	投标有效期	
3.4.1	投标保证金	投标保证金的形式： 投标保证金的金额：
3.5.2	近年财务状况的年份要求	年
3.5.3	近年完成的类似项目的年份要求	年
3.5.5	近年发生的诉讼及仲裁情况的年份要求	年
3.6	是否允许递交备选投标方案	□不允许　　□允许
3.7.3	签字或盖章要求	
3.7.4	投标文件副本份数	份
3.7.5	装订要求	
4.1.2	封套上写明	招标人的地址：　招标人名称： （项目名称）　　标段投标文件 在 年 月 日 时 分前不得开启
4.2.2	递交投标文件地点	
4.2.3	是否退还投标文件	□否　　□是
5.1	开标时间和地点	开标时间:同投标截止时间 开标地点：
5.2	开标程序	密封情况检查：　开标顺序：
6.1	评标委员会的组建	评标委员会构成：　　人,其中招标人代表 人, 专家　人； 评标专家确定方式：
7.1	是否授权评标委员会确定中标人	□是 □否,推荐的中标候选人数：
7.1.1	履约担保	履约担保的形式： 履约担保的金额：
10	需要补充的其他内容	
……	……	

投标人须知是招标人对投标人投标时注意事项的阐述和告知。投标人须知包括两部分：第一部分是投标须知前附表；第二部分是投标须知正文，主要内容包括对总则、招标文件、投标文件、投标、开标、评标、授予合同等方面的说明和要求。投标人须知的主要内容如下：

1）总则。在总则中要说明项目概况、资金来源和落实情况、招标范围、计划工期和质量要求、投标人资格要求、投标费用承担、保密、语言文字、计量单位、踏勘现场、投标预备会、分包和偏离等问题。

2）招标文件

① 招标文件的内容。招标文件的组成内容包括：招标公告（或投标邀请书），投标人须知，评标办法，合同条款及格式，工程量清单，图纸，技术标准和要求，投标文件格式，投

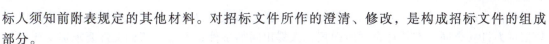

标人须知前附表规定的其他材料。对招标文件所作的澄清、修改,是构成招标文件的组成部分。

② 招标文件的澄清。投标人应仔细阅读和检查招标文件的全部内容,如发现缺页或附件不全,应及时向招标人提出,以便补齐。如有疑问,应在投标人须知前附表规定的时间前以书面形式要求招标人对招标文件予以澄清。

③ 招标文件的修改。是招标人主动对招标文件作出的修改、补充。一般来说,为保证效率,招标文件的澄清与修改会合并成一个文件一并发出。投标人在收到澄清与修改文件后,应在投标人须知前附表规定的时间内以书面形式通知招标人,确认已经收到该文件。

④ 需要特别指出,为了保证投标人编制投标文件的合理时间,我国招标投标法实施条例规定,招标文件澄清或修改的内容可能影响投标文件编制的,招标人应当在招标文件要求提交投标文件的截止时间至少 15 日前,以书面形式通知所有获取招标文件的潜在投标人,不足 15 日的,招标人应当按影响的时间顺延提交投标文件的截止时间。澄清或修改的内容不影响投标文件编制的,不受此时间的限制。

3)投标文件

① 投标文件的组成。投标文件应包括下列内容:投标函及投标函附录;法定代表人身份证明或附有法定代表人身份证明的授权委托书;联合体协议书;投标保证金;已标价工程量清单;施工组织设计;项目管理机构;拟分包项目情况表;资格审查资料、投标人须知前附表规定的其他材料。

② 投标报价。投标人应按工程量清单的要求填写相应表格。投标人在投标截止时间前修改投标函中的投标总报价时,应同步修改工程量清单中的相应报价。

③ 投标有效期。投标有效期是投标文件保持有效的期限,从提交投标文件的截止之日起算,应满足完成开标、评标、定标以及签订合同等工作所需要的时间。因此,招标人应根据招标项目的性质、规模和复杂性,以及由此决定评标、定标所需时间等确定投标有效期的长短。投标有效期时间过短,可能会因投标有效期内不能完成招标、定标,而给招标人带来风险。投标有效期过长,投标人所面临的经营风险过大,为了转移风险,投标人可能会提高投标价格,导致工程造价提高。投标有效期一方面约束投标人在投标有效期内不能随意更改和撤销投标的作用;另一方面也促使招标人按时完成评标、定标和签约工作,以避免因投标有效期内没有完成签约而投标人又拒绝延长投标有效期而造成招标失败的风险。

在投标人须知前附表规定的投标有效期内,投标人不得要求撤销或修改其投标文件。出现特殊情况需要延长投标有效期的,招标人以书面形式通知所有投标人延长投标有效期。投标人同意延长的,应相应延长其投标保证金的有效期,但不得要求或被允许修改和撤销其投标文件;投标人拒绝延长的,其投标失效,但投标人有权收回其投标保证金。

④ 投标保证金。我国招标投标法实施条例规定,招标人在招标文件中要求投标人提交投标保证金的,投标保证金金额不得超过招标项目估算价的 2%。投标人在递交投标文件的同时,应按投标人须知前附表规定的金额、担保形式和投标文件格式中规定的投标保证金格式递交投标保证金,并作为其投标文件的组成部分。联合体投标的,其投标保证金由牵头人递交,并应符合投标人须知前附表的规定。投标人不按要求提交投标保证金的,其投标文件作否决投标处理。招标人最迟应当在书面合同签订后 5 日内向中标人和未中标的投标人退还投标保证金及银行同期存款利息。招标人可以在招标文件中约定不退还投标保证金,不

退还投标保证金的情形一般包括：投标截止后投标人撤销投标文件的；中标人无正当理由不与招标人订立合同；在签订合同时向招标人提出附加条件；不按照招标文件要求提交履约保证金的。

⑤ 资格审查资料（适用于未进行资格预审的）。"投标人基本情况表"应附投标人营业执照、资质证书和安全生产许可证等材料的复印件。"近年财务状况表"应附财务会计报表，包括资产负债表、现金流量表、利润表和财务情况说明书的复印件，具体年份要求见投标人须知前附表。"近年完成的类似项目情况表"应附中标通知书和合同协议书、工程接收证书（工程竣工验收证书）的复印件，具体年份要求见投标人须知前附表。每张表格只填写一个项目、并标明序号。"正在施工和新承接的项目情况表"应附中标通知书和合同协议书复印件。每张表格只填写一个项目，并标明序号。"近年发生的诉讼及仲裁情况"应说明相关情况，并附法院或仲裁机构做出的裁决、裁决等有关法律文书复印件，具体年份要求见投标人须知前附表。

⑥ 备选投标方案。除投标人须知前附表另有规定外，投标人不得递交备选投标方案。允许投标人递交备选投标方案的，只有中标人所递交的投标方案可予以考虑。评标委员会认为中标人的备选方案优于其按照招标文件要求编制的投标方案的，招标人可以接受该备选投标方案。

⑦ 投标文件的编制。投标文件应按投标文件格式进行编写，如有必要，可以增加附页作为投标文件的组成部分。投标函附录在满足招标文件实质性要求的基础上，可以提出比招标文件要求更有利于招标人的承诺。投标文件应当对招标文件有关工期、投标有效期、质量要求、技术标准和要求、招标范围等实质性内容做出响应。

4) 投标

① 投标文件的密封和标记。投标人应严格依据招标文件要求的对投标文件进行密封、标识，未按要求密封的投标文件将被拒绝。一般招标文件会规定投标人应将所有商务文件密封成一包，所有资信技术文件密封成一包。密封封套上写明内容详见投标须知前附表，封口处密封并加盖投标人公章。没有密封或未按照招标文件要求密封的投标文件，将被当场拒绝。

② 投标文件的递交。投标人应在规定的投标截止时间前递交投标文件。投标人递交投标文件的地点见投标人须知前附表。

③ 投标文件的修改与撤回。在规定的投标截止时间前，投标人可以修改或撤回已递交的投标文件，但应以书面形式通知招标人。修改的内容作为投标文件的组成部分。撤回已递交的投标文件表明投标人不再参加投标。

5) 开标。招标人在规定的投标截止时间（开标时间）和投标人须知前附表规定的地点公开开标，并邀请所有投标人的法定代表人或其委托代理人准时参加，并通知监督部门。开标应如实记录全过程情况。除非招标文件或相关法律法规另有规定，否则投标人不参加开标会议且不影响投标文件的有效性。

投标人少于3个的，不得开标，应当重新招标。投标人对开标有异议的，应当在开标现场提出，招标人应当当场做出答复，并制作记录。

6) 评标

① 评标委员会。评标由招标人依法组建的评标委员会负责。评标委员会由招标人或其

委托的招标代理机构熟悉相关业务的代表以及有关技术、经济等方面的专家组成。评标委员会成员人数以及技术、经济等方面专家的确定见投标人须知前附表；依法必须进行招标的项目，评标委员会由招标人及其招标代理机构熟悉相关业务的代表和不少于成员总数2/3的技术、经济等方面的专家组成，成员人数为5人以上单数。

② 评标原则。评标活动遵循公平、公正、科学和择优的原则。

③ 评标。评标由招标人组建的评标委员会负责。评标委员会应当在充分熟悉、掌握招标项目的主要特点和需求，认真阅读研究招标文件及其相关技术资料、评标方法、因素和标准、主要合同条款、技术规范等，并按照初步评审、详细评审的先后步骤对投标文件进行分析、比较和评审，评审完成后，评标委员会应当向招标人提交书面评标报告并推荐中标候选人。评标委员推荐的中标候选人应当限定在1~3人，并标明排列顺序，评标委员会推荐中标候选人数见投标人须知前附表。

7）授予合同

① 定标方式。除投标人须知前附表规定评标委员会直接确定中标人外，招标人依据评标委员会推荐的中标候选人确定中标人。我国招标投标法实施条例规定，国有资金占控股或者主导地位的依法必须进行招标的项目，招标人应当确定排名第一的中标候选人为中标人。排名第一的中标候选人放弃中标、因不可抗力不能履行合同、不按照招标文件要求提交履约保证金或者被查实存在影响中标结果的违法行为等情形，不符合中标条件的，招标人可以按照评标委员会提出的中标候选人名单排序依次确定其他中标候选人为中标人，也可以重新招标。

② 中标通知。在规定的投标有效期内，招标人以书面形式向中标人发出中标通知书，同时将中标结果通知未中标的投标人。

③ 履约担保。在签订合同前，中标人应按投标人须知前附表规定的金额、担保形式和合同条款及格式规定的履约担保格式向招标人提交履约担保。联合体中标的，其履约担保由牵头人递交，并应符合投标人须知前附表规定的金额、担保形式和合同条款及格式规定的履约担保格式要求。

中标人不能按要求提交履约担保的，视为放弃中标，其投标保证金不予退还，给招标人造成的损失超过投标保证金数额的，中标人还应当对超过部分予以补偿。

④ 签订合同。招标人和中标人应当自中标通知书发出之日起30天内，根据招标文件和中标人的投标文件订立书面合同。招标人和中标人不得再行订立背离合同实质性内容的其他协议。中标人无正当理由拒签合同的，招标取消其中标资格，其投标保证金不予退还；给招标人造成的损失超过投标保证金数额的，中标人还应当对超过部分予以赔偿。

8）重新招标和不再招标

① 重新招标。有下列情形之一的，招标人将重新招标：投标截止时间止，投标人少于3个的；经评标委员会评审后否决所有投标的。

② 不再招标。重新招标后投标人仍少于3个或所有投标被否决的，属于必须审批或核准的工程建设项目，经原审批或核准部门批准后不再进行招标。

9）纪律和监督

① 对招标人的纪律要求。招标人不得泄露招标投标活动中应当保密的情况和资料，不得与投标人串通损害国家利益、社会公共利益或他人合法权益。

② 对投标人的纪律要求。投标人不相互串通投标或与招标串通投标，不得向招标或评标委员会成员行贿谋取中标，不得以他人名义投标或以其他方式弄虚作假骗取中标；投标人不得以任何方式干扰、影响评标工作。

③ 对评标委员会成员的纪律要求。评标委员会成员不得收受他人的财物或者其他好处，不得向他人透露对投标文件的评审和比较、中标候选人的推荐情况及评标有关的其他情况。在评标活动中，评标委员会成员不得擅离职守，影响评标程序正常进行，不得使用"评标办法"中没有规定的评审因素和标准进行评标。

④ 对与评标活动有关的工作人员的纪律要求。与评标活动有关的工作人员不得收受他人的财物或者其他好处，不得向他人透露对投标文件的评审和比较、中标候选人的推荐情况以及评标有关的其他情况。在评标活动中，与评标活动有关的工作人员不得擅离职守，影响评标程序正常进行。

⑤ 投诉。投标人和其他利害关系人认为本次招标活动违反法律、法规和规章规定的，有权向有关行政监督部门投诉。

10）需要补充的其他内容

① 评标办法。招标文件中必须注明将采取的评标办法。评标办法分经评审的最低投标价法和综合评估法两种。经评审的最低投标价法是指能够满足招标文件的实质性要求，并且经评审的投标价格最低；但是投标价格低于成本的除外。经评审的最低投标价法适用于具有通用技术、性能标准或招标人对其技术、性能标准没有特殊要求的招标项目。综合评估法是指能够最大限度地满足招标文件中规定的各项综合评价标准，如采用量化评分的则为综合得分最高。综合评估法适用于技术复杂或招标人对其技术、性能标准有特殊要求的招标项目。

② 合同条款及格式。合同条款及格式可参考相应的建设工程施工承包合同示范文本——《建设工程施工合同（示范文本）》（GF—2017—0201）。示范文本为非强制性使用文本。合同当事人可结合建设工程具体情况，根据示范文本订立合同，并按法律法规规定和合同约定承担相应的法律责任及合同权利义务。当事人可结合建设工程具体情况，根据示范文本订立合同，并按照法律法规规定和合同约定承担相应的法律责任及合同权利义务。示范文本由合同协议书、通用合同条款和专用合同条款及附件四部分组成。

合同协议书主要包括工程概况、合同工期、质量标准、签约合同价和合同价格形式、项目经理、合同文件构成、承诺以及合同生效条件等重要内容，集中约定了合同当事人基本的合同权利义务。

合同条款分为通用合同条款和专用合同条款两部分。合同条款是招标人与中标人签订合同的基础。一方面要求投标人充分了解合同义务和应承担的风险，以便在编制投标文件时加以考虑；另一方面允许投标人在投标文件中以及合同谈判时提出不同意见。

合同格式包括合同协议书格式、履约担保格式和预付款担保格式。

③ 工程量清单。我国规定国有资金占主导或控股的项目，应采用工程量清单方式招标，工程量清单必须作为招标文件的组成部分，其准确性和完整性由招标人负责。

工程量清单是依据国家或行业有关工程量清单的计价规范标准［现行国家标准为《建设工程工程量清单计价规范》（GB 50500—2013）］和招标文件中有约束力的设计图纸、技术标准、合同条款中约定的工程计量和计价规则计算编制的，反映拟建工程分部分项工程项目、措施项目、其他项目、规费项目和税金项目的名称、规格及相应数量的明细清单。工程量清单应该按照国家和行业统一的工程建设项目划分标准、项目名称、项目编码、工程量计算规则、计量单位及其格式要求计算、编制列表。

工程量清单是工程计价的基础，应作为编制最高投标限价（招标控制价）、投标报价、计算工程量、支付工程款、核定与调整合同价款、办理竣工结算以及工程索赔等的依据之一。

④ 设计图纸。设计图纸也是合同文件的重要组成部分，是编制工程量清单以及投标报价的重要依据，也是进行施工及验收的重要依据。通常招标时的图纸并不是工程所需的全部图纸，在投标人中标后还会陆续颁发新的图纸以及对招标时的图纸的修改内容。

⑤ 技术标准和要求。技术标准和要求也是构成合同文件的组成部分。技术标准的内容主要包括各项工艺指标、施工要求、材料检验标准以及各分部、分项工程施工成型后的检验手段和验收标准等。

⑥ 投标文件格式。投标文件格式的主要作用是为投标人编制投标文件提供固定的格式和编排顺序，以规范投标文件的编制，同时便于评标委员会评标。

二、工程项目投标文件的编制

投标文件是承包商参与投标竞争所必须的响应文件，是评标、定标和订立合同的依据，是投标人素质的综合反映，是投标人取得经济效益的重要因素。可见，投标人应对编制投标文件的工作倍加重视，投标文件的编写要完全符合招标文件的要求，也要对招标文件做出实质性的响应，未实质性响应的投标文件将会导致被否决投标。

投标文件制作1　　投标文件制作2

（一）投标文件的组成

投标人应当按照招标文件的要求编制投标文件，投标文件应当对招标文件的实质性内容和条件做出响应。根据标准施工招标文件示范文本，施工投标的投标文件的组成一般包括下列内容：

1）投标函及投标函附录。
2）法定代表人身份证明或其授权委托书。
3）联合体协议书（如果有的话）。
4）投标保证金。
5）已标价的工程量清单。
6）施工组织设计（包括管理机构、施工组织设计、拟分包单位情况等）。
7）项目管理机构。
8）拟分包项目情况表。
9）资格审查资料。
10）其他资料。

1. 投标函及其附录

投标函及其附录是指投标人按照招标文件的条件和要求，向招标人提交的有关报价、质量目标等承诺和说明的函件，是投标人为响应招标文件相关要求所作的概括性函件，一般位于投标文件的首要部分，其内容和格式必须符合招标文件的规定。

（1）投标函。工程投标函包括投标人告知招标人本次所投的项目具体名称和具体标段，以及本次投标的报价、承诺工期和达到的质量目标等。

（2）投标函附录。投标函附录一般附于投标函之后，共同构成合同文件的重要组成部分，主要内容是对投标文件中涉及关键性或实质性的内容条款进行说明或强调。具体详见表3-2。

表 3-2 投标函附录

序号	条款名称	合同条款号	约定内容	备注
1	项目经理	1.1.2.4	姓名：	
2	工期	1.1.4.3	天数：　　日历天	
3	缺陷责任期	1.1.4.5		
4	分包	4.3.4		
5	价格调整的差额计算	16.1.1	见价格指数权重表	
……	……	……	……	
……	……	……	……	

投标人在填报投标函附录时，在满足招标文件实质性要求的基础上，可以提出比招标文件要求更有利于招标人的承诺。一般以表格形式摘录列举。其中"序号"一般是根据所列条款名称在招标文件合同条款中的先后顺序进行排列；"条款名称"为所摘录条款的关键词；"合同条款号"为所摘录条款名称在招标文件合同条款中的条款号；"约定内容"是投标人投标时填写的承诺内容。

工程投标函附录所约定的合同重点条款应包括工程缺陷责任期、履约担保金额、发出开工通知期限、逾期竣工违约金、逾期竣工违约金限额、提前竣工的资金、提前竣工的奖金限额、价格调整的差额计算、工程预付款、材料、设备预付款等对于合同执行中需投标人引起重视的关键数据。

投标函附录表对以上合同重点条款摘录外，也可以根据项目的特点、需要，并结合同执行者重视的内容进行摘录，这有助于投标人仔细阅读并深刻理解招标文件重要的条款和内容，如采用价格指数进行价格调整时，可增加价格指数和权重表等合同条款由投标人填报。

2. 法定代表人身份证明或其授权委托书

（1）法定代表人身份证明。在招标投标活动中，法定代表人代表法人的利益行使职权，全权处理一切民事活动。因此，法定代表人身份证明十分重要，用以证明投标文件签字的有效性和真实性。

投标文件中的法定代表人身份证明格式内容如图3-3所示。一般应包括：投标人名称、单位性质、地址、成立时间、经营期限等投标人的一般资料，除此之外还有法定代表人的姓名、性别、年龄、职务等有关法定代表人的相关信息和资料。法定代表人身份证明应加盖投标人的法人印章。

（2）法人授权委托书。若投标人的法定代表人不能亲自签署投标文件进行投标，则法

```
                    法定代表人身份证明

            投标人名称：_____
            单位性质：_____
            地址：_____
            成立时间：_____年_____月_____日
            经营期限：_____
            姓名：_____ 性别：_____ 年龄：_____ 职务：_____
            系_____（投标人名称）的法定代表人。
            特此证明。

                                    投标人：_____（盖单位章）
                                    _____年_____月_____日
```

图 3-3　法定代表人身份证明

定代表人需授权代理人全权代表其在投标过程执行与此有关的事项。

授权委托书中应写明投标人名称、法定代表人姓名、代理人姓名、授权权限和期限等，其格式内容如图 3-4 所示。授权委托书一般规定代理人不能再次委托，即代理人无转委托权。法定代表人应在授权委托书上亲笔签名。根据招标项目的特点和需要，也可以要求投标人对授权委托书进行公证。

3. 联合体协议书

《招标投标法》第三十一条规定，两个以上法人或者其他组织可以组成一个联合体，以一个投标人的身份共同投标。联合体各方均应当具备承担招标项目的相应能力；国家有关规定或者招标文件对投标资格条件有规定的，联合体各方均应当具备规定的相应资格条件。由同一专业的单位组成联合体，按照资质等级较低的单位确定资质等级。联合体各方应当签订共同投标协议，明确约定各方拟承担的工作和责任，并将共同投标协议连同投标文件一并提交招标人。联合体中标的，联合体各方应当共同与招标人签订合同，就中标项目向招标人承担连带责任。招标不得强制投标人组成联合体共同投标，不得限制投标人之间的竞争。

联合体协议书格式内容如图 3-5 所示，其内容主要包括联合体成员数量、牵头人和成员单位名称、牵头人的主要工作内容以及联合体的内部分工。

4. 投标保证金

投标保证金是指投标人按照招标文件的要求向招标人出具的，以一定金额表示的投标责任担保。招标人为了防止因投标人撤销或者反悔投标的不正当行为而使其蒙受损失，因此要求投标人按规定形式和金额提交投标保证金，并作为投标文件的组成部分。投标未按招标文件要求提交投标保证金的，其投标文件作否决投标处理。

投标保证金的形式表一般有：现金、银行保函、银行汇票、银行电汇、信用证、支票或

```
                    授权委托书

    本人_____（姓名）系_____（投标人名称）的法定代表人，现委托_____（姓名）
为我方代理人。代理人根据授权，以我方名义签署、澄清、说明、补正、递交、撤回、修改
（项目名称）_____标段施工投标文件、签订合同和处理有关事宜，其法律后果由我方
承担。
    委托期限：_____。
    代理人无转委托权。
    附：法定代表人身份证明



  投标人：_____（盖单位章）


  法定代表人：_____（签字）


  身份证号码：_____


  委托代理人：_____（签字）


  身份证号码：_____


                                         ____年____月____日
```

图 3-4　授权委托书

招标文件规定的其他形式。投标保证金具体提交的形式由招标人在招标文件中确定。《中华人民共和国招标投标法实施条例》第二十六条规定：依法必须进行招标的项目的境内投标单位，以现金或者支票形式提交的投标保证金应当从基本账户转出。招标人不得挪用投标保证金。

投标保证金金额通常有相对比例金额和固定金额两种方式。相对比例金额是以投标总价作为计算基数，投标保证金金额与投标报价有关；固定金额是招标文件规定投标人提交统一金额的投标保证金，投标保证金与报价无关。实践中，通常采用固定金额。为避免招标人设置过高的投标保证金额度，《招标投标法》第三十七的规定：投标保证金不得超过招标项目估算价的2%。

投标保证金本身也有一个有效期的问题。《中华人民共和国招标投标法实施条例》第二十六条规定：投标保证金有效期应当与投标有效期一致。

5. 已标价的工程量清单

投标人根据招标文件中的工程量清单以及计价要求，结合施工现场实际情况及施工组织设计，按照企业工程施工定额或参照政府工程造价管理机构发布的工程定额，结合市场的人

```
                        联合体协议书

    _____(所有成员单位名称)自愿组成_____(联合体名称)联合体，共同参加_____
(项目名称)_____标段施工投标。现就联合体投标事宜订立如下协议。
    1. _____(某成员单位名称)为_____(联合体名称)牵头人。
    2. 联合体牵头人合法代表联合体各成员负责本招标项目投标文件编制和合同谈判活动，
并代表联合体提交和接收相关的资料、信息及指示，并处理与之有关的一切事务，负责合同
实施阶段的主办、组织和协调工作。
    3. 联合体将严格按照招标文件的各项要求，递交投标文件，履行合同。并对外承担连
带责任。
    4. 联合体各成员单位内部的职责分工如下：_____。
    5. 本协议书自签署之日起生效，合同履行完毕后自动失效。
    6. 本协议书一式___份，联合体成员和招标人各执一份。

         注：本协议书由委托代理人签字的，应附法定代表人签字的授权委托书。


    牵头人名称：_____(盖单位章)
     法定代表人或其委托代理人：_____(签字)


    成员一名称：_____(盖单位章)
     法定代表人或其委托代理人：_____(签字)


    成员二名称：_____(盖单位章)
     法定代表人或其委托代理人：_____(签字)
    ……
                                        _____年_____月_____日
```

图 3-5　联合体协议书

工、材料、机械等要素价格信息进行投标报价。

投标人应按招标人提供的工程量清单填报价格。填写的项目编码、项目名称、项目特征、计量单位、工程量必须与招标人提供的一致，投标价由投标人自主确定，但不得低于工程成本。投标报价应由投标人或受其委托具有相应资质的工程造价咨询人编制。

工程量清单报价的依据：

1）《建设工程工程量清单计价规范》（GB 50500—2013）。

2）国家或省级、行业主管部门颁发的计价办法。

3）企业定额，国家或省级、行业建设主管部门颁发的计价定额和计价办法。

4）招标文件、招标工程量清单及其补充文件、答疑纪要。

5）建设工程设计文件及相关资料。

6）施工现场情况、工程特点及拟定的投标施工组织设计或施工方案。

7）与建设项目相关的标准、规范等技术资料。

8）市场价格信息或工程造价管理机构发布的工程造价信息。

9）其他的相关资料。

按照《建设工程工程量清单计价规范》（GB 50500—2013）的要求，工程量清单计价表主要包括：封面、总说明、单项工程汇总表、分部分项工程和单价措施项目清单与计价表、总价措施项目与计价表、其他项目清单与计价表、规费、税金项目清单与计价表组成。工程量清单计价应采用统一的格式，工程量清单计价格式随招标文件发至投标人，由投标人填写。

6. 施工组织设计

施工组织设计主要含在技术标中，是投标文件的重要组成部分，是编制投标报价的基础，是反映投标企业施工技术水平和施工能力的重要标志，在投标文件中具有举足轻重的地位。施工组织设计是指导拟建工程施工全过程各项活动的技术、经济和组织的综合性文件。它分为招标投标阶段编制的施工组织设计和接到施工任务后编制的施工组织设计。前者深度和范围都比不上后者，是初步的施工组织设计；如中标再行编制详细而全面的施工组织设计。初步的施工组织设计一般包括进度计划和施工方案等。

投标人应结合招标项目特点、难点和需求，研究项目技术方案，并根据招标文件统一格式和要求编制。方案编制必须层次分明，具有逻辑性，突出项目特点及招标人需求点，并能体现投标的技术水平和能力特长。

投标人应根据招标文件和对现场的勘察情况，采用文字并结合图表形式，参考以下要点编制投标工程的施工组织设计：

1）施工方案及技术措施。

2）质量保证措施和创优计划。

3）施工总进度计划及保证措施（包括以横道图或标明关键线路的网络进度计划、保障进度计划需要的主要施工机械设备、劳动力需求计划及保证措施、材料设备进场计划及其保证措施等）。

4）施工安全措施计划。

5）文明施工措施计划。

6）施工场地治安保卫管理计划。

7）施工环保措施计划。

8）冬、雨期施工方案。

9）施工现场总平面布置（投标人应递交一份施工总平面图，绘出现场临时设施布置图并附文字说明，说明临时设施、加工车间、现场办公、设备及仓储、供电、供水、卫生、生活、道路、消防等设施的情况和布置）。

10）项目组织管理机构，包括企业为项目设立的管理机构和项目管理班子（项目经理或项目负责人、项目技术负责人、施工员、质量员、安全员、材料员、资料员等）。

11）承包人拟分包的非主体和非关键性工作（按"投标人须知"中的规定）、材料计划和劳动力计划。

12）成品保护和工程保修工作的管理措施和承诺。

13）任何可能的紧急情况的处理措施、预案以及抵抗风险（包括工程施工过程中可能遇到的各种风险）的措施。

14）对总包管理的认识以及对专业分包工程的配合、协调、管理、服务方案。

15）与发包人、监理及设计人的配合。

16）招标文件规定的其他内容。

技术方案尽可能采用图表形式，直观、准确地表达方案的意思和作用。在投标阶段编制的进度计划不是施工阶段的工程施工计划，可以粗略一些，一般以横道图表示即可；除招标文件专门规定必须用网络图外，不一定采用网络计划。在编制进度计划时要考虑和满足以下要求：

1）总工期符合招标文件的要求；如果合同要求分期、分批竣工交付使用，则应标明分期、分批交付使用的时间和数量。

2）表示各项主要工程的开始和结束时间，如房屋建筑中的土方工程、基础工程、混凝土结构工程、屋面工程、装修工程、水电安装工程等的开始和结束时间。

3）体现主要工序相互衔接的合理安排。

4）有利于基本上均衡地安排劳动力，尽可能避免现场劳动力数量急剧起落，这样可以提高工效和节省临时设施。

5）有利于充分有效地利用施工机械设备，减少机械设备占用周期。

6）便于编制资金流动计划，有利于降低流动资金占用量，节省资金利息。

施工方案的制订要从工期要求、技术可行性、保证质量、降低成本等方面综合考虑，选择和确定各项工程的主要施工方法和适用、经济的施工方案。

任务三　工程项目招投标注意事项

一、编写工程招标文件应注意的问题

1. 招标文件应体现工程建设项目的特点和要求

招标文件牵涉的专业内容比较广泛，具有明显的多样性和差异性，编写一套适用于具体工程建设项目的招标文件，需要具有较强的专业知识和一定的实践经验，还要准备把握项目专业特点。编制招标文件时必须认真阅读研究有关设计与技术文件，与招标人充分沟通，了解招标项目的特点和需求，包括项目概况、性质、审批和核准情况、标段划分计划、资格审查方式、评标方法、承包模式、合同计价类型、进度时间节点要求等，并充分反映在招标文件中。

2. 招标文件必须明确投标人实质性响应的内容

投标人必须完全按照招标文件的要求编写投标文件，如果投标人没有对招标文件的实质性要求和内容作出响应，或者响应不完全，都可能导致投标人投标失败。所以招标文件中需要投标人做出实质性响应的所有内容，如招标范围、工期、投标有效期、质量要求、技术标准和质量要求等应具体、清晰、无争议，且宜以醒目的方式提示，避免使用原则性的、模糊的或者容易引起歧义的语句。

3. 防范招标文件中的违法、歧视性条款

编制招标文件必须熟悉和遵守招标投标的法律法规，并及时掌握当前规定和有关技术标准，坚持公平、公正、遵纪守法的要求。严格防范招标文件中出现违法、歧视、倾向条款限制、排斥和保护潜在投标人的情况，并要公平合理划分招标人和投标人的风险责任。只有招标文件客观与公正才能保证整个招标投标活动的客观与公正。

4. 保证招标文件格式、合同条款的规范一致

编制招标文件应保证格式文件、合同条款规范一致，从而保证招标文件逻辑清晰、表达准确，避免产生歧义和争议。招标文件合同条款部分如采用通用合同条款和专用合同条款形式编写的，正确的合同条款编写方式为："通用合同条款"应全文引用，不得删改；"专用合同条款"则应按其条款编号和内容，根据工程实际情况进行修改和补充。

5. 招标文件语言要规范、简练

编制、审核招标文件应一丝不苟、认真细致。招标文件语言文字要规范、严谨、准确、精炼、通顺，要认真推敲，避免使用含义模糊或容易产生歧义的词语。招标文件的商务部分与技术部分一般由不同人编写，应注意两者之间及各专业之间的相互结合与一致性，应交叉校核，检查各部分是否有不协调、重复和矛盾的内容，确保招标文件的质量。

招标文件的内容不得违反公开、公平、公正和诚实信用原则，以及法律、行政法规的强制性规定，否则违反部分无效。影响招标投标活动正常进行的，依法必须招标项目应当重新招标。国务院有关行政主管部门制定的标准招标文件，由招标人按照有关规定使用。

6. 电子招标文件

招标人可以通过信息网络或者其他媒介发布电子招标文件，招标文件应明确规定电子招标文件应当与书面纸质招标文件一致，具有同等法律效力。按照《工程建设项目施工招标投标办法》和《工程建设项目货物招标投标办法》规定，当电子招标文件与书面招标文件不一致时，应以书面招标文件为准。

7. 招标文件规定的各项技术标准应符合国家强制性标准

招标文件中规定的各项技术标准均不得要求或标明某一特定的专利、商标、名称、设计、原产地或生产供应者，不得含有倾向或者排斥潜在投标人的其他内容。如果必须引用某一生产供应者的技术标准才能准确或清楚地说明拟招标项目的技术标准时，则应当在参照后面加上"或相当于"的字样。

8. 总承包招标的规定

招标人可以依法对工程以及与工程建设有关的货物、服务全部或者部分实行总承包招标。以暂估价形式包括在总承包范围内的工程、货物、服务属于依法必须进行招标的项目范围且达到规定标准的，应当依法进行招标。暂估价是指总承包招标时不能确定价格而由招标人在招标文件中暂时估定的工程、货物、服务的金额。

9. 两阶段招标的规定

对技术复杂或者无法精确拟定技术规格的项目，招标人可以分两阶段进行招标。第一阶段，投标人按照招标公告或者投标邀请书的要求提交不带报价的技术建议，招标人根据投标人提交的技术建议确定技术标准和要求，编制招标文件。第二阶段，招标人向在第一阶段提交技术建议的投标人提供招标文件，投标人按照招标文件的要求提交包括最终技术方案和投标报价的投标文件。招标人要求投标人提交投标保证金的，应当在第二阶段提出。

10. 标段的划分

招标人对招项目划分标段的，应当遵守招标投标法的有关规定，不得利用划分标段限制或者排斥潜在投标人。依法必须进行招标的项目招标人不得利用划分标段规避招标。

招标人应当合理划分标段、确定工期，并在招标文件中载明。对工程技术上紧密相连、不可分割的单位工程不得划分标段。招标人不得以不合理的标段或工期限制或者排斥潜在投标人。

11. 备选方案

招标人可以要求投标人在提交符合招标文件规定要求的投标文件外提交备选投标方案，但应当在招标文件中做出说明，并提出相应的评审和比较办法。

12. 评标因素的确定

招标文件应当明确规定评标时除价格以外所有评标因素，以及如何将这些因素量化或者据以进行评估。在评标过程中，不得改变招标文件中规定的评标标准、方法和中标条件。

13. 其他应注意问题

招标人编制的招标文件的内容违反法律、行政法规的强制性规定，违反公开、公平、公正和诚信用原则，影响资格预审结果或者潜在投标人报价的，依法必须进行招标的项目的招标人应当在修改招标文件后重新招标。

二、编写工程投标文件应注意的问题

（1）对招标人的特别要求。了解清楚特别要求后再决定是否投标，如招标人在业绩上要求投标人必须有几个业绩；要求几级以上的施工资质；付款条件如何；报价要求等。

（2）应认真领会的要点。前附表格要点；招标文件各要点；投标文件部分，尤其是组成和格式；保证金应注意开户银行级别、金额、币种以及时间；文件递交方式时间地点以及密封签字要求；造成否决投标的全部条款；参加开标会议及做好澄清工作。

（3）投标文件应严格按规定格式制作。如开标一览表、投标函、投标报价表、授权书等，包括银行保函格式亦有统一规定，不能自己随便写。需要检查封面格式是否与招标文件要求格式一致，文字是否有错别字；目录内容从顺序到文字表述是否与招标文件要求一致；目录编号、页码、标题与内容编号、页码、标题是否一致；主要技术管理人员中各岗位专业人员是否齐全、是否满足招标文件要求，资格证书是否在有效期内；企业近年来从事过的类似工程主要业绩是否满足招标文件要求，要核对时效、规模、结构形式、投资额等。

（4）技术规格的响应。投标人应认真制作技术规格响应表，主要指标有一个偏离即会导致否决投标；次要指标亦应作出响应；认真填写技术规格偏离表。

（5）应核对报价数据，消除计算错误。各分项分部工程的报价及单方造价、全员劳动生产率、单位工程一般用料、用工指标是否正常等，应根据现有指标和企业内部数据进行宏观审核，防止出现大的错误和漏项。

（6）编制投标文件的过程中，投标人必须考虑开标后如果成为评标对象，其在评标过程中应采取的对策，比如在我国鲁布革引水工程招标中，日本大成建设集团在这方面做了很多的准备，决策及时，因而在评标中获胜，获得了合同。如果情况允许，投标人也可以向业主致函，表明投送文件后考虑同业主长期合作的诚意，可以提出一些优惠措施或备选方案。

（7）根据《建筑工程施工发包与承包计价管理办法》第十条的规定：投标报价不得低于工程成本，不得高于最高投标限价。投标报价应当依据工程量清单、工程计价有关规定、

企业定额和市场价格信息等编制。第十一条规定：投标报价低于工程成本或者高于最高投标限价总价的，评标委员会应当否决投标人投标。在编制投标报价时尤其要注意这两条的规定。

任务四　国际工程项目招投标管理要点分析

一、FIDIC 中对招投标管理的要求

国际招投标关键问题直接影响到企业工程项目以及未来发展，因此必须从客观角度展开分析，尤其是国际工程招投标中的招标方式、投标价格等，通过问题的分析与解决，以此发挥出国际工程招投标的作用，推动工程企业发展。

国际咨询工程师联合会（FIDIC）在1982年发行第一版招标程序，主要定义了 FIDIC 推荐的程序，其中有投标选择和投标准备以及评估。该文件为国际项目建设下的招标和中标指明了一条系统的途径，很好地帮助业主接受具有强大竞争力的投标以及相关的投标文件，以便相关工作能够快速高效地完成。与此同时，该文件努力提供机会和激励给具有相应资格的承包商，使其能够对项目招标邀请函作出简便答复，希望能够借此程序的实施将投标消耗最小化并保证所有投标人能够得到一个公平和等同机会在公平和竞争的前提下来提交邀请。

（一）投标预审资格

业主应该发布公告邀请有兴趣的承包商申请资格预审文件，并声明招标文件只能给予限制数量公司或联营体牵头公司，业主按其是否有必须资格来圆满完成项目的原则来选择。

通告应发布在合适的报纸和期刊上，针对工程项目的特殊环境，其应具有足够的公众吸引力，相关联的财务机构代表也应得到通告。发往负责外贸的相关政府机构，以便国际团体能够及时得到关于如何申请、关于提议项目和相关建议的通告。通告应当合理简短的包括可行内容：①业主名称；②工程师名称；③项目地点；④项目概况和工作范围；⑤资金来源；⑥预期程序（如合同奖励、完工日期以及其他关键资料）；⑦招标文件计划发放日期以及投标文件交付日期；⑧申请预审资格文件的相关建议；⑨预审申请交付底限；⑩可能关系到潜在投标人的必须资格底限以及其他特殊方面。

从发布预审资格邀请通告到完整的申请最迟交还日不应少于4个星期，业主和承包商应该对这些预审资格申请进行评估，从而鉴别这些公司是否有合适的资格以及资历来承包该项工程。在这些被发现不合适的公司被去除后，如果结果显示超过6个潜在投标人，并且没有任何特殊规定和条件强加于业主，选择程序应当继续来淘汰次等资格者以达到不超过6人的规定数量。

当投标人选择名单已确认，应当通知优胜的申请人并要求其确认投标意向，应当尽快确认足够数量的具有竞争力的投标人，如果某一潜在投标人希望在此阶段退出，此时应当邀请候补投标人并要求确认如上所述，遵循此条例，名单上被选择的投标人对该项目决议无解释的，作为申请人都应被通知。

为保证所有投标承包商是有能力有经验的，很多公共代理人要求所有预期投标人都有一定资质。在这种情况下，承包商把财务状况、过去履行类似性质工程合同的经验归档。代理人给予评级。如果建议项目的估价加上为相同代理人完成的工作，超出了承包商的资质，该

建议形式就不会发给这个承包商。

从任何角度来说，承包商的资质是一个非常好的要求方式。它使业主能够有信心接受最低报价，而且能够提供一个公平、公正的途径来甄别对特殊项目来说太小或太没经验的预期投标人。这种甄别步骤为业主以及他的工程师或建筑师还有那些被淘汰出局的承包商提供了明显的益处。

在连续性大型私人工程中，工程师或建筑师应该更广泛地要求承包商的资质。在这些情况下的限制条件，可以建立在适当地区代理人现行的一系列关于承包商资格的条例之上，而且没有建筑师或工程师要求的更多的分析。

（二）获取招标文件

承包商和业主准备的招标文件大体包括如下内容：①投标邀请函；②投标须知；③投标文件格式及附录；④合同条件（一部分、二部分）以及特别要求形式；⑤规格；⑥图纸；⑦B.Q单（工程数量单）或价格表；⑧日期信息；⑨投标人所需补充资料列表。

投标须知应满足独立合同的特殊要求，由业主起草的该文件是为了传达将会影响准备工作的相关建议和信息，其将会影响投标文件的准备提交和评估。当投标期限确定后，业主应当保证投标人获得充足时间来准备投标文件，投标文件应将该工程的规模、复杂程度及其所在地纳入考虑。

应该通知投标人所需标书数量，这些标书被规定为一套文件，其中有些应明确标明原始投标文件，而另一些（应当复印）标明"打印版"，当出现矛盾时，"原始标书"具有优先解释权。招标规则应当声明业主不会约束自己与任意承包商签订合同。投标者应告知该资金来源和相关的条件。如招标须提供融资，他们应被指明提供资料，以适用于资金来源和相关条件。对将用于投标准备的货币将被给予特殊指示。招标文件中货币或货币款项都将受到影响的部分也应被通告。如果要求投标担保，其将取决于每个项目的情况。如果需要投标担保，招标文件应包括一种形式。金额和货币的风险性应加以说明。在所有情况下，保证人或担保人必须应为业主所满意，如果存在投标担保要求，任何没有担保的投标书将作废。

规格将确定合同的范围和技术要求，包括任何关于培训和技术转让的要求。由承包商提供的该材料的质量和标准施工必须有明确的描述，再加上要求由承包商提供的质量保证和所需的安全措施、健康和环保措施都应在工作时进行监督，诸如扩展要求，如有的话，承包商负责设计的永久性工程也应被指明。承包商应提供样品详细资料和进行相关测试，在选择过程中应指明工程执行或里程碑事件的命令、期限及方法以及项目工地使用的限制条件。如与其他部分的工作存在交互要求，或提供存取或空间，所有这些承包商应该考虑的都应清楚列明。规格应促进尽可能广泛的竞争，并尽量遵循国际标准。招标文件中的图纸应该在标书中提供充足细节资料，使其能够联同规格和B.Q单，对合同规定工程的性质和范围作出准确评估，在规范中应详细列明图纸。

（三）评标与估价

开始评标后，业主应检查投标文件，以确定它们在数据上是正确的，是负责任的，没有错误和遗漏之处以及对投标邀请书的态度。评标一般都可以被视为由三部分组成，组成部分大体包括：技术评价，财务评价，一般合同和行政评价。

在接受计划、工作内容和投标建议的基础上每个总承包商给工程准备一个估价。一般对评估时间的要求是十分严苛的。承包商可能只有五到六周来对一幢五层的混凝土大楼提出报价,而该大楼的混凝土计算一项就可能需要 200 个工时之多。因此,在预备估价期间,评估方不允许花太多时间分析那些不必要的细节。每个工作条款都必须只分析必要阶段以确定整个工程的最低期望造价。主体工程内容的估价要格外注意,但是时间不能浪费在确定不重要内容的造价的过分求精的努力上。

作为总承包商自身工作开支的补充,估价会包括很多分包合同的费用。在建设过程中,分包商由总承包商支付工程费,同时由总承包商指挥,并对其负责。分包商经常按照他们的工作领域或专业命名。在建筑项目上,大约75%工作由分包商完成,然而主体工程的65%则由总承包商完成。

在任何情况下,总承包商对工程的圆满完成负总责。他对工程进行全面监督和管理,预定所有时间表,协调各分包商做好自己的工作以确保工程在业主认为的最短工期,最低可能造价的情况下严格按计划和工作内容来完成。在投标当天,所有的投标人在指定的时间和地点,提交已密封的信封,超过开标时间递交的标书将被视为废标,所有的标书都将在指定的时间当众打开并由业主及其建筑师或工程师来仔细思考和选择。

(四) 签订合同

业主通常会寻求与提交经评估合理且标底最低的投标人签订合同。合同签订应在招标有效期内进行或其他任何经投标人接受的期限内,承包商通常应须与雇主签署合同、协议。雇主与工程师应做好准备,合同协议应包含以下内容:①接受函和谅解备忘录;②电子邮件(如适用);③合约条件;④规格;⑤图纸;⑥工程数量单;⑦其他为了组成合同的相关文件。

裁定合同以后,承包商同他的合作伙伴签订履约保函并寄给业主,业主和承包商签订建设合同。承包商一般在5~10个工作日内必须开工。

合同签订以后,建筑师或工程师将更进一步地和承包商开展工作。承包商按照建筑师或工程师的需要与计划和规范来施工。在工作层面上,承包商负责人和代理建筑师或工作检查员,或者和常驻工程师一起处理每日的报表。

(五) 施工合同及类型

尽管合同以这样或那样的形式普遍存在于几乎所有施工中,但使用的合同类型种类差异很大。在建筑与工程实践中,我们对这里所说的"传统施工合同"非常熟悉。在传统施工合同里,业主聘请建筑师或工程师作为代理,处理各种不同事务,如设计新结构、草拟施工合同文件、发布招标告示、在预定时间开标、推荐合同授予对象以及监督施工过程。在传统施工合同下,整个工程任务以单一合同的形式包给总承包人,总承包人将部分工程再转包给分包人。在投标报价都具有竞争性的基础上,合同几乎总是授予报价最低的投标人。

协商合同,在这种形式下,不是邀请某人来投标,而是一开始就从众多投标人中选择一个并与之协商签订合同的事宜。协商一般是以概念性构思为基础的。承包商一般确定一个最高的保证价,但留有足够的余地以防自己蒙受惨重的损失。

总包合同,让承包商在项目开发初期就加入项目组是非常有价值的,因为承包商的专业知识可以节省大笔施工成本。对这个项目组而言,团体合作精神非常重要,所以最好把协商好的每一个细节都说清楚;事实上,这对工程完工后各方仍想成为合作朋友非常重要。有些惯例施工合同文件的具体内容可能会改变,但图纸、规范、协议、通用和补充条款及约束条件不会在传统施工合同情形下所要求的合同中产生较大的变化。

分部承包合同,这种形式,也就是业主和建筑师在不管有无总承包商协调的情况下,将工程各个部分主合同分别交付给不同的承包商。施工管理合同在这种安排下，业主雇佣个人作为代理为其提供完工的设施。

二、国际工程项目招投标现状

建设工程实行招投标是国际上通用的承发包方式，这种方式有效地将竞争机制引入工程建设招投标领域，立足市场、加强管理，引导企业规范生产经营行为，提高综合实力。我国《中华人民共和国招标投标法》规定了相关招投标的范围、方式方法及具体要求，并且在2003年颁布了《建设工程工程量清单计价规范》，正式提出了工程量清单计价模式。工程量清单计价模式是一种与市场经济相适应，允许工程承包公司自主报价、通过市场竞争确定工程价格的计价模式，同时也是与国际惯例接轨的计价模式。

（一）国际上惯用的投标办法

1. 报价方法

（1）不同条件报价法。施工条件及地质条件差的特殊工程，报价可高一些；施工及地质条件好，工序简单且工程量大的报价可适当低。

（2）不平衡报价法。项目总报价确定后，能够早日计量、早日收到计量款的项目报价可适当提高；设计图纸中做法不明确、预计开工后工程量会增加的可适当提高项目单价；工程内容解说不清楚的，则可适当降低单价，待澄清后可再要求提价。

（3）多方案报价法。对于一些招标文件，如果发现工程范围不清晰，条款不清楚或很不公正，或技术规范要求过于苛刻时，则要在充分估计投标风险的基础上，按多方案报价处理，即按原招标文件报一个高价，然后再提出如"某某条款作某些变动，报价可降低多少"这样的说明。由此可报出一个较低的价，这样可以降低造价，吸引业主，规避风险。

2. 投标报价技巧

（1）突然降价法。很多建筑企业通常都是采用多元化的渠道和手段来了解竞争对手的实际情况，所以为了保证国际工程项目报价的准确性和实效性，应采用迷惑手法，即按照传统报价方法或极力表现出对该项目不感兴趣，直到招投标工作正式实施前，再突然降低自身报价标准，进而达到预期的招投标目的。切记，在运用这种招投标技巧过程中，应准确地掌握好降价幅度，并结合相关情报信息给予全面的分析和判断，从而在关键时刻先发制人，获得最大化利益。

（2）联合保标法。假若所承包的国际工程项目是以大批量形式来进行招投标，在竞争企业高手如云的情况下，应尽量采用联合保标法，联合国内几家建筑企业，分别将项目报价分成高、中、低三个级别，从而全面保证各建筑企业都能获中。另外，也可采用轮流方法，相互对项目报价进行保标，这样就可以最大化提升企业中标概率。

（二）国际工程项目招投标过程中存在的主要问题及解决对策

1. 缺少制定严谨性优质的招标文件

在国际工程项目中，招标人在招标文件制定过程中，存在很多争议和不足，对于相关的规范制度内容，十分模糊，缺少清晰性和严谨性，导致项目招标变更和延后的现象屡屡发生，严重降低了我国建筑业的招投标水平。因此，相关招标人员在工作开展前，一定要对招标文件进行详细的研读和审核，确保各项内容的准确性和真实性，遇到不合理的地方，应及时进行更正和修改，从而为国际项目招投标的顺利进行提供可靠的保障。

2. 澄清函发放拖延

针对澄清函发放拖延这种情况，须由专业招投标人员随时关注国际招投标网站动态信息，通过科学有效的渠道和方式，了解竞争对手的报价信息，进而为自身赢得宝贵的准备时间，最大化收获中标资格。另外，为了尽早实现中标效果，应结合自身投标特点，向国际招投标办公室申请延期，这样才能从根本上确保澄清函发放的时效性。

3. 语言障碍

由于国际工程项目招投标会涉及多个国家的招标文件，所以语言问题则成为影响招投标工作顺利开展的最大障碍因素，近年来，很多建筑企业，尽管其投标技术方案具备充足的竞争资格，但一旦将其翻译成英语形式，则效果就会明显不足。所以，为了改善这种局面，我国建筑企业应重视招投标人员的翻译水平和英语能力，假若在审核招标文件时，遇到争议，要立即向国际招投标办公室递交澄清函和答疑方案。另外，还要借鉴国外发达国家的招投标经验，科学严谨地编制投标文件，并根据不同投标项目，进行重新组合和调整，从而确保技术标的编制效果，大大提升投标水平。

4. 招投标风险评估不准确

（1）对合作企业的风险评估不准确。国际工程项目对于各国建设企业的施工水平有着较高的要求，所以，在进行招投标过程中，很多建设单位都会采用合作方法，加强与其他企业的联合和交流。但是在实际运行时，很多投标单位对于合作企业的综合业绩的评估过分关注，却忽视了对其融资和运营能力的评估，导致自身经济利益受到很大的影响。因此，在进行合作招投标过程中，应对合作企业的融资能力进行全面的审核和评估，保证股权分配的合理性和规范性，这样才能最大化获取投资利益。

（2）对自身安全、环境与健康（HSE）的风险评估不准确。随着社会经济发展水平的不断提高，我国建筑企业对于职业健康和安全方面的监督和管理意识也在不断增强。但为了某种利益，部分建筑企业不惜遵循错误的运营模式，在进行招投标过程中，完全忽视对自身安全、环境与健康的风险评估，并以国内工程项目招投标报价基准为依据，从而给自身经济利益造成严重的损失。因此，在开展国际工程项目招投标工作前，一定要对自身的安全、环境与健康等方面的风险给予全面的评估和分析，采用合理的预算方法，准确地计算出其在招标成本中所占有的风险程度，并按照相应的法律法规全面落实风险评估工作，从而为提升我国建筑企业的招投标水平打下良好的基础。

为了更好地促进工程企业的发展，使其在国际市场竞争中拔得头筹，相关工程企业单位必须对当前国际建筑市场经济运行规律进行全面的掌握和了解，明确相关法律法规，充分做好事前控制和招投标工作。采用科学有效的控制策略和招投标技巧，全力解决国际项目招标问题，使其在保证招投标质量的同时，不断提高建筑行业的招投标水平，从而为其日后发展和经济利益提供可靠的保障。

任务五　国际工程目标国介绍——马来西亚

一、国家与城市

马来西亚（Malaysia），是君主立宪联邦制国家，首都是吉隆坡，联邦政府行政中心在布城。全国分为13个州和3个联邦直辖区，全国面积共33万km²。马来西亚是东南亚国家联盟的创始国之一，是环印度洋区域合作联盟、亚洲太平洋经济合作组织、大英联邦、不结盟运动和伊斯兰会议组织的成员国。马来西亚是一个新兴的多元化经济国家，现已成为亚洲地区引人注目的多元化新兴工业国家和世界新兴市场经济体。

马来西亚地形复杂，自然旅游资源丰富。靠近赤道，属热带雨林气候，全年气温一般都在22~30℃，无四季之分，白天虽然炎热，但是午后有阵雨，晚上会有季风吹拂，十分凉爽。尤其是北部的槟榔屿，早晚气候适宜，凉风不断。

马来西亚西部地区地势北高南低，沿海为平原，中部为山地，占全境大部分，有8条大体平行的山岭纵贯南北，东部的大汉山海拔2190m，为马来西亚西部地区最高峰。沙捞越地区北部沿海为冲积平原，内地为森林覆盖的丘陵和山地。山峰多在海拔2000m左右。沙巴地区西部沿海为平原，内地多森林覆盖的山地。克罗克山脉纵贯南北，其主峰基纳巴卢山海拔4101m，为马来西亚最高峰。

二、马来西亚营商环境与政策法规

（一）营商环境

1. 经济状况

马来西亚是相对开放的市场经济体制国家，国家通过宏观经济计划在指导经济发展过程中发挥重要作用，国家启动"多媒体超级走廊"和"生物谷"等项目，积极推进经济多元化。近年来为了加大吸引外资又开放了一个"马来西亚第二家园计划"，通过吸引外国人到马来西亚侨居和投资来带动当地的经济。总体来讲，国家在指导经济上的重要性有所下降，把私营经济作为国家经济增长的新支柱。马来西亚2021年公布的人口总数是3268万，其中马来人占69.1%，华人占23%，印度人占6.9%，其他种族人占1.0%。

根据马来西亚国家统计局公布的相关数据，2020马来西亚平均工资约合人民币4512元/月，具有一定的工资成本优势。马来西亚劳动力就业充分，政府不鼓励发展劳动密集型产业。政府的财政鼓励政策只给予高附加值项目，并鼓励劳动密集型产业转移到海外。马来西亚是国际劳工组织的成员。政府不鼓励罢工，而提倡通过谈判或由工业法庭仲裁来解决纠纷，劳资纠纷一旦提交到工业法庭处理，劳资双方都不许再采取进一步的行动。外国投资者可以在马来西亚国内资本市场上融资，但其在马来西亚融资额的60%以上必须来自马来西亚国内银行。如果贷款额超过一千万林吉特（相当于四百万美元）时，须事先得到中央银行的同意。外国的证券代理公司最多只能从马来西亚的金融机构得到五百万林吉特的贷款。

马来西亚对外国证券投资没有限制，有一套健全的管理体系来规范证券投资行为。它的法律体系和会计制度透明度高，也符合国际规范。兼并或并购在马来西亚是受到法律约束的。马来西亚的外国投资者在除了资产限制以外的各方面享有国民待遇。外资企业还可以参与由政府资助的研究发展项目。投资于制造业的公司可享有新兴工业地位、投资税负抵减及再投资抵减等优惠政策。马来西亚高度重视多媒体超级走廊计划，视其为国家经济能否成功转型的关键。为了推动这一计划的早日实现，政府制定了一整套极富吸引力的财税、金融鼓励政策，获得多媒体超级走廊资格的企业可享受为期10年的首创资格或投资税优惠、进口多媒体设备免收关税，中小型企业可就特定领域的研发项目申请政府资助，对聘用海外侨民不加任何限制，对外汇交易和贷款实行特殊管理，对表现出色并吸引其他企业加入多媒体超级走廊的企业给予特殊奖励等优惠政策。

2. 对外开放情况

马来西亚建筑市场相对开放，任何符合规定的公司均可参与竞争，本地企业与中国、日本、韩国、欧美等国的企业均可参与其中，市场竞争较为激烈。历经多年发展，马来西亚本地大型建筑企业数量逐年增加、实力日益增强，例如金务大、怡保工程等龙头建筑企业，占有较高的市场份额。我国企业在马来西亚拓展业务多年，目前在马来西亚的建筑企业有30余家。另据有关机构统计，日本在马来西亚建筑设计企业共计约90家。韩国、欧美企业数量相对较少，但在各自专业领域占有一席之地。由于市场参与者众多，大型基础设施项目的竞争极为激烈，同一项目往往有数家甚至数十家公司或联合体参与。本地公司与外国公司既竞争又合作，外国公司往往需要发挥自身技术或资金优势与本地公司组成联合体，方有中标可能。

马来西亚建筑市场规模相对较小，因承包商数量庞大，建筑业层层分包情况极为普遍，形成很长的分包链。为保护本地公司，马来西亚政府规定外国公司一般不能直接从业主处承接马来西亚政府财政拨款项目，而必须向本地公司分包，除非是政府间特殊项目或私人投资项目。绝大多数大公司作为主承包商承揽项目，然后将项目分段或分块以竞标方式交由一些小型分包商，而分包商再将工程分包给更小的分包商，甚至有三包、四包的现象。由于分包往往通过最低价竞标方式进行，导致分包商报价常常低于实际水平，项目竞争激烈，分包商经营风险增加，同时也对发包企业的经营管理构成一定挑战。

对此，企业在拓展业务时，要对项目风险做全面、科学、细致的评估，评估内容如下：

（1）要甄别项目真伪。一些不法商人打着同国家元首、州元首或政府高官关系密切的旗号，夸大甚至虚构项目，骗取外国企业资金。因此，企业要多方核查项目的真实性，不要盲目听信他人。

（2）要核实项目是否经联邦政府或州政府批准。一般较大型项目的实施，都要由联邦政府或州政府主管部门批准；如果属于小型私人项目，也要尽可能取得相关机构的类似证明。

（3）要考查项目是否涉及环保问题、居民搬迁问题。

（4）要充分考虑市场风险。首先，马来西亚一些原材料价格受国际市场供求影响较大，价格波动难于掌控；其次，马来西亚货币汇率波动幅度较大，应充分考虑汇率风险并加以规避；再者，也应充分注意马来西亚政府对一些进口产品实施的关税或非关税贸易壁垒。

（二）政策法规

1. 5i 战略

马来西亚作为全球重要的伊斯兰金融中心之一，基于其与伊斯兰金融的共同价值观，率先在国内推广可持续和负责任投资（Sustainable and Responsible Investment，SRI）并于2014年提出了5i战略（5i-Strategy），提出将从金融工具、投资人、发行人、内部文化及治理、信息平台五个角度出发搭建一个可持续的投资生态系统。

自2014年提出以来，5i战略为马来西亚资本市场中SRI生态系统的发展和多样化举措提供了总体框架。随投资者对马来西亚SRI市场的兴趣不断上升，马来西亚证券委员会于2019年制定了马来西亚资本市场SRI路线图，指导马来西亚在该领域的发展。SRI路线图重新提出了5i战略（图3-6），并提出了20条相关建议，以期在未来五年发展和加强该战略的

拓宽可持续与责任投资工具的范围	壮大可持续与责任投资者群体	建立强劲的可持续与责任投资发行群体	逐步灌输强有力的内部治理文化	设计可持续与责任投资生态系统的信息架构
促进新兴的可持续与责任投资产品以拓宽并深化可持续与责任投资的资产类别	从买方角度，需要吸引金融机构投资者以及个体投资人来壮大可持续与责任投资者群体，并进一步增加对可持续与责任投资产品的需求	从卖方角度，需要重点关注强劲且多元的发行群体的建立，包括上市公司、未上市公司以及多边组织	发展可以衡量可持续性的指标和披露制度，以促进投资决策引导在可持续与责任投资方面的优秀治理实践	开发向投资者提供可持续与责任投资数据的平台，以此促进更好的投资评估，确保可持续与责任投资市场的透明度和可及性

图 3-6　马来西亚资本市场的 5i 战略（SRI 路径图）

各个组成部分。

第一项 5i 战略旨在扩大和深化 SRI 资本市场中金融工具的范围。

第二项 5i 战略主要针对的是 SRI 市场上的购买方，即 SRI 投资者。马来西亚政府希望通过对投资者的引导和规范，吸引更多的个人和机构投资者加入 SRI 资本市场，增强 SRI 产品的市场需求。

第三项 5i 战略则站在供给侧，努力建立一个涵盖上市公司、非上市公司和多边组织在内的多元 SRI 发行人基础。对于上市发行人来说，管理其重大经济、环境、社会风险和机会以及加强其可持续性信息披露水平，都对马来西亚的可持续发展至关重要。

第四项 5i 战略着眼于企业内部，发展企业在 SRI 领域中的公司治理文化。

第五项 5i 战略致力于开发 SRI 生态体系中的信息平台，旨在增强 SRI 资本市场中的信息透明度和易获取性。2018 年，马来西亚证交所推出了关于公司治理、可持续发展和负责任投资的一站式知识分享门户网站 Bursa Sustain，供上市发行人、投资者和其他利益相关方获取信息。它有助于促进上市发行人和投资者对可持续投资的认识，并对上市发行人在其组织内部实施的可持续发展进行额外指导。

2. 马来西亚政策特点

（1）马来西亚高度重视经济发展的可持续性，善用金融手段实现发展目标。马来西亚政府长期以来对可持续发展保持了较高的关注度，积极响应全球环境、社会和公司治理（简称 ESG）和负责任投资理念，并积极推动在国内的落地和发展。可以看到，马来西亚的 ESG 政策法规在借鉴国际经验做法的同时，又与本国经济、文化特征进行融合改良。以环境领域为例，马来西亚一方面受到欧美先进的可持续发展理念的影响和熏陶，另一方面又结合本国的自然环境特征和资源禀赋，积极推动国内可再生能源和绿色科技相关领域的发展。

（2）马来西亚监管方将市场各方纳入制度范畴，积极统合搭建 ESG 生态体系。马来西亚的 ESG 政策法规在覆盖范畴上呈现高度的全面性。监管方分别面向资本市场中的投资人和发行人推出多项约束性制度和指引性文本，体现其致力于从整体出发推动提升商业社会价值的特征。这一特征在马来西亚提出的"5i 战略"中表现得淋漓尽致——在激励机构和个体投资者在商业决策中更多考量社会责任的同时，也提出要推动各类发行人提升自身的可持续发展表现。

（3）将负责任投资和伊斯兰资本市场有机结合，努力建设区域性可持续发展中心。

（4）强制性信息披露开始较早，采取分阶段和差异化的方法。马来西亚的强制性社会责任信息披露开始较早，具体披露要求在后续不断完善。早在2007年，马来西亚证交所便提出了上市发行人需在年报中披露企业社会责任活动或实践的强制性要求。但是，在这一时期，证交所并未对披露内容提出具体要求。2015年可持续发展框架提出后，针对上市发行人的可持续发展声明才有了具体要求和指引，并在随后几年中进行了补充和修订。

（5）公司治理体系不断更新完善，注重灵活性并强调结果导向。

马来西亚的公司治理体系不断更新完善。《马来西亚公司治理守则》根据经济及市场变化不断调整修订，交易所等相关部门出台的指南也随新修订的法规和守则进行及时更新。马来西亚的公司治理体系具有较高的灵活性。2017版守则运用了CARE（Comprehend, Apply, Report and Explain）方法，该方法鼓励公司进行思考，注重理解并内化公司治理准则，能够对各项实践的运用做出合理和妥善的解释。守则还将大型公司和其他公司进行区分，专门列出了仅针对大型公司的做法，但其他公司也可自主采纳。

三、涉马项目介绍

1. 巴贡水电站

巴贡水电站（Bakun Hydroelectric power Station）位于沙捞越州巴卢伊河上，上游为沐若水电站，巴贡电站装机8×30万kW，年发电量约170亿度，水库设计容量高达440亿m^3，超过三峡电站390亿m^3的库容量，坝高205m，在全球同类电站中位列第二位，获我国首个海外工程金质奖及国际土石坝里程碑奖，被称为东南亚的"三峡"项目。巴贡水电站主体土建工程（EPC项目）由我国水电集团和马来西亚当地公司组成的马中水电联营体于2002年10月8日中标承建。是马来西亚迄今最大的水电项目。

2. 槟城第二跨海大桥

槟城第二跨海大桥（槟城二桥），位于槟威海峡南部水域，是连接槟岛东南部的巴都茅和马来半岛威省的巴都加湾的跨海大桥，为槟城州的著名地标。全桥总长约24km，其中跨越槟威海峡的海上桥长16.37km，陆上引桥6km，主桥为长475m的三跨双塔H形斜拉桥，双向四车道加双向摩托车道，设计时速为80km/h，桥梁结构设计使用寿命为120年，是目前东南亚地区最长的跨海大桥。

2007年7月13日，槟城二桥项目EPC合同签字仪式在马来西亚首都吉隆坡举行。中交股份、马来西亚联合工程公司和UEM集团签署了联营体EPC总承包合同。2008年11月8日，槟城二桥动工兴建，2013年9月15日，槟城二桥完工并通过业主验收。2014年3月1日，适逢中马建交40周年，马来西亚槟城二桥通车运营，并正式更名为苏丹阿卜杜勒·哈利姆·穆阿扎姆·沙阿大桥，以纪念马来西亚前最高元首、吉打州苏丹阿卜杜勒·哈利姆·穆阿扎姆·沙阿。槟城二桥不仅推动槟城州经济发展和马来西亚北部经济走廊建设，也被视为是中马两国友好合作史上又一个里程碑。

3. 马来西亚国家石油公司丙烯球罐项目

马来西亚国家石油公司丙烯球罐项目位于马来西亚柔佛州边佳兰地区，是东南亚最大，世界第二大综合性石油炼化项目。该项目由4台丙烯球罐组成，每个球罐容积为6371m^3，球罐内径23m，由16根支柱和"五带"组成，"五带"从上到下依次为上极带、上温带、赤道带、下温带和下极带。每个球罐安装重量达到1112t。该项目由马来西亚国家石油公司建设，总投资270亿美元，包括一座炼油厂、石化装置和其他相关设施。中国一冶集团有限公司负责4台丙烯球罐施工。建成后，炼化能力预计达到1000万t/年炼油和100万t/年乙烯。该项目是中国一冶在马来西亚承接的首个炼化工程项目，对开拓东南亚市场、提升海外竞争力具有重要意义。

思 考 题

1. 工程项目招投标的原则是什么？
2. 工程项目招标组织形式有哪些？其基本程序是什么？
3. 请写出施工招标文件的基本框架。
4. 请简述投标与招标的区别。
5. FIDIC中对招投标管理的要求有哪些？
6. 国际上惯用的投标办法有哪些？
7. 我国在马来西亚开展工程项目业务需要注意些什么？

知识拓展屋——中国招标投标公共服务平台

中国招标投标公共服务平台是国家发展和改革委员会和中国招标投标协会依据《电子招标投标办法》（八部委第20号令）推动建设，并对接互联全国电子招标投标系统交易平台、公共服务平台和监督平台，是为实现招标投标市场开放交互、动态聚合、公开共享、一体融合、立体监督、公益服务等目标的一体化信息共享枢纽，也是国家整合建立公共资源平台的主要组成部分，于2015年7月30日开通，2016年7月1日正式开始服务。

2018年1月1日正式实施的《招标公告和公示信息发布管理办法》规定，依法必须招标项目的招标公告和公示信息应当在中国招标投标公共服务平台或者项目所在地省级电子招标投标公共服务平台发布。省级电子招标投标公共服务平台应当与中国招标投标公共服务平台对接，按规定同步交互招标公告和公示信息。中国招标投标公共服务平台被赋予了更多行业和社会重任。

今后，如果要从事招投标代理等工作，可以通过浏览我国和各省级招标投标公共服务平台获取相关信息。

项目四

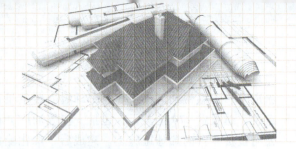

国际工程项目合同管理

能力目标

1. 掌握工程项目合同管理的概念，并能根据不同需求进行合理的分类。
2. 熟悉合同订立的基本原则和方法，能判断合同是否有效。
3. 掌握合同管理的基本法律体系和合同履行的原则。
4. 熟悉 FIDIC 合同管理的相关条款，掌握国际上常见的管理模式。

任务驱动

任务一　了解工程项目合同管理

一、工程项目合同管理的概念

（一）定义

工程项目合同管理是指对项目合同的签订、履行、变更和解除进行监督检查，对合同履行过程中发生的争议或纠纷进行处理，以确保合同依法订立和全面履行。工程项目合同管理贯穿于合同签订、履行、终结直至归档的全过程。

工程项目合同管理的概念

工程项目合同管理的目的，是承发包双方通过自身在工程项目合同的订立和履行过程中所进行的计划、组织、指挥、监督和协调等工作，促使项目内部各部门、各参与方、各环节相互衔接、密切配合，进而确保项目最终得以实现。

（二）工程项目合同形式

工程项目合同的形式主要有两种：

（1）单一的合同书。这种形式主要发生在业主以委托协商方式与承包商成交时，由发包人与承包人签订的单一的承包合同书。

（2）综合的合同文件。这种形式主要发生在业主以招标投标方式与承包商成交时，由一系列法律文件组成的综合的合同文件，其中除了双方当事人签订的正式协议书外，还包括招投标文件、技术规范、工程量及价格表、图纸等有关文件和资料。

（三）工程项目合同特征

（1）多元性。虽然合同的签约人只有业主和承包商两方，但在合同实施过程中，却要涉及多方面的关系。业主方面有他的咨询公司、业主代表等；承包商方面有合伙人或分包商、各类材料供应商等。在业主和承包商双方之间还有银行和保险公司一类的担保人或关系人。此外，由于工程项目的规模和性质不同，有的工程项目规模大，技术要求复杂，业主也有可能不只让一家承包商承包，而分别让多家承包商独立承包。业主和这些承包商分别签订许多单独的合同。因此，一个大型项目的实施，从纵向和横向关系来说，不只是业主和承包商两方，有时甚至涉及几十家公司，需要签订几十个合同。不管是哪一类合同，也不管合同由哪方签订的，只要合同的签约方与该工程项目的实施有关，承包商就要对其承担一定的义务。承包商对各方关系的处理和应承担的义务在国际工程承包合同中均有详细的规定。要使一份国际工程承包合同完美实施，承包商不但要处理好与业主的关系，而且还要认真地处理与工程实施有关的各方的关系。

（2）标的的特殊性。对于一般的贸易合同，其标的通常是指一定数量的货物，任何货物都具有可移动性；而工程项目合同的标的，则是工程项目，任何一个工程项目，都是一个不可分割的独立整体，且具有不可移动性。

（3）履约方式的连续性。如前所述，贸易合同的标的一般是指货物，这种合同的履约方式，当事人通常是以交货和付款来结清双方的权利义务关系。交货可以一次或分数次进行，即贸易合同的履行，双方当事人可以集中一次或分数次完成各方的义务。工程项目合同的标的方式不同于贸易合同之处在于其具有连续性和渐进性。由于其标的是工程项目，标的实现就是要建造这个工程，因而这就需要有一个施工过程。施工必须连续、循序渐进地进行，这是它固有的特征，它决定了工程项目合同履约方式的连续性和渐进性。

（4）履约时间的长期性。一项工程的建设是一个长期的施工过程，通常需要数年的时间才能完成。就是说，工程项目合同的签约双方，履行合同规定的权利义务，需要一个较长的时间。

（四）工程项目形式

当事人订立合同，有书面形式、口头形式和其他形式。法律法规规定采用书面形式的，或当事人约定采用书面形式的，应当采用书面形式。

（1）书面形式。书面形式是指合同书、信件和数据电文（包括电报、电传、传真、电子数据交换和电子邮件）等可以有形地表现所载内容的形式。建设工程合同应当采用书面形式。

（2）口头形式。口头形式是指当事人用谈话的方式订立的合同，如当面交谈、电话联系等。

（3）其他形式。其他形式是指除书面形式、口头形式以外的方式来表现合同内容的形式，主要包括默示形式和推定形式。

二、工程项目合同分类

（一）按承包合同计价方式分类

承包合同计价方式可分为总价合同、单价合同和成本补偿合同三大类，每种类型根据具体情况又可分为几种变化的形式。

1. 总价合同

总价合同是指对于某个工程项目，承包人完成所有项目内容的价格在合

工程项目
合同分类 1

同中是一种规定的总价。在总价合同下，风险主要由承包人承担。根据总价规定的方式和内容不同，具体又可分为固定总价合同、调值总价合同、固定工程量总价合同和管理费总价合同四种。

（1）固定总价合同。在固定总价合同中，固定的是合同总价，不随工程实施调整，只有当工程范围和设计图纸变更，合同总价才相应地进行变更。这种合同适用于风险不大、技术不太复杂、工期较短（一般不超过1年）、工程要求非常明确的工程项目。承包商在这种合同中承担一切风险责任，因此在投标中往往考虑许多不可预见因素而报价较高。

（2）调值总价合同。在调值总价合同中，其总价是一种相对固定的价格，在工程实施中遇到通货膨胀引起工料成本变化可按约定的调值条款进行总价调整。因此通货膨胀风险由发包人承担，承包人则承担施工中的有关时间和成本等因素的风险。工期在1年以上的项目可采用这种合同。

（3）固定工程量总价合同。在固定工程量总价合同中，固定的是给定的工程量清单和承包商通过投标报价确定的工程单价，在施工中，总价可以根据工程变更而有调整。采用这种合同，投标人在统一基础上计价，发包人可据此对报价进行清楚的分析。这种合同需花费较多时间准备工程清单和计算工程量，对设计深度和招标准备时间要求较高。

（4）管理费总价合同。管理费总价合同是发包单位雇用承包公司（或咨询公司）的管理专家对发包工程项目进行项目管理的合同，合同价格是发包单位支付给承包公司的一笔总的管理费。

由于总价合同的价格固定或相对固定，因此在工程实施过程中承包商不关心成本的降低。虽然发包人在评标时会选定报价最低的承包商，但对发包人来说，前期必须准备全面详细的设计图纸和各项说明，承包商才有可能准确计算工程量，从而进行合理的报价，否则易因为风险难以准确估计而报价较高。

2. 单价合同

单价合同指承包商在投标时按招标文件给定的分部分项工程量表确定报出单价，结算时按已定的单价乘以核定的工程量计算支付工程价款。在单价合同中，风险由承发包双方分担，承包商承担单价变化的风险，发包人承担工程量增减的风险。使用工程单价合同，有利于缩短招标准备时间，能鼓励承包商节约成本，但发包人对施工中发生的、清单未计入的工程量应给予结算，同时双方对工程量的计算规则认识统一是减少分歧的前提。这种合同按项目清单中包含估算工程量与否，又可分为估计工程量单价合同和纯单价合同（无工程量）。

单价合同是按分部分项的工程量表确定各分部分项工程费用，因此也可以分为固定单价合同和可调单价合同。其中固定单价合同是经常采用的合同形式，特别是在设计或其他建设条件（如地质条件）还不太明确的情况下（但技术条件应明确），而以后又需增加工程内容或工程量时，可以按单价适当追加合同内容。在每月（或每阶段）工程结算时，根据实际完成的工程量结算，在工程全部完成时以竣工图的工程量最终结算工程总价款。

3. 成本补偿合同

成本补偿合同又称为成本加酬金合同。当工程内容及其技术经济指标尚未全面确定，而由于种种理由工程又必须向前推进时，宜于采用成本补偿合同。根据酬金计算方法的不同，可分为成本加定比费用合同和成本加固定费用合同两种。这两种合同中，发包人对承包商支付的人工、材料和施工机械使用费、其他直接费、施工管理费等按实际直接成本全部据实补偿，不同的是，前者是发包人按实际直接成本的固定百分比支付给承包商一笔酬金，作为承包商的利润，后者是发包人支付的酬金，是一笔固定的费用。

这种合同模式有两个最明显的缺点：一是发包单位对工程总造价不能实行实际的控制；二是承包商对降低成本不感兴趣。因此，引入"目标成本"的概念后，合同演变成几种形式：一是成本加浮动酬金合同，双方事先商定工程成本及酬金的预期水平，工程实际发生的成本，若等于预期成本，工程价格就是成本加固定酬金；若低于预期成本，则增加酬金；若高于预期成本，则减少酬金，这样能鼓励承包商降低成本和缩短工期，承发包双方都没有太大的风险，但对承发包双方的经验要求较高，当预期成本估算达到70%以上的精度才能达到较为理想的结果。二是目标成本加奖励合同，按照当前的设计精度估算目标成本（随着设计程度加深可以调整目标成本），另外规定一个百分数作为计算基础酬金的数值，最后结算时，如果实际成本高于目标成本并超过事先商定的界限（例如5%），则减少酬金；如果实际成本低于目标成本（也有一个幅度界限），则增加酬金。

在这种合同方式下，业主支付实际成本外，再按某一方式支付酬金，风险由发包人承担，而承包人由于无风险，其报酬往往也较低。

（二）按承包方式分类

按承包方式通常分为总包合同、分包合同、独立承包合同、联合承包合同、直接承包合同和转包合同。

1. 总包合同

工程项目
合同分类 2

由一家承包商负责组织实施某项工程或某阶段工程的全部任务，对业主承担全部责任，履行承包商所拥有的全部权利，确保这种经济与法律关系的契约称为总包合同。根据总包合同赋予的权利，总承包商在征得工程师同意的前提下可以将若干专业性工作交给不同的专业承包单位去完成，总承包商负责统一协调和监督。根据总包合同的原则，业主或工程师仅同总承包商发生直接关系，而不与各专业承包商或分包商发生直接关系。承担总包任务的通常有咨询公司、勘察设计机构、一般土建公司及设计施工一体化的大建筑公司。

总包合同内容复杂，涉及面广，包罗各种任务，总承包商责任重大，工作难度较大，尤其是在多家公司参与同一工程情况下的统一协调工作。

2. 分包合同

分包合同是与总包合同相对而言的。它指的是承包商和业主签订了总包合同后，该承包商（总承包商）再与分包商签订合同。分包合同的标的或者是工程的某一阶段，或者是某一工程项目的某一分部或单位工程。分包合同条件一般应根据总包合同而定。

一般情况下，分包商要负责对其分包的工程提供材料、设备和劳务，为完成该分包工程承担一切责任。分包商只对总承包商承担义务并从总承包商那里享有一定的权利，不直接同业主发生关系，但是要承担总承包商对业主承担的有关义务。分包方式分为包工包料、包工不包料两种。分包商分业主指定分包商和总承包商自选分包商两种。

业主指定分包商也必须接受总承包商的统一协调和监督，所不同的是在许多情况下，他可以直接同业主发生关系，特别是当其与总承包商发生矛盾且总承包商理亏的情况下。

分包合同较总包合同简单，其内容视具体情况而定，责权利条款类似总包合同，其缔约程序亦与总包合同相仿，只是无须通过公开竞争性招标。

3. 独立承包合同

独立承包是指承包商依靠自身的力量完成承包任务，不实行分包。这种形式通常适用于规模较小、技术要求比较简单的工程以及修缮工程。

独立承包合同可以是综合性的，包括各个环节。各环节任务虽小，但包括事项却颇为繁多；也可以是比较单纯的，就某一项任务而规定相应条款。

4. 联合承包合同

联合承包是相对于独立承包而言的承包方式，即以两个以上承包单位承包一项工程任务，由参加联合的各单位推定代表统一与业主签订合同，共同对业主负责，并彼此协调关系。参加联合的各单位仍是各自独立经营的企业，只是在共同承包的工程项目上，根据预先达成的协议，承担各自的义务，分享各自的利益，包括投入资金数额、工人和管理人员的派遣、机械设备和临时设施的费用分摊、利润的分享以及风险的分担等。

这种承包方式由于多家联合、资金雄厚、技术和管理上可以取长补短，发挥各自的优势，有能力承包更大的工程任务；同时由于多家共同作价，在报价及投标策略上互相交流经验，也有利于提高竞争力，较易得标；尤其是与当地公司联合竞标，可以享受当地政府的优惠政策，得益更大。

联合承包合同系业主与承包商联合体之间的契约，由联合体代表直接对业主负合同责任。它与总包合同的区别在于代表与联合体成员之间的关系。总包合同的签约人总承包商对参与实施工程的诸家公司起领导作用，而联合承包合同的缔约人对参与联合体的成员仅起统一协调作用，他们之间是协作关系而不是领导与被领导的关系。

联合承包合同要求各联营代表在联合承包合同缔结前达成协议，明确各自的义务及彼此相关联的责任。业主强调的是连带责任，即在联合体中的某一成员履约不力时，其他成员必须承担连带责任。总承包合同则不同，业主不直接与分包公司发生联系，只直接同总包公司缔约和履约，总承包公司要负完全责任。

5. 直接承包合同

直接承包就是在同一工程项目上，不同的承包单位分别与业主签订承包合同，各自直接对业主负责。承包商之间不存在总分包关系，也不存在联营协作关系，没有连带责任。现场上的协调工作可由业主自己去做，或委托一家承包商牵头去做，也可聘请专门的项目经理来管理。

直接承包合同视承包内容而定，不过多属项目单纯、独立性强的任务。这样的合同好处在于没有节外生枝现象，不用承担连带责任。不过承包这类合同工程的多数是专业性强的公司。

6. 转包合同

转包合同是承包商（甲方）和业主就某一工程项目的建设、完成和维修签订了工程承包合同之后，由于种种原因，甲方将该工程项目的建设、完成和维修等工作转包给另一个承包商（乙方）而签订的合同。其特点是由另一个承包商来承担原工程承包合同对甲方所规定的一切义务和权利，就是说由乙方来承担甲方的风险。同时不管乙方是否盈亏，乙方也要付给甲方一定的酬金（佣金）。

值得注意的是，转包合同对乙方来说风险是很大的。在一般情况下，甲方签订主工程承包合同之后，如果不是潜伏着较大的风险，一般是不会把工程项目转包出去的。在转包合同中，总承包商不但要求转包商（乙方）接受主合同的各项条款，而且要求转包商提供履约保函、维修保函以及保险单等。不论转包商盈亏如何，都要付给总承包商一定的佣金。这样总承包商就可以不承担任何风险，利用工程转包，把风险转嫁给转包商，这是国际工程承包商惯用的方式，对转包商极为不利。

由于工程项目的转包对乙方具有极大的风险性，所以转包在国际上成交很少，因而这种合同应用的机会也就不多。

（三）按合同范围分类

1. 工程咨询合同

工程项目合同分类——按合同范围分类

工程咨询目前已成为工程建设中普遍采用的方法。国外业主要建设某项工程而缺乏必要的工程技术知识时，就可向工程咨询公司或咨询专家咨询有关的工程事务。这些事务范围广泛，主要包括：对工程进行调查研究、分析论证、可行性研究，进行各种工程方案比较，进行对承包商资格预审，编制招标文件，办理招标事宜，从事工程项目的设计，选购设备材料，技术指导，监督施工，检查工程质量，试车投产，人员培训，协调和管理工程等事项。业主可以委托咨询公司完成上述一项或多项工作。为完成任务，业主有义务提供必要的资料和数据，其性质按工程情况而定。双方就此而订立的合同称为工程咨询合同。

与此同时，咨询公司也向各国的承包商提供咨询服务。承包商为了顺利中标，以及弥补本公司不具备的专门业务，也委托咨询公司根据自己的专业知识提出比较先进合理、经济适用的工程方案、设计方案和施工计划，乃至整个工厂管理、产品销售等方案，使承包商能够节省资金、加快建设，实现高效率的施工生产和经营管理，获得较多利润。

2. 设计-施工合同

设计-施工合同的特点是业主将设计任务和施工任务授予一个承包商完成，有时称为一揽子合同或总体合同。其中有些工业项目承包商负责工程的方案选择、规划、勘测、设计以及全部工艺及总体规划、供应和设备安装，建筑施工到试车运转和培训人员技术援助、工业产权转让和资金融通等，这种合同称为交钥匙合同。如果承包商保证工厂投产或工程使用后一定时期（两年或三年）内生产出符合规定的质量、数量的产品和规定的原材料、燃料消耗的指标时，这种合同称为交产品合同。

设计-施工合同的优点是可以节省费用和时间，并使施工方面的专业技术结合到设计中去，同时工程可以在设计未全部完成之前，先行开工一部分；其缺点是可能使设计丧失客观独立性，不利于业主。设计-施工合同一般可采用总价、成本加费用或设计成本加费用、施工总价的合同方式。

设计-施工合同的实施，业主和承包商要有协作精神，即在计划、设计、成本管理、时间安排、场地勘测，甚至购置用地等方面紧密合作。但承包商对工程项目的各项工作要单独负全部责任。设计-施工合同主要适用于以资源为基础的工程和复杂的工业工程。

3. 工程服务合同

工程服务合同是业主对于复杂工程项目委托工程服务公司负责工程服务。其内容同咨询合同大致相同，但范围更广，除了供应机器设备外，还可提供工程机器设备的工业产权和技术知识服务，并可出让许可证、指导安装、监督施工、进行试生产、培训技术人员等。

工程服务合同通常有两类：

（1）设计与工程服务合同。其内容包括：

1）初步设计，进行工艺流程选择，确定基本程序数据，绘制工艺流程图和工厂与设备平面布置图，提供设备规格和初步清单，编制设计文件、图纸和说明等。

2）详细设计，包括绘制施工图、平面布置图、电路与管道图、设备安装图、竣工图，提供设备规格和数量明细表、备用零件清单，并审批图纸和数据。

3）编制招标文件，办理招标事宜，协调各分包商的工作等。

（2）设计与监督合同。此种合同除了包括设计与工程服务合同的内容外，还包括：

1）作为业主的采购代理人进行设备采购。

2）作为业主顾问为业主提供指导和服务。

3）监督建筑安装、验收试生产等，进行招工并训练工作人员。

4. 设备采购与安装合同

设备采购与安装合同在国际上已形成通用的合同范本，根据服务范围不同可分为以下几类：

设备租赁合同

（1）设备采购与供应合同。这种合同的签订一般也通过设备材料采购供应招标的方式。业主提出供货要求一览表和技术规范书，通过招标方式择优选择供应商。一般合同内容应包括：设备及备用零件详细清单——设备价格、支付方式、设备规格、订单、制造和运输、交货时间表、检验、保证、包装、保险和争议的解决等。

（2）设备供应与安装合同。这种合同除了包括设备供应和采购合同的内容外，还应包括安装方面的内容：平面布置及设备安装、工地施工设备安装、专业技术人员和工人计划编制、设备运输、建筑施工与安装工作的协调计划、安装保险、设备规格和运行状况检查鉴定、机械试验和性能试验、各种保证及处罚办法制定等。

这种合同包括单纯的安装合同，根据收费方式分为两种：一是按工时计算的安装合同，工时价格包括安装所有支出的费用和利润，费用部分包括安装用工具的折旧费、差旅费和生活费等；二是总价合同，即固定合同价格，但由于不由安装人负责的原因而产生的费用需由业主负担。

（3）监督安装合同。这种合同适用于业主自己安装成套设备，而承包商（或设备供应商）负责指导监督的合同。业主负责提供安装成套设备的技师、工人和安装所需的一切费用，而承包商提供合格的工程师对安装工作进行必要的工程技术指导和监督。合同内容包括：业主就及时提供有关执行合同的当地法令写明工作条件，不得在有害健康或危险的环境中进行，以及其他安全条例；业主对监督安装应支付的费用一般按计时方法确定金额，并加上差旅费、节假日费及生活费用等。

5. 工程项目管理合同

工程项目管理合同是咨询服务合同的扩展，代理客户组织、监督和实现咨询机构提出的建议，其基本工作有以下几个方面：

（1）组织工作。组织工作包括建立管理组织机构，制定工作制度，明确各方面业务关系，选择组织好施工队伍、材料和实施方案及安全施工的管理。

（2）合同工作。合同工作包括签订委托设计合同、总包与分包合同，准备各种合同文件，进行解释合同文件的工作并监督合同的执行。

(3) 财务工作。财务工作包括编制概预算、控制投资额、确定设计内容和付酬方式、确定工程价款、控制成本、结算工程款、处理索赔事项、做出工程决算等。

(4) 进度控制。进度控制包括设计施工进度计划，制订并实施施工组织设计和施工方案，协调设计与施工、总包与分包的关系及解决纠纷。

工程项目管理合同的最大优点是填补了建筑工程师所做不到的工作，对决策、设计和施工等活动进行有效的管理，使工期缩短，费用节省。

工程项目管理合同的主要内容有：

1) 咨询服务，包括参加可行性研究、选择施工方案、提供劳务和材料价格信息、提出资金周转建议、指导建筑工程施工、编制设计和施工文件、准确估算工程费用。

2) 进行招标和签订合同的服务，代理业主进行招标并与承包商签订合同。

3) 进行施工行政管理，负责工程监督、协调工作，主要是对成本与进度进行监督，并预测成本及进度的变化，定期与各分包人会晤，管理各项计划并处理各类纠纷，建立一套施工成本与进度检查的汇报制度。

任务二　工程项目合同管理与评审体系

一、工程项目合同管理的内容

(一) 合同的订立

合同当事人形成协议是一个动态的过程，当事人之间通过接触和协商，相互讨价还价，最终形成共同意向，合同成立，这个动态的协商过程即为合同的订立。需要注意的是，合同的订立、成立和生效具有不同的法律含义，在合同中的理论作用各不相同。合同的订立是一个动态与静态的统一体，它包括合同双方的接触、协商、谈判的过程和最终达成的静态的协议。合同成立是合同订立的组成部分，标志着合同的产生和存在，属于静态协议，指当事人对合同的主要条款达成一致意见，即形成合意。合同的成立并不意味着合同生效，合同的生效是法律评价合同的表现，是法律认可当事人协议的结果，成立的合同必须符合法律要求或者当事人约定的条件才会生效，规定合同生效后，当事人必须承担合同规定的责任和义务，并可能承担违约责任。

合同的订立必须经过"要约"和"承诺"两个步骤，要约是当事人一方以缔结合同为目的，向对方当事人发出的意思表示。要约必须要以缔结合同为目的，内容要明确具体，还必须对要约人具有约束力，否则，不构成要约。要约的生效是要约产生法律约束力，这种约束力通常是对要约人而言的，受要约人一般不受要约约束。一般情况下，要约是可以被撤销的，但在下列情况下，要约不能被撤销：

1) 要约写明有效期或者以其他方式表明要约是不可以被撤销的。

2) 受要约人有理由信赖该要约是不可撤销的，且已经按照要约做出了某些行为。

承诺是受到要约人同意要约的意思表示。承诺必须以一定的方式向要约人做出，缄默或不行为不构成承诺，承诺必须在要约有效期内及时做出，承诺不能改变要约的内容，若对要约的内容修改则构成新的要约。英、美、法等国是对承诺的生效采取投邮形式，即以书信、电报作出承诺时，承诺一经投邮，立即生效，合同即告成立，不存在承诺撤回的问题；中国大陆法系承诺可以撤回，但撤回通知必须在承诺生效之前或与承诺同时到达要约人。一般来讲，承诺生效，合同成立。

（二）合同的效力

1. 合同的生效

合同的成立只有符合法律的规定才会生效，所以，合同的生效须具备以下法律要件：

1）合同当事人需要具备相应的民事行为能力，活动主体应在法律许可的经营范围内订立合同。

2）当事人的意思表示真实。

3）合同的订立要符合法律规定或者社会公共利益的原则，不得损害国家、社会和他人利益。

4）在一般法系中，还将"对价"（Consideration，指当事人一方在获得某种利益时，必须给付对方相应的代价）视为合同生效的条件。

2. 合同的无效

合同的无效是指合同严重欠缺有效文件，不能按照当事人协商的结果赋予法律效力的情况。有下列情形时，视为合同无效：

1）一方以欺诈、胁迫手段订立合同，损害国家利益的。

2）恶意串通损害国家、集体、他人利益的。

3）以合法形式掩盖非法目的的。

4）损害社会公共利益的或违反法律、行政法规的强制性规定的。

3. 合同的撤销

合同的撤销是指因意思表示不真实而撤销合同，使已生效的合同归于无效。合同可因以下原因被撤销：

1）因重大误解而撤销。在订立合同时存在误解，且误解严重到足以影响到当事人是否订立合同，存在误解一方当事人有权宣告合同无效。如果误解方存在重大过失，则无权宣告合同无效。

2）订立合同时显失公平的。当事人一方利用另一方的缺点，或者利用对方没有经验，使双方的权力义务明显不对等，或可判断合同的个别条款对一方当事人过分有利，或存在其他使合同出现重大利益失衡的情形的，另一方当事人有权要求撤销合同或相关条款。

3）一方以欺诈、胁迫等手段使对方违背实际愿望而订立的合同。使对方在违背真实意愿的情况下订立的合同，受损害方有权请求人民法院或者仲裁机构变更或者撤销。许多国家或国际公约则规定，撤销权的行使以撤销权人向对方当事人的意愿表达而做出，宣告合同无效的通知到达对方当事人时生效。若具有宣告合同无效权的当事人明示或默认了合同有效，则不得再宣告合同无效。

（三）合同的解释

合同的解释是指对合同及其相关资料和含义所做的分析和说明。广义的合同解释是指任何人都可以对合同进行解释和分析；狭义的解释是指当事人之间对合同发生争议时，有权解释的法院或仲裁机构对合同及其相关资料的含义做出具有法律效力的分析和说明，经过解释的合同内容可以成为对合同和解、仲裁或裁决的依据，具有法律约束力。合同的解释一般需要遵循以下原则：

1）以合同文义为出发点，客观结合合同双方共同意图的原则。要求解释格式条款不考虑订立合同的单个因素和具体因素，即不采取主观解释。所谓合同双方共同意图，是指当事人表示出来的意思，不仅依据合同用语来确定，还要考虑谈判过程、履约过程、交易惯例等正常情况下所应有的理解来解释。

2) 体系解释原则，又称整体解释，是指把全部合同条款和构成部分看作一个统一的整体，从各个合同条款及构成部分的相互关联、所处的地位等各方面因素进行考虑，来确定所争议的合同条款的含义。

3) 符合合同目的原则。当事人订立合同均为达到一定目的，合同的各项条款及其用语均是达到该目的的手段。合同解释必须依照当事人所欲达到的经济或社会效果而对合同进行解释。

4) 参照习惯或惯例原则，是指在合同文字或条款的含义发生歧义时，按照习惯或惯例的含义予以明确或补充。

5) 如果合同当事人赋予合同某些词语特别含义时，则要根据含义解释的内容来解释，而不能利用词语的通常含义来解释。

6) 如果某条款出现歧义时，在合同解释中，一般该按照对提出该条款的当事人不利的方向解释。

7) 如果合同由两种以上语言起草，且两种语言具有相同效力，但不同合同语言之间存在差异的，则优先根据合同最初起草的文字予以解释。

（四）合同订定时应注意的问题

1. 充分掌握和熟悉各种资料

签订一份国际工程合同，涉及面很广，既有技术问题，也有经济和法律方面的问题，为获得理想的效果，承包商应从招标投标阶段开始，收集和掌握各方面的资料并认真研究，才能使订立的合同内容更合理。

劳务承包合同的写作

2. 进行合同风险分析

承担任何一项工程，风险和利润都是共同存在的，为了避免或减少风险带来的损失，承包商应在投标报价前和投标过程中，全面地对各种风险因素进行分析，从而力争在制订和签订合同时避免和减少风险。

3. 争取合理的合同条款

争取合理的合同条款是减少风险和获得利润的重要方式。

1) 应按照双方权利义务对等原则，对风险性条款要求规定合理，如要求对物价汇率变化进行调差等。

2) 一些有经验的承包商在签订合同时，特别关注关键性条款，如合同计息方式、付款时间、工程量计算方式等，在这些影响全局性的条款上仔细研究，防止潜伏性损失。如总承包商在签订劳务用工合同时常常把劳动合同期定为一年，这主要是因为国际惯例和大多数国家劳动法有如下规定：

① 凡被雇佣者工作期满一年，应增加工资。

② 凡雇佣人员工作期满一年，均可享受一个月带薪回国探亲假并由雇主承担往返费用。

3) 应避免限制自己权利的条款，不能用商量的口气来选用合同用语，合同条款用词必须明确具体，特别是"有权""无权"类的词语，该用的时候一定要用，否则就会限制或丧失自己一方的权利。

4) 防止关键性条款的失误，工程承包合同的关键性条款包括工程范围、合同价格、付款方式和时间、工期、材料进口价格、工程验收、工程变更、违约责任、税收等，在合同签订时对这些条款内容一定要认真研究，避免因文字上的疏忽大意，或遣词造句不严密，造成漏洞，招致损失。另外对一些影响大局的细小问题也不能忽视，要注意一些细小问题上能算大账。

二、工程项目合同管理的法律体系

工程项目合同法律体系主要是指工程项目所在国的法律体系，但对一些法律不健全的国家，特别是以前曾经是某国殖民地的国家，他们的法律体系往往具有殖民国家法律体系的特点，甚至仍然直接采用殖民国家制订的法律，而不是本国的法律。因此，在进入一个新的国际工程承包市场前，应对与承包工程相关的法律有较详细的了解。

与承包工程相关的法律可能包括多个层次：国家层次法律、法规、条例等，地方层次的法规和规章等。一般地，下层次的法规和规章不能违反上层次的法律和法规。在不矛盾、不抵触的情况下，该法律体系的各个法律、法规和规章的优先性原则为：对一个具体的合同和具体的问题而言，应以更加详细和具体的规定优先。

在国际工程商务活动中，由于项目参与方所在国的法律可能对同一商务活动有很多不同的相关法律加以限制，并存在着很多法律冲突，要解决各国之间的法律冲突，就必须对国际工程合同的适用法律以及工程实施过程中应该遵守的法律加以规范和限制。

1. 法律冲突的解决方法

从现有国际做法来看，国际商务法律问题的解决方法分为两大类：一是冲突法解决方法，二是实体法解决方法。

（1）冲突法解决方法。冲突法解决方法即制定冲突规范来解决法律冲突，也被称为间接调整法。具体做法是通过在国内或国际条约中规定某类国际商务活动法律关系应受何种法律或条约支配，而不是直接规定当事人权利和义务，也就是指有关国家通过建立国际条约的形式，制定统一的冲突法来解决国际商务法律冲突。这避免了各国不同规范之间的冲突，以更合理有效的方式实现了冲突法的调整作用。冲突法不能直接规定当事人的权利和义务，使得冲突法解决问题时，司法程序会相对复杂，导致解决问题的效率相对降低。

（2）实体法解决方法。实体法解决方法也称直接调整法，主要包含两个方面的含义：一是根据国际条约或国际惯例中的统一实体法律规范，直接规定国际商务活动法律冲突当事人的权利义务关系，从而避免法律冲突；二是一些从事国际司法统一的组织，在世界范围内或特定范围内，以类似国际立法的形式，制定相关的"统一法"，供有关国家采用。这使得国际商务交易的法律冲突在事前就得到一般性的解决。同样，实体法解决冲突也有一定的局限性，其适用受到各国是否参加相关条约的限制，且实体法并不排除当事人另行选择适用法律的权利。

2. 合同法律适用的基本理论

合同法律适用问题也就是合同准据法如何选择的问题，从广义上讲，合同准据法是指解决涉及合同的一切法律适用问题的法律；从狭义上讲，合同准据法就是直接确定合同当事人的权利和义务的法律，主要用于解决合同的成立、内容与效力、履行和解释等问题，用来确定涉外民事法律关系当事人权利与义务的特定法域的实体法。一般而言，在国际合同中，当事人在合同中选定的合同准据法大多指的是狭义的合同准据法。

合同法律的适用在国际项目合同管理中十分重要，关系到合同的形式、成立、效力、解释、履行等问题，尤其是发生争议时，准据法就显得尤为关键。合同准据法选定原则有意思自治原则和客观标志原则。

（1）意思自治原则（Theory of Autonomy of Will）。按照当事人的意思自治，由合同当事人选择的法律支配，这种原则赋予了当事人选择支配合同关系的准据法的特殊权利。其优点是符合签约自由原则，有利于合同当事人预知行为后果和维护法律关系的稳定性，适用法律的选择较为简便，有利于迅速解决争议，方便国际商务交往。

1）在意思自治原则下，当事人可以选择如下法律：

① 国内法，可以是当事人任一方的国内法，也可以是第三国法律。

② 国际惯例，国际惯例其本身不具备法律约束力，但当事人在合同中明确约定后，则具有法律约束力。

③ 国际条约，一般适用于缔约国，非缔约国有时也可以选择某一国际条约作为准据法。

2）大陆法系国家主张意思自治必须加以限制，一般在以下三个方面限制。

① 当事人选择的法律仅限于特定国家的任意法，不能排除强制性法律的适用。

② 当事人的选择必须是善意的，不能采用法律规避手段。

③ 当事人只能选择与合同有联系的法律。

（2）客观标志原则（Principle of Objective Marks）。客观标志原则的含义就是合同准据法的选择应该是合同相关地的国家的法律。用来确定合同准据法的客观标志包括：合同履行地、合同订立地、当时住所所在地、债务人所在地、被告所在地、当事人共同国籍国、物之所在地、登记地、法院地或仲裁地。确定合同准据法的基本方法有三种：一是仅按某一固定的客观标志确定合同准据法；二是根据合同不同种类来确定，如某国法律规定，工程建筑合同若当事人未选择合同适用法律，则采用住所所在地法律作为合同准据法；三是以与合同法律关系最密切联系地作为客观标志来确定，这一说法代表着合同准据法理论的最新发展方向。

（3）我国涉外合同适用的法律原则

1）当事人自主选择原则。我国民法典规定"涉外合同当事人可以选择合同争议所适用的法律，但法律另有规定的除外。涉外合同当事人没有选择法律的，适用于合同有密切联系的国家的法律"。我国法律同时规定，这种意思自治在某些情况下受我国法律限制，就是说在某些情况下，我国法律可以直接指定合同适用的法律，从目前来看，这种情况基本上只针对在我国境内履行的涉外项目。

2）国际条约优先适用原则。作为主权国家，我国恪守条约必须遵守国际准则。

3）最密切关系原则。最密切关系原则是我国涉外合同法律适用的补充原则。

4）国际惯例补充原则。在我国参与的国际条约没有规定，且不违反我国法律原则和公共利益的情况下，可以适用国际惯例。

任务三　工程项目合同履行管理

一、合同履行的原则和规则

（一）合同履行的原则

合同的履行是指双方当事人全面地、适当地完成各自的义务，使合同目的得以实现。合同的履行要遵守合同的基本原则，如诚实信用原则、公平公正等原则，在此基础上，还要遵循合同履行的特有原则，主要包括：

（1）适当履行原则。适当履行是指合同主体在适当的履行期限、履行地点，以适当的履行方式按照合同规定的标的及其质量、数量等实际履行合同。适当履行合同是实际履行，不会产生违约责任，但实际履行并不都是适当履行，实际履行不当，可能产生违约责任。如当事人虽履行了义务，但其履行方式或时间、地点不符合合同的约定和法律的规定或构成不当履约。

（2）协作履行原则。协作履行是指当事人不仅适当履行自己的义务，而且应基于诚实信用原则要求对方当事人协助其履行债务的履行原则。在一些合同中，如建设工程承包合同、技术开发合同等，债务人实施给付行为需要债权人的配合。协作履行原则要求：债务人履行合同债务，债权人应当适当提供方便，创造条件；因故不能履行或不能完全履行时，应采取措施避免或减少损失；发生合同纠纷时，各自应主动承担责任，不得推诿。

（3）经济合理原则。经济合理原则就是要求履行合同时追求经济效益，以最小的成本取得最大的合同利益。

（4）形势变更原则。形势变更原则是指合同依法成立后，因不可归责于双方当事人的原因，发生了不可预见的形势变更，致使合同的基础丧失或动摇，若继续维持合同原有效力则显失公平，而允许变更或解除合同的原则。

（二）合同履行的规则

对于依法生效的合同而言，债务人应当根据合同的具体内容和合同履行的基本原则实施履行行为。债务人在履行的过程中，应当遵守一些合同履行的基本规则。

（1）履行主体。合同履行主体不仅包括债务人，也包括债权人。除法律规定、当事人约定、性质上必须由债务人本人履行的债务以外，履行也可以由债务人的代理人进行。同样，债权人的代理人也可以代为受领。在某些情况下，合同也可以由第三人代替履行，只要不违反法律的规定或者当事人的约定，第三人也是正确的履行主体。

（2）履行标的。必须严格按照合同的标的履行合同。合同标的的质量和数量是衡量合同标的的基本指标。如果合同对标的的质量没有约定或者约定不明确，当事人可以补充协议，协议不成的，按照合同的条款、适用法律和交易习惯来确定。

（3）履行时间。履行时间是指债务人履行合同义务和债权人接受履行行为的时间。如果当事人不在该履行期限内履行，则可能构成迟延履行而应当承担违约责任。履行期限不明确的，债务人可以随时履行，债权人也可以随时要求履行，但应当给对方必要的准备时间。这也是合同履行原则中诚实信用原则的体现。

（4）履行地点。履行地点是债务人履行债务、债权人受领给付的地点，履行地点直接关系到履行的费用和时间。在国际经济交往中，履行地点往往是纠纷发生以后用来确定适用的法律的根据。如果合同中明确约定了履行地点，债务人就应当在该地点向债权人履行债务，债权人应当在该履行地点接受债务人的履行行为。

（5）履行方式。履行方式是合同双方当事人约定以何种形式来履行义务。合同的履行方式主要包括运输方式、交货方式、结算方式等。履行方式由法律或者合同约定或者依合同性质来确定，不同性质、内容的合同有不同的履行方式，履行义务人必须首先按照合同约定的方式进行履行。

（6）履行费用。履行费用是指债务人履行合同所支出的费用。如果合同中约定了履行费用，则当事人应当按照合同的约定负担费用。如果合同没有约定履行费用或者约定不明确，则按照合同的有关条款或者交易习惯确定；如果仍然无法确定，则由履行义务一方负担。因债权人变更住所或者其他行为而导致履行费用增加时，增加的费用由债权人承担。

二、承包商履约过程中的合法权利

根据国际经济法，工程承包合同的双方权利和义务应该是平等的，业主的权利表现在对承包商发出工作命令、提出各种要求及在承包商违约的情况下对其进行处罚；而承包商的权利则表现在领取提前竣工奖、要求价格贴现和调差、索取补偿或赔偿、废除合同以及收取各种筹款等。

（一）提前竣工奖

提前竣工奖只在少数国家实行，大多数国家不设此奖或已取消。实际上，合同条款大多是倾向业主利益的，近几年来，由于国际工程承包市场出现供大于求，承包商竞争激烈，在价格无法下压的条件下，只好靠工期短赢得竞争，这就为业主提供了极为有利的条件。因此，在工程承包合同中，误期罚款是必备条款，而提前竣工奖则不多见。

（二）贴现和调差

鉴于物价和工资的不断上涨，为保障承包商的利益，国际工程承包合同通常规定承包商在一定条件下有权要求业主给予价格贴现或调差，这是承包商的合法权利。价格贴现的前提条件是合同不是固定总价合同，合同中必须写有价格贴现条款，并规定了价格贴现计算公式。价格贴现的关键依据是合同基准日期（一般为承包商的报价日期）和合同批准日期（或开工令下达日期），这两个日期必须明确，不能模棱两可。价格调差必须具备两个条件：一是合同必须是可调差固定总价合同，二是合同工期必须在6个月以上，少数情况例外。调差时一般不考虑非发包国的调差，合同另有规定除外。

（三）不可抗力和不可预见事件

不可抗力通常是指一切不可遏制或不可预料，且不以承包商和业主意志为转移的事件，如特大自然灾害、全面罢工、战争等。不可抗力必须经过双方一致确认，方可作为援引条件，如若双方有分歧，一般交由主管法庭裁决。一旦双方同时确认为不可抗力，承包商经受严重损失的，可以向业主提出索赔；导致合同无法履约的，承包商有权提出解除合同，无需承担赔偿责任。下述条件一般不视为不可抗力：

1）局部的非突发性罢工，或在承包商的队伍中出现了罢工，且承包商拒绝采取缓解措施的。

2）承包商破产或处于接受法律清算阶段。

3）两国已产生敌对情绪后签订的合同，在履约期间发生战争。

不可预见事件是指在履约过程中发生的不取决于双方意志的，导致合同条件发生重大变化的重要事件。如经济危机、动乱等。发生这类事件后，履行合同必须付出更高代价，承包商一方面必须保证继续履约，另一方面有权向业主提出索赔。不可预见事件和不可抗力不同，前者是在经济范畴出现的不取决于缔约双方的意志的，缔约时无法预料的，导致承包商发生重大损失的事件；后者是指人力无法阻止的自然和人为事件。

(四) 合同的抗辩与履约困难

1. 合同的抗辩

在合同履行中，当事人可享有同时履行抗辩权、先履行抗辩权、不安抗辩权。这些抗辩权利的设置，使当事人在法定情况下可以对抗对方的请求权，使当事人的拒绝履行不构成违约，可以更好地维护当事人的利益。

（1）同时履行抗辩权。当事人互负到期债务，没有先后履行顺序的，应当同时履行。一方在对方履行之前有权拒绝其履行要求；一方在对方履行债务不符合约定时，有权拒绝其相应的履行要求。

（2）先履行抗辩权。当事人互负债务，有先后履行顺序，先履行一方未履行的，后履行一方有权拒绝其履行要求。先履行一方履行债务不符合约定时，后履行一方有权拒绝其相应的履行要求。

（3）不安抗辩权。不安抗辩权的行使分为两个阶段：第一阶段为中止履行。应当先履行债务的当事人，有确切证据证明对方有下列情况之一的，可以中止履行：

1）经营状况部分严重恶化。
2）转移财产、抽逃资金，以逃避债务。
3）丧失商业信用。
4）有丧失或者可能丧失履行债务能力的其他情形。

第二阶段为解除合同。当事人依照上述规定中止履行的，应当及时通知对方。对方提供适当担保时，应当恢复履行。中止履行后，对方在合理期限内未恢复履行能力并且未提供适当担保的，中止履行的一方可以解除合同。

2. 履约困难

履约困难是指由于一方当事人履约成本增加或由于一方当事人所获履约价值减少而发生的根本改变合同双方均衡的事件。构成合同履约困难的情形需要符合以下条件：

1）处于不利地位的当事人在合同订立前不能合理预见事件的发生。
2）该事件的发生不能为处于不利地位的当事人所控制。
3）事件的风险由处于不利地位的人来承担。

若出现合同履行困难的情况，处于不利地位的当事人有权要求重新进行合同谈判，应立即将此要求通知对方当事人，并说明理由。处于不利地位的当事人在要求重新谈判的同时，并不意味着其有权利停止履约。如果双方在合理时间内不能达成新的协议，任何一方当事人均可提起诉讼，如果法院认定存在履行困难的情况，法庭可以判决终止合同或修改合同内容。从合同的困难情形的构成条件上看，履行困难与不可抗力有许多相似之处。

三、合同的终止

合同终止指合同当事人双方在合同关系建立以后，因一定的法律事实的出现，使合同确立的权利义务关系消灭。除债务已经按照约定履行完成等的正常终止以外，如果合同一方当事人未履行合同义务已构成对合同的根本不履行，则另一方当事人可以要求终止合同，判断不履行合同义务是否构成根本不履行时，需要考虑以下因素：

1）不履行是否剥夺了受害方当事人根据合同应该获得的利益，除非此结果是不履行一方当事人没有预见或不可能预见的。

2）不履行义务是否是合同的实质性内容，如果该义务是合同项下的实质性内容而被要求严格遵守的，不履行该义务则被认为是根本不履行。

3）当事人是否有意不履行合同义务，且该义务是合同重要内容。

4）受害一方当事人是否能够根据该不履行判断另一方当事人将来也不会履行合同。

有明显事实或迹象表明一方当事人将不履行合同时，另一方当事人可以终止合同。当一方当事人有理由相信另一方当事人根本不会履行合同时，可以要求对方提供如期履约保证，并可以拒绝履行自己的合同义务；对方当事人在合理时间内不能提供这种保证时，则要求提供保证的当事人可以终止合同。

合同的终止不影响当事人对不履行义务造成的影响进行赔偿的责任，不影响合同中关于争议解决的条款和其他解除合同后仍应执行的合同条款的效力，如承担保密义务、返还财物、恢复原状、赔偿损失等条款的法律效果。

任务四　国际工程项目合同管理要点分析

一、FIDIC 中对合同管理的内容

在 FIDIC 合同条件体系中，目前最著名的和最经常被使用的是 1999 版合同样本，主要有《施工合同条件》（Condition of Contract for Construction，简称"新红皮书"）、《生产设备和设计——施工合同条件》（Conditions of Contract for Plant and Design-Build，简称"新黄皮书"）、《设计采购施工（EPC）/交钥匙工程合同条件》（Conditions of Contract for EPC/Turnkey Projects，简称"银皮书"）、《简明合同格式》（Short Form of Contract，简称"绿皮书"）等。

1. FIDIC 合同条件

（1）施工合同条件。该文件推荐用于由雇主或其代表——工程师设计的建筑或工程项目，主要用于单价合同。在这种合同形式下，通常由工程师负责监理，由承包商按照雇主提供的设计施工，但也可以包含由承包商设计的土木、机械、电气和构筑物的某些部分。

（2）生产设备和设计——施工合同条件。该文件推荐用于电气和（或）机械设备供货和建筑或工程的设计与施工，通常采用总价合同。由承包商按照雇主的要求，设计和提供生产设备和（或）其他工程，可以包括土木、机械、电气和建筑物的任何组合，进行工程总承包，但也可以对部分工程采用单价合同。

（3）设计采购施工（EPC）/交钥匙工程合同条件。该文件可适用于以交钥匙方式提供工厂或类似设施的加工或动力设备、基础设施项目或其他类型的开发项目，采用总价合同。这种合同条件下，项目的最终价格和要求的工期具有更大程度的确定性；由承包商承担项目实施的全部责任，雇主很少介入，即由承包商进行所有的设计、采购和施工，最后提供一个设施配备完整、可以投产运行的项目。

（4）简明合同格式。该文件适用于投资金额较小的建筑或工程项目。根据工程的类型和具体情况，这种合同格式也可用于投资金额较大的工程，特别是较简单的、重复性的或工期短的工程。在此合同格式下，一般都由承包商按照雇主或其代表——工程师提供的设计实施工程，但对于部分或完全由承包商设计的土木、机械、电气和（或）构筑物的工程，此合同也同样适用。

每一种 FIDIC 合同条件文本主要包括两个部分，即通用条件和专用条件，在使用中可利用专用条件对通用条件的内容进行修改和补充，以满足各类项目和不同需要。FIDIC 系列合同条件具有国际性、通用性、公正性和严密性；合同各方职责分明，各方的合法权益可以得到保障；处理与解决问题程序严谨，易于操作。FIDIC 合同条件把与工程管理相关的技术、经济、法律三者有机地结合在一起，构成了一个较为完善的合同体系，在国际工程承包领域得到了广泛的应用。

2. FIDIC 合同条件特点

1) 脉络清晰，逻辑性强，承包人和业主之间的风险分担公平合理，不留模棱两可之词，使任何一方都无隙可乘。

2) 对承包人和业主的权利义务和工程师职责权限有明确的规定，使合同双方的义务权利界限分明，工程师职责权限清楚，避免合同执行中发生过多的纠纷和索赔事件，起到相互制约的作用。

3) 被大多数国家采用，为世界大多数承包人所熟悉，又得到世界银行和其他金融机构的推荐，有利于实行国际竞争性招标。

4) 便于合同管理，对保证工程质量，合理地控制工程费用和工期产生良好的效果。

二、国际工程项目管理的主要模式

（一）国际工程项目模式类型

1. PMC 模式

PMC 即项目管理承包。在该模式中，项目管理承包商代表业主对工程项目进行全过程、全方位的项目管理，它是业主的延伸，其与业主充分合作，确保项目目标的完成。其工作包括进行工程的整体规划、项目定义、工程招标、选择 EPC（设计-采购-施工）承包商，并对设计、采购、施工过程进行全面管理，一般不直接参与项目的设计、采购、施工和试运行等阶段的具体工作。PMC 模式的费用一般按"工时费用+利润+奖励"的方式计取。PMC 模式主要特点及适用范围：本模式有助于提高整个项目的管理水平；有利于帮助业主节约项目的总投资；有利于精简业主建设时期的管理机构；有利于业主取得融资等；适用于投资在 1 亿美元以上的大型项目；或建在一些缺乏管理经验的国家和地区的项目；或利用银行、国外金融机构贷款的项目，贷款方一般会要求采用 PMC 模式确保项目的成功，以降低其贷款风险；项目庞大、工艺装置多而复杂，且业主对这些不太熟悉的项目。

2. PMT 模式

PMT 一般指项目管理团队，即投资方依据项目规模按照矩阵体制组建一个项目经理负责制的"项目经理部"。在 PMT 模式中，工程公司或其他项目管理公司的项目管理人员与业主共同组成一个项目管理组织，对工程项目进行管理。在这种模式下，项目管理服务方更多的是作为业主的顾问，工程的进度、费用和质量控制的风险较小。PMT 模式主要特点及适用范围：PMT 的工作深度根据 PMT 自身工作能力和经验的限制而降低；PMT 通常只进行项目的宏观管理，将部分工作完全委托给一个或一个以上项目管理承包商完成，或由 PMT 指导和控制，由项目管理承包商实施具体管理工作内容；投资方成立 PMT 实施项目组织，投资方主要精力仍然放在核心业务上，避免分散精力；PMT 作为投资方相对固定的临时机构，可通过项目实施积累建设经验和反复利用；有利于投资方项目建设资源的优化配置。

3. CM 模式

CM 模式即建造管理模式，有代理型和非代理型之分。在该模式中，咨询工程师、CM 管理公司、主承包商与业主都是直接的合同关系。CM 管理公司与咨询工程师组成一个团队，共同决定设计方案，控制造价和编制进度计划，选择主承包商等。CM 管理公司与咨询工程师和主承包商之间只是协调关系。CM 模式的基本思路是利用快速路径法（Fast Track），将项目的建设分阶段进行，通过各阶段设计、招标、施工的充分搭接，使施工可以在尽可能早的时间开始，以加快建设进度。CM 模式主要特点及其适用范围：本模式一般在设计中途介入；最大特点是利用快速路径法缩短工期；一般由大型承包商承担；对设计变更的灵活性要求较高，或各方向的技术不够成熟的项目；建设周期长，工期要求紧的项目；对于设计简单、技术成熟或设计已经标准化、施工图设计已经完成的项目不宜采用 CM 模式。

（二）国际工程项目模式特点

大多数国际工程都具有规模大、工期长、结构复杂等特点，在施工过程中会受到外界各种因素的干扰，对工程项目造成一定的影响。发达国家工程项目管理的特点有以下的共同点：

1）项目管理组织结构层次简化、简洁有效、职责分明、关系明确，充分发挥市场机制的作用，不仅业主将工程首先视为投资项目，而且建筑师、承包商都从这一优先次序出发。

2）依赖称职的专业分包商及标准化的过程控制与程序的广泛采用，尤其是称职的各层次的专业承包商，构筑了一种良性的行业环境。无论是 PMC 模式、PMT 模式、CM 模式，还是 EPC 模式，都必须由总承包商、承包商、分包商、专业咨询公司或监理公司等组成，由他们构筑起行业结构体系。

三、国内工程项目管理概况

我国对项目管理系统研究和行业实践起步较晚，基本上是 20 世纪改革开放后才正式开始的，真正称得上开启项目管理应该是利用世行贷款的项目——鲁布革水电站。在我国的项目管理 40 多年的发展过程中，取得的成绩是显著的，初步形成了一套系统的工程项目管理理论和方法；推动了政府职能的转变，建立和制定了以资质管理为手段的三个层次的企业资质管理体系；促进了企业内部管理层和作业层分离实践。

目前，我国部分企业已经在国际工程市场上占据了一定的地位，享有了一定的知名度。但是我国企业大多属于人力资源密集型企业，在国际项目中投入的人力和设备过多，而经营和管理方法没有及时改进，容易给企业和国家造成一定的经济损失。为了更好地在国际项目中做好工程管理，避免不必要的损失，需要在合同管理过程中注意以下事项：

（一）学习和借鉴国际上先进的管理模式

加快与国际惯例的接轨，项目管理从承包商的资质管理，工程开工、竣工和投入使用制度，到建筑师等专业技术人员的资格注册等，国际上都有一套完备的法规。我们要在不断学习和借鉴国际上先进的管理方法和模式，跟踪国际发展水平，从合同管理、工程管理、质量管理、安全管理、报价管理等方面着手，坚持目标管理方法，实现科学化、规范化、程序化、制度化。我们只有真正掌握国际惯例、法规、标准等，才有可能按国际惯例进入国际市场。

（二）做好标前调查

在投标开始就要对该国家进行一系列的调查，研究该国家的货币稳定情况、该国家建材的生产情况和价格以及该国家的劳动力情况。切忌用国内的物价、劳动力价格和效率等情况来进行国际项目的投标。例如，国内运输车辆每百公里耗油为60L，但是在高原地区存在油料燃烧不充分，车辆功率达不到额定功率等问题，百公里油耗会达到70~80L，这些材料因素的影响会大幅度增加施工成本。因此，在国际工程投标时候要充分考虑。

（三）选择优势领域，储备专业人才

企业在投标国际项目的同时，最好要选定企业曾经涉及的领域，并且有一定数量的集管理、技术和外语能力于一身的人才。一般来说招标文件会对项目管理人员以及施工人员提出一定的外语要求，项目管理人员必须要具有较好的语言读写能力和具备合同管理方面的知识，另外需要一定的技术基础。一个在国内很成功的项目经理如果没有语言功底，在国际工程中很难开展工作。其他的施工人员如果不懂外语，则需要配备翻译，这将很大程度的影响交流的准确性和时效性。贯彻工程的始终要不断的与咨工进行交流沟通，一个项目经理的语言能力、合同管理能力以及人际交往的能力很大程度影响到工程施工的进度，并对后期的工期索赔和费用索赔起着至关重要的作用。

（四）从项目进场开始，要制定严格的施工进度计划

编制严格施工计划的好处就是可以准确地找到工程的关键线路，根据工程的实际进展情况不断地与施工计划进行比较。如果发现现在工期滞后，那么应该找到工期与计划工期滞后的原因所在，假如这个因素是由于业主或者工程师原因造成的，那么就要积极地准备材料进行工期索赔或者费用索赔。

（五）重视与业主、咨询工程师的关系

在国际工程施工的过程中，咨询工程师不会在乎承包商在国内的施工经验是否丰富，他们要求的就是承包商要严格按照技术规范，按照施工图纸来进行施工。

如果承包商有意见或者建议可以同咨询工程师进行商讨，最后由咨询工程师决定是否采纳承包商的建议。当然，有时咨询工程师也会在施工现场要求施工人员进行某项合同或者施工以外的工作，这种情况下合理的建议可以采纳，如果不合理的要求可以先不执行。但是无论要求合理与否，一定把影响到工程施工进度和成本的事情，在日志里面详细记录并且把与咨询工程师之间的往来信件完好地保存下来。如果咨询工程师只是发出的口头指令承包商应该很快进行发信确认，为以后的索赔做好资料准备。

（六）重视索赔工作

索赔是国际工程中的一项复杂而且困难的工作，在此只做一个简要评述。索赔不仅跟合同管理者关系巨大，也跟现场施工人员联系紧密。首先，必须要有一个精通FIDIC条款的合同管理人员，必须研读合同、标书、技术规范等，不能用国内的施工情况和施工质量标准做定性思维。作为承包商要抓住每一个能够索赔的机会。根据国际施工经验来看，咨询工程师发的大多数函件都引用了合同或者技术规范的内容，这充分反映了咨询工程师和业主都有一些对合同协议和技术规范很有研究的人。如果承包商没有这方面的人才，不仅仅索赔很容易被业主拒绝，也有可能被业主利用机会进行反索赔。

（七）优化管理方法

每个部门的有效运作是一个成功项目运作的基础。有效的管理影响着施工进度和施工质

量,如果没有一个好的施工方法和行之有效的管理,很有可能会造成施工材料、设备和人员的浪费。如有些管理成熟的公司,三个人可以管理一个几千万美元的项目,而同样一个项目如果由管理水平落后的公司来管理,就需要10~30人。国际工程的项目管理,尤其需要有着一套先进的管理体制和一定的优秀的项目管理人员。要充分利用国外的施工人员对国外的劳力进行管理,这样一方面可以大量地节省企业的管理费用,另外可以避免语言、文化等差异造成的沟通不便。施工方法直接影响工程的进度和效率,好的习惯从开始抓起,形成一套切实可用的施工方法。经济效益是企业生存的根本,所以企业要摒弃那种只要进度不要质量和成本的施工方法,粗放施工在某些时候会影响管理人员,让其形成粗放型的管理思维,致使在企业的发展中造成不良影响。

任务五 国际工程目标国介绍——老挝

一、国家与城市

老挝人民民主共和国,简称老挝,是一个位于中南半岛北部的内陆国,北邻中国,南接柬埔寨,东临越南,西北毗邻缅甸,西南毗邻泰国,国土面积23.68万km^2,人口700万(2018年),首都万象。老挝全国共有17个省,1个直辖市。

老挝境内80%为山地和高原,且多被森林覆盖。地势北高南低,北部与中国云南的滇西高原接壤,东部边境为长山山脉构成的高原,西部是湄公河谷地和湄公河及其支流沿岸的盆地和小块平原。全国自北向南分为上寮、中寮和下寮,上寮地势最高,川圹高原海拔2000~2800m,最高峰普比亚山海拔2820m。老挝属热带、亚热带季风气候,5—10月为雨季,11月至次年4月为旱季,年平均气温约26℃。老挝全境雨量充沛,年降水量最少年份为1250mm,最大年降水量达3750mm,一般年份降水量约为2000mm。发源于中国的湄公河是老挝最大河流,流经西部1900km,流经首都万象,作为老挝与缅甸界河段长234km,老挝与泰国界河段长976.3km。

老挝自然资源相对丰富,有锡、铅、钾盐、铜、铁、金、石膏、煤、稀土等矿藏。但受制于开发技术水平等,迄今得到开采的有金、铜、钾盐、煤等。老挝自然环境良好,2012年森林面积约1700万公顷,盛产柚木、花梨等名贵木材。

老挝首都万象又名永珍,是全国的政治、经济、文化中心和最大城市,面积为3920km^2。万象位于湄公河中游,2018年人口约90万,与泰国廊开府隔河相望,是世界上少数设于国界附近的首都之一。

二、营商环境与政策法规

(一)营商环境

1. 经济环境

老挝的经济形势总体比较平稳。近些年来均能保持中高速增长,其中投资和私人消费是主要增长动力。2020年人均收入达到2642美元,拉动全社会经济达169.741万亿基普。在商品生产和服务方面,有着较为明显的发展潜力。金融环境方面,存贷款利差较大,M2增速处于较高水平,但近年均逐渐回落。财政收支方面,从2012年开始出现财政赤字,且规模逐渐增大，预算赤字、内外负债已成为其可持续发展的负面因素。贸易及国际收支方面，经常账户大额逆差，国际储备处于较低水平。外债规模较大，但短期外债占比较低，风险相对可控。

2. 政策环境

规划方面，老挝于2016年1月通过了2030年愿景规划、第八个五年（2016—2020年）社会经济发展计划等。2016年11月，第八届国会第二次会议批准了调整经济发展目标的提案，即2017—2020年期间，老挝年均经济增长率为7.2%，四年累计GDP约为730亿美元，人均GDP在2020年底达到2978美元。但实际受新冠肺炎疫情的影响，各项指标均低于预测值，但与同区域其他周边国家相比，仍处于较高水平。货币政策方面，老挝央行通过非直接的货币政策工具，特别是政策基准利率、存款准备金率以及公开市场操作来保持国内物价的稳定，并每天公布指导汇率以引导商业银行和外汇相关机构。财政政策方面，财政部与老挝央行一起，通过贷款、发行债券来维持资金流动性、应对预算支出的需求。老挝面临的主要挑战是预算支出的需求高于国家发展所需的财政收入能力。为增加财政收入，老挝财政部考虑提高土地、道路使用方面的税率，并通过使用电子支付系统等方式，提升、便利税收工作。

3. 社会环境

根据老挝农林部2019年的调查结果，有5.16%的家庭仍处于特别贫困状态。根据2018—2019年家庭消费和支出调查（LECS 6）的结果，老挝贫困人口占全国人口的比例已经从23.2%降至18.3%，占全国家庭的13.5%。

4. 自然环境

自然环境方面，老挝已完成并完善多部法律法规，以便于管理和保护自然资源。预计将于2030年前完成国家土地使用总规划，完善注册系统，出具现代化土地证，在此5年期间预计出具600000块地的土地证（计划预计400000块地），完成第21号环境评估报告法令和第15号加强对砍伐、移植树木及其木材生意的监管总理令。与此同时，老挝政府着重关注退耕还林，并加大植树力度，森林覆盖面积占全国总面积的62%。除此以外，老挝政府还聚焦发展项目对环境产生的影响和监管问题，重点监测水和空气质量。

5. 就业环境

老挝劳动力素质总体偏低，劳动力资源不足，尤其是技术劳动力严重不足，原因之一是老挝工薪偏低，每年约有几万熟练劳工赴外国打工。自2022年8月起，老挝社会劳动最低工资标准提高到120万基普（约合80美元）。劳动法规定，如需额外加班，需要视情增付1.5~2.5倍的加班工资。为保证本国公民就业需求，老挝政府对外籍劳工进入有严格规定，仅限于技术劳工入境，主要为外资项目下入境打工的技术劳工、翻译、专业人员等。

（二）政策法规

1. 劳动就业规定

根据老挝劳动法规定，雇佣双方需解除劳动合同时，体力劳动者需提前至少30天、专业技术劳动者需提前15天向对方告知。有规定期限的劳动合同须在期限结束前至少35天告知对方，需继续合作的，合同双方需重新签订劳动合同。按工作量规定的劳动合同须在工作完成后才终止，如果受雇期间死亡，用工者须按实际完成工作量给受雇者支付工资及其他相关补助。

在老挝，工作时间通常每周 6 天，每天不超过 8 小时，或者一个星期不超过 48 小时。特殊工作，如辐射性或疾病传染性工作、接触有毒烟雾或气味和危险化学物品的工作、在地下或隧道或水底下或天上的工作、冷热不正常的场所工作、振动性作业等每天不能超过 6 小时或每周不超过 36 小时。用工者在征得工会或劳工代表及本人同意后可以要求工人加班，加班时间每月不超过 45 小时或每天不超过 3 小时，非紧急情况下（紧急情况如灾害或者对劳动单位造成巨大损失等）则禁止连续加班。如遇到生病，需要出具医院证明方可请病假，每年不超过 30 天的情况下，病假期间有权获得正常工资；按天数、时数或承包量计算者，必须做满 90 天后才能按个人投保情况获得劳动报酬。工作满 1 年及以上者，可以申请休 15 天年假；从事重体力劳动或有害身体健康工作者可以申请休 18 天年假，休假期间获得正常工资。年假时间不能将每周休息日、法定休息日计算在内。

对于我国企业而言，还需要特别关注外籍人员工作的规定。老挝劳动社会福利部规定进入老挝务工人员必须身体健康并具有一定技能。需要引进外籍劳工的单位和个人必须向老挝劳动社会福利部劳务司递交引进申请并注明所需数量、专业、时间等内容；获得批准后，用工者须持相关材料到劳务司进行劳工登记（材料含：登记申请、引进批准书、护照、健康证、学历证或技能证明、简历、劳动合同、2 张相片）。外籍劳工在老挝工作的期限为半年或一年，需要延期者须办理延期手续（需递交的材料有：延期申请、用工者评价及推荐信、工作证、完税证明等）。另外，老挝规定，外国投资者使用外籍劳工，长期工作者不能超过本企业劳工总人数的 10%；临时工作者根据相关部门批准确定。

2. 海关管理规定

老挝政府于 1994 年 12 月颁布实施《统一制度和进口关税商品目录条令》，2005 年 5 月颁布实施《关税法》，2001 年 10 月颁布实施《商品进出口管理法令》等法律法规，对海关管理做了系列规定。其中《关税法》对进出口商品限制、禁止种类、报关、纳税、仓储、提货、出关、关税文件管理及报关复核等做了相关规定。老挝关税分自主关税、协定关税、优惠关税、减让关税和零关税等 5 种不同的税率，在《统一制度和进口关税商品目录条令》中列明。

3. 外资市场准入规定

老挝工贸部、计划投资部分别负责外国投资中的一般投资、特许经营投资和经济特区投资。2016 年 11 月老挝颁布了新修订的《投资促进法》，修改后的法案共有 12 部分，109 个条款。新的法规旨在为投资者扩大特许权范围，最大限度刺激老挝的投资效益。矿产、水电行业为外资在老挝主要投资领域。资金来源地主要为周边国家。中国、越南、泰国分别为老挝前三大投资国。

外国投资者可以按照"协议联合经营"、与老挝投资者成立"混合企业"和"外国独资企业"等 3 种方式到老挝投资。

1）"协议联合经营"是指老挝投资法人与外方在不成立新法人的基础上联合经营。

2）"混合企业"是指由外国投资者和老挝本国投资者依照老挝法律成立、注册并共同经营、共同拥有所有权的企业。外国投资者所持股份不得低于注册资金的 30%。

3）"外国独资企业"是指由外国投资者独立在老挝成立的企业，形式可以是新法人或者分公司。

4. 外资市场准入政策

根据鼓励政策属性不同，可以分为行业政策、地区政策、统筹政策等。

（1）行业政策。老挝鼓励外国投资的行业主要有：①出口商品生产；②农林、农林加工和手工业；③加工、使用先进工艺和技术、研究科学和发展、生态环境和生物保护；④人力资源开发、劳动者素质提高、医疗保健；⑤基础设施建设；⑥重要工业用原料及设备生产；⑦旅游及过境服务。

（2）地区政策。老挝吸引外资较多的省（市）有万象市、万象省、甘蒙省、沙湾拿吉省等，琅勃拉邦省、乌多姆赛省、华潘省、波里坎赛省、沙拉湾省、阿速坡省、占巴色省等也有较大潜力吸引外资，主要引资行业有农业、农产品加工、贸易、能源、矿产、旅游业等。

老挝政府根据不同地区的实际情况给予投资优惠政策：

1）一类地区，指没有经济基础设施的山区、高原和平原，免征7年利润税，7年后按10%征收利润税。

2）二类地区，指有部分经济基础设施的山区、高原和平原，免征5年利润税，之后3年按7.5%征收利润税，再之后按15%征收利润税。

3）三类地区，指有经济基础设施的山区、高原和平原，免征2年利润税，之后2年按10%征收利润税，再之后按20%征收利润税。免征利润税时间按企业开始投资经营之日起算；如果是林木种植项目，从企业获得利润之日起算。

（3）统筹政策。除上述特殊行业、特殊地区相关政策外，外资投资老挝还可以享受以下政策：

1）在免征或减征利润税期间，企业还可以获得免征最低税的优惠。

2）利润用于拓展获批业务者，将获得免征年度利润税。

3）对直接用于生产车辆配件、设备，老挝国内没有或不足的原材料，用于加工出口的半成品等进口可免征进口关税和赋税。

4）出口产品免征关税。

三、涉老挝项目介绍

1. 中老昆万铁路

中老昆万铁路（China/Kunming-Laos/Vientiane Railway），即"中老国际铁路通道"，简称"中老铁路（China-Laos Railway）"，是一条连接中国云南省昆明市与老挝万象市的电气化铁路。2010年5月21日，中老昆万铁路昆玉段开工建设；2015年12月2日，中老昆万铁路磨万段举行开工奠基仪式；2016年4月19日，中老昆万铁路玉磨段开工建设；2016年12月25日，中老昆万铁路举行全线开工仪式；2021年12月3日，中老昆万铁路全线通车运营。中老昆万铁路由昆玉段、玉磨段、磨万段组成，其中昆玉段由昆明南站至玉溪站，全长79km，玉磨段由玉溪站至磨憨站，全长507km，磨万段由磨丁站至万象南站，全长418km。

中老昆万铁路项目全部采用中国技术标准和管理标准建设，设计时速160km，为电气化客货混运铁路，是第一个以中方为主投资建设、共同运营并与中国铁路网直接连通的跨国铁路。该项目是中国和老挝两国互利合作的旗舰项目，是高质量共建"一带一路"的标志性工程。中老昆万铁路的建成，将有效带动老挝经济社会发展，提高当地运输效率和水平，并为老挝创造大量的就业机会，也将为中国西南地区经济发展注入新的动力。中老昆万铁路未来还将连接泰国乃至马来西亚等国家的铁路，承载着老挝从内陆"陆锁国"到"陆联国"

的转变之梦。中老昆万铁路建成通车后，万象至中老边境的旅行时间由 12 小时缩短至 3 小时以内，全线行车时间 10 小时，远少于用时 30 小时的公路。预计每年将有 1400 万人使用这条铁路，包括 400 万老挝人和来自周边国家的 1000 万游客，带动旅游业蓬勃发展。预计到 2030 年，每年沿该铁路走廊途经老挝的过境贸易货物量将达 390 万 t。这条铁路将令万象与昆明之间的运输价格下降 40%~50%。时任老挝人民民主共和国国家主席本扬·沃拉吉就表示"中老昆万铁路展示了老中两国合作的丰硕成果，它将提升老挝基础设施建设水平，进一步推动老中两国民心相通"。

2. "四个100"工程

修建老挝农村供水系统、农村卫生所、通电照明、安装数字电视等，是中国实施的"援老八大工程"的重要内容。该项目简称"四个 100"工程，包括援建 100 个农村点亮工程、100 个农村数字电视工程、100 个农村贫困地区卫生工程、100 个农村贫困地区供水工程。

一期项目覆盖万象省和琅勃拉邦省 30 个村，云南省建设投资控股集团有限公司作为项目总承包方。虽然项目自 2019 年 11 月开始，就遭遇新冠肺炎疫情，但在中老各方共同努力下，项目在抗击疫情的同时顺利推进，2021 年 3 月 30 日正式开工。

思 考 题

1. 工程项目合同形式有哪些？
2. 工程项目按照承包合同几家方式分类，可以分为哪几个类型？
3. 哪些情况下，签订的工程项目合同无效？
4. 工程项目合同履行的原则有哪些？
5. FIDIC 中的合同条件有哪些？
6. 国际上常用的工程项目模式类型有哪些？
7. 我国在老挝开展工程项目业务需要注意哪些问题？

知识拓展屋——合同的由来

合同是适应私有制的商品经济的客观要求而出现的，是商品交换在法律上的表现形式。商品生产产生后，为了交换的安全和信誉，人们在长期的交换实践中逐渐形成了许多关于交换的习惯和仪式。这些商品交换的习惯和仪式便逐渐成为调整商品交换的一般规则。随着私有制的确立和国家的产生，统治阶级为了维护私有制和正常的经济秩序，把有利于他们的商品交换的习惯和规则用法律形式加以规定，并以国家强制力保障实行，于是商品交换的合同法律形成便应运而生了。古罗马时期合同就受到人们的重视。签订合同必须经过规定的方式，才能发生法律效力。如果合同仪式的术语和动作被遗漏任何一个细节，就会导致整个合同无效。随着商品经济的发展，这种繁琐的形式直接影响到商品交换的发展。在理论和实践上，罗马法逐渐克服了缔约中的形式主义。要物合同和合意合同的出现，标志着罗马法从重视形式转为重视缔约人的意志，从而使商品交换从繁琐的形式中解脱出来，并且成为现代合同自由观念的历史渊源。

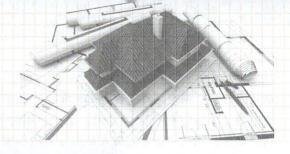

项目五

国际工程项目成本管理

能力目标

1. 掌握工程项目成本管理的基本概念、历史和发展过程。
2. 掌握常见的计量计价方法,能够对简单工程进行估价。
3. 熟悉 FIDIC 中对成本管理的相关要求,能够了解国内外成本管理的区别。

任务驱动

任务一 了解工程项目成本管理

一、工程项目成本管理的基本概念

(一)工程成本基本概念

成本是一种耗费,是耗费劳动的货币表现形式。工程成本则是围绕工程而发生的资源耗费的货币体现,包括了工程生命周期各阶段的资源耗费。工程成本通常用货币单位来衡量。

工程成本是施工企业为完成施工合同所约定的工程的全部任务所耗费的各项生产、管理、服务和经营费用等的总和。工程成本管理一般分为以下两个层次:

(1)组织管理层。以总经理为首,主要负责项目全面成本管理的决策,确定项目的合同价格和成本计划,确定项目管理层的成本目标。当然除了管理生产成本以外,还要管理经营成本,其生产成本管理贯穿于项目投标、实施和结算过程,体现效益中心的管理职能。

(2)项目经理部。以项目经理为首,执行组织确定的成本管理目标,进行成本控制,实现项目管理目标责任书中的成本目标,发挥现场生产成本控制中心的管理职能。施工项目成本管理应从工程投标报价开始,直至项目竣工结算完成为止,贯穿于项目施工全过程。

(二)工程成本的各相互关系
1. 工程成本与工程造价的关系

从英文翻译来看,成本和造价都可以用 Cost 表示。但在国内的工程实践中,成本和造价还是有区别的,区别主要体现在概念性质不同和概念定义的角度不同两个方面。造价除了包括成本,还包括创造出来的利润、税金,即造价是成本、税金及利润之和,但狭义的造价与成本的概念是等同的。共同点则主要体现在两者构成上有相同之处、两者均影响项目利润。因此，在很多地方两者是混用的。

2. 工程成本与工程投资的关系

投资与成本均是为达到一定目标而发生的支出，二者之间的界线在某些情况下是较模糊的，在一定情况下可以相互转化。成本控制程序与投资控制程序基本相同，即：①收集实际成本数据；②实际成本数据与成本计划目标进行比较；③分析成本偏差及原因；④采取措施纠正偏差；⑤必要时修改成本计划；⑥按规定的时间间隔编制成本报告。

3. 工程成本与工程费用的关系

施工项目成本是项目在施工过程中所发生的费用支出总和。由于各种费用的性质和特点各异，必须对这些费用进行科学分类。成本的分类方法很多，按照研究目的的不同，有不同的分类。

1）按成本习性划分，可分为固定成本和变动成本。

①固定成本是指在一定的时期和一定的工程范围内不随工程变化而改变的成本。

②变动成本是指随着工程量变化而变化的成本，如人工费、材料费、施工机械使用费等。

2）按生产费用计入成本的方法划分，可分为直接成本和间接成本。

3）按成本发生的时间划分，可分为预算成本、计划成本和实际成本。

①预算成本是按照建筑安装工程实物量和国家（或部）或地区或企业制定的预算定额及取费标准计算的社会平均成本或企业平均成本，以施工图预算为基础进行分析、预测、归集。预算成本包括直接费用和间接费用。

②计划成本是在预算成本的基础上确定的标准成本。计划成本确定的根据是施工企业的要求（如内部承包合同的规定），结合施工项目的技术特征、项目管理人员素质、劳动力素质及设备情况等。它是成本管理的目标，也是控制项目成本的标准。

③实际成本是项目施工过程中实际发生的可以列入成本支出的费用总和。

实际成本与预算成本比较，反映的是对社会平均成本（或企业平均成本）的超支或节约；计划成本与预算成本比较，差额是计划成本降低额；计划成本与实际成本相比较，差额是实际成本降低额，是项目经理部的经济效益。

（三）与工程成本相关的概念

1. 静态投资

静态投资是以某一基准年、月的建设要素的价格为依据所计算出的建设项目投资的瞬时值，它包含因工程量误差而引起的工程造价的增减。

一般把建筑安装工程费，设备、工器具费用，其他费用（不包括建设期投资贷款利息）和预备费的基本预备费之和，作为静态投资。

2. 动态投资

动态投资指完成一个建设项目预计所需投资的总和，包括静态投资、价格上涨等风险因素而需要增加的投资、固定资产投资方向调节税以及预计所需的利息支出。

动态投资＝静态投资＋工程造价调整预备费＋建设期贷款利息＋固定资产投资方向调节税

静态投资和动态投资的内容虽然有所区别，但二者有密切联系。动态投资包含静态投资，静态投资是动态投资最主要的组成部分，也是动态投资的计算基础。

(四) 工程成本的特征

1. 单件性计价

单件性计价是通过特殊程序就各个项目计算建设工程成本。每个建设工程都有其特定的用途、功能、规模，每项工程的结构、空间分割、设备配置和内外装饰都有不同的要求。建设工程还必须在结构、造型等方面适应工程所在地的气候、地质、水文等自然条件，这就使建设项目的实物形态千差万别。再加上不同地区构成投资费用的各种要素的差异，最终导致建设项目投资的千差万别。因此，建设项目只能通过特殊的程序（编制估算、概算、预算、合同价、结算价及最后确定竣工决算等），就每个项目单独估算、计算其投资。

2. 多次性计价

多次性计价是计价过程各环节之间相互衔接，前者制约后者，后者补充前者，如图 5-1 所示。

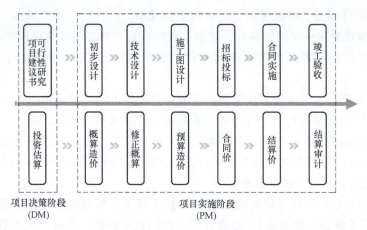

图 5-1 多次性计价过程示意图

3. 计价依据的复杂性

建设项目投资的估价依据复杂，种类繁多。在不同的建设阶段有不同的估价依据，且互为基础和指导，互相影响。如预算定额是概算定额（指标）编制的基础，概算定额（指标）又是估算指标编制的基础，反过来，估算指标又控制概算定额（指标）的水平，概算定额（指标）又控制预算定额的水平。间接费定额以直接费定额为基础，二者共同构成了建设项目投资的内容等，都说明了建设项目投资估价依据的复杂性的特点。

二、工程项目成本管理的历史和发展

(一) 国际工程成本管理的发展历程与特点

1. 发展历程

(1) 国际工程估价的产生。国外工程估价的起源可以追溯到中世纪，那时大多数的建筑都比较小，且设计简单。业主一般请当地的工匠来负责房屋的设计和建造。对于重要的建筑，业主则直接购买材料，雇佣工匠或者雇佣一个主要的工匠（通常是石匠）来代表其利益负责监督项目的建造。工程完成后按双方事先协商好的总价支付，或者先确定一个单位单价，然后乘以实际完成的工程量。

现代意义上的工程估价产生于资本主义社会化大生产的出现。最先产生的是现代工业发展最早的英国。16世纪至18世纪，技术发展促使大批工业厂房的兴建，许多农民在失去土地后向城市集中，需要大量住房，从而使建筑业逐渐得到发展，设计和施工逐步分离为独立的专业。工程数量和工程规模的扩大要求有专人对已完工程量进行测量、计算工料和进行估价。从事这些工作的人员逐步专门化，并被称为工料测量师。他们以工匠小组的名义与工程委托人和建筑师洽商，估算和确定工程价款，工程估价由此产生。

（2）国际工程估价的发展。19世纪20年代，英国在经历了多年战争后，国家负债严重，货币贬值，物价上升。当时英国军队需要大量的军营，为了节约成本，特别成立了军营筹建办公室。军营筹建办公室决定每一个工程由一个承包商负责，由该承包商负责统筹工程中各个工种的工作，并且通过竞争报价的方式来选择承包商。这种承包方式有效地控制了费用支出。

竞争性招标需要每个承包商在工程开始前根据图纸计算工程量，然后根据工程情况做出工程估价。参与投标的承包商往往雇佣一个估价师为自己做此工作，而业主（或代表业主利益的工程师）也需要雇佣一个估价师为自己计算拟建工程的工程量，为承包商提供工程量清单。这样在估价领域里有了两种类型的估价师，一种受雇于业主或业主的代表建筑师，另一种则受雇于承包商。从此，工程估价逐渐形成了独立的专业。

到了19世纪30年代，计算工程量、提供工程量清单发展成为业主估价师的职责。所有的投标都以业主提供的工程量清单为基础，从而使投标结果具有可比性。当发生工程变更后，工程量清单就成为调整工程价款的依据与基础。1868年英国皇家特许测量师学会（RICS）成立，这个时期完成了工程估价第一次飞跃。至此，工程委托人能够在工程开工之前，预先了解到需要支付的投资额，但是他还不能做到在设计阶段就对工程项目所需的投资进行准确预计，并对设计进行有效的监督、控制，因此，往往在招标时或招标后才发现，根据当时完成的设计，工程费用过高、投资不足，不得不中途停工或修改设计。业主为了使投资花得明智和恰当，为了使各种资源得到最有效的利用，迫切要求在设计的早期阶段以至在做投资决策时，就开始进行投资估算，并对设计进行控制。

1922年，工程估价领域出版了第一本标准工程量计算规则，使得工程量计算有了统一的标准和基础，加强了工程量清单的使用，进一步促进了竞争性投标的发展。

1950年，英国的教育部为了控制大型教育设施的成本，采用了分部工程成本规划法（Elemental Cost Planning），随后英国皇家特许测量师学会的成本研究小组也提出了其他的成本分析和规划方法。成本规划法的提出大大改变了估价工作的意义，使估价工作从原来被动的工作状况转变成主动。从20世纪50年代开始，一个"投资计划和控制制度"就在英国等经济发达的国家应运而生，完成了工程估价的第二次飞跃。

1964年，英国皇家特许测量师学会成本信息服务部门又在估价领域跨出了一大步，其颁布了划分建筑工程的标准方法，这样使得每个工程的成本可以相同的方法分摊到各分部中，从而方便了不同工程的成本比较和成本信息资料的储存。

到了20世纪70年代末，建筑业有了一种普遍的认识，认为在对各种可选方案进行估价时仅仅考虑初始成本是不够的，还应考虑到工程交付使用后的维修和运营成本。这种"使用成本"或"总成本"论进一步拓展了估价工作的含义，从而使估价工作贯穿项目的全过程。

以英国为例不同发展阶段开展计价工作如下：

1）17世纪：设计与施工分离，对已完成工程进行计价。
2）19世纪：实行招标投标，根据图纸估价，1868年英国皇家测量师学会成立。
3）20世纪：在设计前期进行计价。

2. 发展特点

从上述工程估价发展简史中不难看出，工程估价是随着工程建设的发展和市场经济的发展而产生并逐渐完善的，这个发展过程归纳起来有以下特点：

（1）从事后算账发展到事先算账。从最初只是消极地反映已完工程量的价格，逐步发展到在开工前进行工程量的计算和估价，进而发展到在初步设计时提出概算，在可行性研究时提出投资估算，从而成为业主做出投资决策的重要依据。

（2）从被动地反映设计和施工发展到能主动地影响设计和施工。最初只负责施工阶段工程造价的确定和结算，逐步发展到在设计阶段、投资决策阶段对工程造价做出预测，并对设计和施工过程投资的支出进行监督和控制，进行工程建设全过程的造价控制和管理。

（3）从依附于施工者或建筑师发展成一个独立的专业。如在英国，有专业学会，有统一的业务职称评定和职业守则。不少高等院校也开设了工程估价专业，培养专门人才。

例：英国，工料测量师（QS）；美国，成本工程师；中国，造价工程师。

（二）我国工程项目成本管理的历史沿革

1. 北宋时期已有雏形，如《营造法式》

早在北宋时期，著名的土木建筑家李诫编修的《营造法式》，是我国工料计算方面的第一部著作。《营造法式》共有36卷，分为释名、诸作制度、功限、料例和图样5个部分。第十六至二十五卷是各工种计算用工量的规定，第二十六至二十八卷是各工程计算用料的规定。

在我国古代工程中，很重视材料消耗的计算，长期以来形成了一些计算工程工料消耗的方法和计算工程费用的方法，以则例的形式保存并流传下来。如清朝工部《工程做法则例》，就是一部优秀的算工算料著作，它包括27种建筑物的各部尺寸单位和瓦工、油漆等工作的算工算料算账法。梁思成先生曾将搜集到的古代算工算料方面的秘传抄本编著成《营造算例》一书。

2. 19世纪末，少量的工程采用了招标投标

我国现代意义上的工程估价的产生，应追溯到19世纪末至20世纪上半叶。当时在外国资本侵入的一些口岸和沿海城市，工程投资的规模有所扩大，出现了招标投标承包方式，建筑市场开始形成。为适应这一形势，国外工程估价方法和经验逐步传入。

3. 新中国成立初期，学习苏联的预算做法

新中国成立初期，我国面临国民经济的恢复，在沿用过去的招标方法时，私营营造商利用国家工程估价方法不完善的弱点，一方面高估投标造价，另一方面在施工中又偷工减料，严重地阻碍了基本建设的发展。为了改变上述局面，党和国家对私营营造商进行了社会主义改造，并学习苏联的预算做法，这种适应计划经济体制的概预算制度的建立，有效地促进了建设资金的合理使用，为国民经济恢复和第一个五年计划的顺利完成起到了积极的作用。

4. 20世纪80年代，概预算管理和定额管理

20世纪70年代后期，国家开始恢复重建工程造价管理机构。20世纪80年代初，国家计委成立了基本建设标准定额研究所和标准定额局，20世纪80年代末，建设部又成立了标

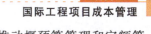

准定额司，各省市、各部委建立了定额管理站，全国颁布了一系列推动概预算管理和定额管理发展的文件以及大量的预算定额、概算定额、估算指标。

5. 20世纪90年代初期，造价管理体制改革，建立造价工程师执业资格制度

20世纪90年代初，在总结改革开放经验的基础上，党的十四大明确提出我国经济体制改革的目标是建立社会主义市场经济体制。我国对工程造价管理体制进行了一系列深层次的改革。改革的最终目标是逐步建立以市场形成价格为主的价格机制。改革的具体内容是：①改革现行的工程定额管理方式，实行量价分离，逐步建立起由工程定额作为指导，通过市场竞争形成工程造价的机制；②加强工程造价信息的收集、处理和发布工作；③对政府投资工程和非政府投资工程实行不同的定价方式；④加强对工程造价的监督管理，逐步建立工程造价的监督检查制度，规范定价行为。1990年中国建设工程造价管理协会成立，1996年建立造价工程师执业资格制度，对推动工程造价改革起到了促进作用。

6. 2003年7月1日起，建设部发布《建设工程工程量清单计价规范》（GB 50500—2003），与国际接轨

2003年2月，建设部以国家标准形式发布《建设工程工程量清单计价规范》（GB 50500—2003），要求自2003年7月1日起实施，对于全部使用国有资金投资或国有资金投资为主的大中型建设工程应执行此规范，并实行工程量清单报价。工程量清单报价是国际上普遍采用的一种工程招标投标计价方式，我国推行工程量清单计价，是深化建设工程造价改革、规范计价行为的一项重要举措，是我国建设市场向国际惯例接轨的重要体现，也是我国建筑市场由传统的计划经济时代进入市场经济时代的一个重要标志。但是，我国的工程量清单计价方式还不规范，在实际操作中还存在一些问题，有待于进一步的深入完善。

三、工程成本管理的基本原则

工程成本管理就是在项目成本形成的过程中，对工程施工中所消耗的各种资源和费用开支，进行指导、监督、调节和限制，及时纠正可能发生的偏差，把各项费用的实际发生额控制在计划成本范围之内，以保证目标成本的实现。其目的是合理使用人力、物力、财力，降低成本，增加收入，提高对工程项目成本的管理水平，创造较好的经济效益。因此，工程成本管理应遵循以下原则：

（一）全面控制原则（包括全员和全过程控制）

施工项目成本与施工项目形成有关的各部门、各单位和各班组相关联，也与每个员工切身利益相关，因此，成本管理需要大家共同努力，有关的各部门、各单位和个人都要肩负成本责任，把成本目标落实到每个部门乃至个人，真正树立起全员控制的观念。

在项目运作的全过程中都要有成本控制的意识。在投标阶段，做好成本的预测，签好合同；在设计阶段，提高设计人员的成本意识，熟悉招标投标方案及合同方案，避免无依据的修改，为工程变更创造机会，充分优化设计方案，选择对公司有利的做法；在中标后的施工前期，根据相关资料编制工程成本预算，一方面是对工程实际成本的测算，另一方面根据招标投标图纸、招标投标资料、合同以及实际施工图纸进行合同分析，制定相应工作策略，并将整个思路灌输给项目经理及相关设计人员，通过努力达到预期目的；同时根据成本预算制订相应成本计划及目标，在施工过程中进行相应的成本跟踪，通过核算、统计等方式对比实际成本与预算成本差异，分析产生差异的原因，及时控制不必要的浪费，达到事中控制的目的；在竣工验收阶段，及时收集相关资料，对整个工程成本进行核算和分析，参照工程成本编制项目结算书，制定相应结算策略，及时办理工程结算及追加的合同价款，使施工自始至终处于有效控制之下。

（二）开源与节流相结合的原则

成本控制的目的是提高经济效益，其途径包括降低成本支出和增加收入两个方面。在项目实施过程中，一方面"以收定支"，进行成本核算和分析，以便及时发现成本节、超的原因；另一方面，加强合同管理，及时办理合同外价款的结算，以提高项目成本的管理水平。

（三）目标管理原则

目标管理是进行任何一项管理工作的基本方法和手段，即目标设定→分解目标的责任到位和执行→检查目标的执行结果→评价和修正目标，从而形成目标管理的计划、实施、检查、处理循环。在实施目标管理过程中，目标的设定应切实可行，并应落实到各部门、班组甚至个人；目标的责任不仅包括工作责任，更要有成本责任。如技术人员在选择施工方法时，要做到技术上切实可行（即工作责任的要求），同时经济上要合理（即成本责任的要求）；目标的检查应及时全面，发现问题，及时采取纠正措施；评价应公正、合理。只有将成本控制置于这样一个良性循环之中，成本目标才能得以实现。

（四）责、权、利相结合的原则

责、权、利相结合的原则，是成本控制得以实现的重要保证。在成本控制过程中，项目经理及各专业管理人员都负有一定的成本责任，从而形成了整个项目成本控制的责任网络。要使成本责任得以落实，责任人应享有一定的权限，即在规定的权力范围内可以决定某项费用能否开支、如何开支和开支多少，以行使对项目成本的实质控制。如项目经理在该项目的施工过程中，应该有统筹安排的权力，以确保料、工各项成本相对最低。最后，企业领导对项目经理，项目经理对各部门在成本控制中的业绩要进行定期检查和考评，要与工资、奖金挂钩，做到奖罚分明。实践证明，只有责、权、利相结合，才能使成本控制真正落到实处。

（五）质量管理原则

质量成本是指公司为保证和提高产品质量而支出的一切费用，以及未达到质量标准而产生的一切损失费用之和。它包括两个主要方面：控制成本和故障成本。控制成本包括预防成本和鉴定成本，属于质量保证费用，与质量水平成正比关系；故障成本包括内部故障成本和外部故障成本，属于损失性费用，与质量水平成反比关系。质量管理工作的重点在于加强质量预防措施，加强质量检验，提高质量水平，降低质量总成本；分析现有的质量标准，减少检验程序和提高工作效率，使质量总成本降至较低水平。当前迫切需要的是降低故障成本，因为故障成本是工程质量无缺陷时就会消失的成本，有人把可消失的质量成本喻为"矿中黄金"，以表示其管理成效的重要性。企业只有重视提高工程质量水平，降低质量成本才会有优质的项目为企业树立良好形象，为企业的长远发展奠定基础。

（六）节约的原则

节约人力、物力、财力是提高经济效益的核心，也是成本控制的一项最重要的基本原则。遵守这一原则应做好三方面的工作：一是严格执行成本开支范围、费用开支标准和有关财务制度，对各项成本费用的支出进行限制和监督；二是提高施工项目科学管理水平，优化施工方案，提高生产效率；三是采取预防成本失控的技术组织措施，制止可能发生的浪费。真正做到向管理要效益，向技术要效率，确保成本目标的实现。

综上所述，施工企业项目成本控制在整个项目目标管理体系中处于十分重要的地位，实施成本控制，对降低工程成本，改善经营管理，提高职工的主人翁意识和劳动积极性都有极其重要的作用，特别是对提高工程质量、确保安全施工等方面具有深远的意义，加强施工企业项目管理中的成本控制意识既是企业积极适应 WTO 规则的要求，同时又是向科学管理要效益的具体举措，只有在激烈的市场竞争中不断地自我完善，增强企业的生命力，才能使企业在激烈的市场竞争中达到可持续发展的目的。

任务二　工程项目成本计划与估计

一、成本计划的计量类型

工程项目成本在计量和预估时首先要确保成本测算的全面性，充分考虑不同地域和不同时期的成本预估。项目投资前可行性研究阶段的成本测算尤其重要。

对于施工项目而言，成本计划的编制是一个不断深化的过程，在这一过程的不同阶段形成深度和作用不同的成本计划，若按照其发挥的作用可以分为竞争性成本计划、指导性成本计划和实施性成本计划；也可以按成本组成、项目结构和工程实施阶段分别编制项目成本计划。成本计划的编制以成本预测为基础，关键是确定目标成本。计划的制定需结合施工组织设计的编制过程，通过不断优化施工技术方案和合理配置生产要素，进行工料、机具消耗的分析，制定一系列节约成本的措施，确定成本计划。一般情况下，成本计划总额应控制在目标成本的范围内，并建立在切实可行的基础上。施工总成本目标确定之后，还需通过编制详细的实施性成本计划把目标成本层层分解，落实到施工过程的每个环节，有效地进行成本控制。

（一）成本计划

1. 竞争性成本计划

竞争性成本计划是施工项目投标及签订合同阶段的估算成本计划。这类成本计划以招标文件中的合同条件、投标者须知、技术规范、设计图纸和工程量清单为依据，以有关价格条件说明为基础，结合调研、现场踏勘、答疑等情况，根据施工企业自身的工料消耗标准、水平、价格资料和费用指标等，对本企业完成投标工作所需要支出的全部费用进行估算。在投标报价过程中，虽也着重考虑降低成本的途径和措施，但总体上比较粗略。

2. 指导性成本计划

指导性成本计划是选派项目经理阶段的预算成本计划，是项目经理的责任成本目标。它是以合同价为依据，按照企业的预算定额标准制定的设计预算成本计划，且一般情况下以此确定责任总成本目标。

3. 实施性成本计划

实施性成本计划是项目施工准备阶段的施工预算成本计划，它是以项目实施方案为依据以落实项目经理责任目标为出发点，采用企业的施工定额通过施工预算的编制而形成的实施性成本计划。

以上三类成本计划相互衔接、不断深化，构成了整个工程项目成本的计划过程。其中，竞争性成本计划带有成本战略的性质，是施工项目投标阶段商务标书的基础，而有竞争力的商务标书又是以其先进合理的技术标书为支撑的。因此，它奠定了成本的基本框架和水平。指导性成本计划和实施性成本计划，都是竞争性成本计划的进一步开展和深化，是对竞争性成本计划的战术安排。

（二）施工预算

施工预算是编制实施性成本计划的主要依据，是施工企业为了加强企业内部的经济核算，在施工图预算的控制下，依据企业内部的施工定额，以建筑安装单位工程为对象，根据施工图纸、施工定额、施工及验收规范、标准图集、施工组织设计（或施工方案）编制的单位工程（或分部分项工程）施工所需的人工、材料和施工机械台班用量的技术经济文件。它是施工企业的内部文件，同时也是施工企业进行劳动调配、物资技术供应、控制成本开支、进行成本分析和班组经济核算的依据。施工预算不仅规定了单位工程（或分部分项工程）所需人工、材料和施工机械台班用量，还规定了工种的类型，工程材料的规格、品种，所需各种机械的规格，以便有计划、有步骤地合理组织施工，从而达到节约人力、物力和财力的目的。

1. 施工预算编制要求

（1）编制深度要求

1）施工预算的项目要能满足签发施工任务单和限额领料单的要求，以便加强管理、实行班组经济核算。

2）施工预算要能反映出经济效果，以便为经济活动分析提供可靠的依据。

（2）编制要紧密结合现场实际。按照所承担的任务范围、现场实际情况及采取的施工技术措施，结合企业管理水平进行编制。

2. 施工预算编制依据

1）会审后的施工图纸、设计说明书和有关的标准图。

2）施工组织设计或施工方案。

3）施工图预算书。

4）现行的施工定额、材料预算价格、人工工资标准、机械台班费用定额及有关文件。

5）工程现场实际勘察与测量资料，如工程地质报告、地下水位标高等。

6）建筑材料手册等常用工具性资料：①现场分规格、品种的钢材、木材、水泥需用量表；②现场分规格、品种的地方性材料需用量表；③各种其他成品、半成品需用量表。

7）机械台班使用量汇总表。将工料分析表中各种施工机具及消耗台班数量按层、段、部位进行汇总。

8）施工预算表。将已汇总的人工、材料、机械台班消耗数量分别乘以所在地区的人工工资标准、材料预算价格、机械台班单价，计算出人料机费用（有定额单价时可直接使用定额单价）。

9）"两算"对比表。"两算"对比表指同一工程内容的施工预算与施工图预算的对比分析表。将计算出的人工、材料、机械台班消耗数量，以及人工费、材料费、机械费等与施工图预算进行对比，找出节约或超支的原因，作为开工之前的预测分析依据。

3. 施工预算编制时应注意的问题

1）当定额中仅给出砌筑砂浆、混凝土强度等级，而没有给出砂、石子、水泥用量时，必须根据砂浆或混凝土的强度等级，按定额附录中砂浆配合比表及混凝土配合比表的使用说明进行二次分析，计算出各原材料的用量。

2）凡确定外加工的成品、半成品，如预制混凝土构件、钢木门窗制作等，不需进行工料分析，应与现场施工的项目区别开，便于基层施工班组的经济核算。

3）人工分析中的其他用工是指各工种搭接和单位工程之间转移操作地点，临时停水停电、个别材料超运距以及其他细小、难以计算工程量的直接用工。下达班组施工任务单时不应包括这些用工。

(三) 施工图预算与施工预算的对比

施工预算不同于施工图预算，虽然有一定联系，但区别较大，两者区别主要体现在以下几点：

1. 编制的依据不同

施工预算的编制以施工定额为主要依据，施工图预算的编制以预算定额为主要依据。而施工定额比预算定额划分得更详细、更具体，并对其中所包括的内容，如质量要求、施工方法以及所需劳动工日、材料品种、规格型号等均有较详细的规定或要求。

2. 适用的范围不同

施工预算是施工企业内部管理用的一种文件，与发包人无直接关系；而施工图预算既适用于发包人，又适用于承包人。

3. 发挥的作用不同

施工预算是承包人组织生产、编制施工计划、准备现场材料、签发任务书、考核工效、进行经济核算的依据，它也是承包人改善经营管理、降低生产成本和推行内部经营承包责任制的重要手段；而施工图预算则是投标报价的主要依据。

在编制实施性成本计划时要进行施工预算和施工图预算的对比分析，通过"两算"对比，分析节约和超支的原因，以便制定解决问题的措施，防止工程亏损，为降低工程成本提供依据。"两算"对比的方法有实物对比法和金额对比法。其中，实物对比法是指将施工预算和施工图预算计算出的人工、材料、机械消耗量，分别填入"两算"对比表进行对比分析，算出节约或超支的数量及百分比，并分析其原因。金额对比法是将施工预算和施工图预算计算出的人工费、材料费、机械费分别填入"两算"对比表进行对比分析，算出节约或超支的金额及百分比，并分析其原因。"两算"对比的内容如下：

(1) 人工量及人工费的对比分析。施工预算的人工数量及人工费比施工图预算一般要低6%左右。这是由于两者使用不同定额造成的。例如，砌砖墙项目中，砂子、标准砖和砂浆的场内水平运输距离，施工定额按50m考虑；而计价定额则包括了材料、半成品的超运距用工。同时，计价定额的人工消耗指标还考虑了在施工定额中未包括，而在一般正常施工条件下又不可避免发生的一些零星用工因素，如土建施工各工种之间的工序搭接所需停歇的时间；因工程质量检查和隐蔽工程验收而影响工人操作的时间，施工中不可避免的其他少数零星用工等。所以，施工定额的用工量一般都比预算定额低。

(2) 材料消耗量及材料费的对比分析。施工定额的材料损耗率一般都低于计价定额，同时，编制施工预算时还要考虑扣除技术措施的材料节约量。所以，施工预算的材料消耗量及材料费一般低于施工图预算。有时，由于两种定额之间的水平不一致，个别项目也会出现施工预算的材料消耗量大于施工图预算的情况。不过，总的水平应该是施工预算低于施工图预算。如果出现反常情况，则应进行分析研究，找出原因，制定相应的措施。

(3) 施工机具费的对比分析。施工预算机具费指施工作业所发生的施工机械、仪器仪表使用费或其租赁费；而施工图预算的施工机具是计价定额综合确定的，与实际情况可能不一致。因此，施工机具部分只能采用两种预算的机具费进行对比分析。如果施工预算的机具费大量超支而又无特殊原因，则应考虑改变原施工方案，尽量做到不亏损而略有盈余。

(4) 周转材料使用费的对比分析。周转材料主要指脚手架和模板。施工预算的脚手架是根据施工方案确定的搭设方式和材料计算的；施工图预算则综合了脚手架搭设方式，按不同结构和高度，以建筑面积为基数计算的。施工预算模板是按混凝土与模板的接触面积计算；施工图预算的模板则按混凝土体积综合计算。因而，周转材料宜按其发生的费用进行对比分析。

二、工程项目成本的估价

（一）概述

为了便于从各个方面和各个角度对项目成本进行精确地、全面地计划和有效地控制，必须多方位、多角度地划分成本项目形成一个多维的严密的体系。在工程项目的各个职能管理中，成本管理的信息量最大，其基本原因就是成本计划和核算是多角度的。

在项目管理的系统设计和运行中，成本的分解体系、核算过程必须标准化，并与会计、质量定义、项目工作结构分解、进度管理有良好的接口。

（二）工程项目成本分解估价的角度

工程项目的成本（或投资）可以进行多角度的结构分解。作为项目系统分解方法之一，每一种成本结构的分解，都可以用树型结构的形式表达，都应保证完备性和适用性。

1. 项目工作分解结构（WBS）图

它们首先必须作为成本的估算对象，这对项目成本模型的建立、成本责任的落实和成本控制有至关重要的作用。项目结构分解是成本计划不可缺少的前提条件。

通常成本计划仅分解、核算到工作包，对工作包以下的工程活动，成本的分解、计划和核算都是十分困难的，一般采用资源（如劳动力、材料、机械台班）消耗量进行控制。

2. 工程建设投资分解结构

将项目总投资进行分解，则能得到项目的投资分解结构。在我国，建设项目总投资可以分为固定资产投资（即工程造价）和流动资产投资（即流动资金）。工程造价又可以分解为：

① 建筑安装工程费用。

② 设备、工具、器具、家具购置费用。

③ 工程建设其他费用（包括与土地有关的费用、与建设过程有关的费用、与生产经营有关的费用）。

④ 预备费（包括基本预备费、价差预备费等）。

⑤ 建设期贷款利息。

当然，对于具体类型的工程项目还可以按特点细分。

对民用建筑费用结构可以分得较细。比较科学和实用的是德国国家标准《公差标准》（DIN ISO 2768），其结构图如图 5-2 所示。

如果进行工程全寿命期费用计划、核算或分析，还必须包括工程运行费用的结构分解。

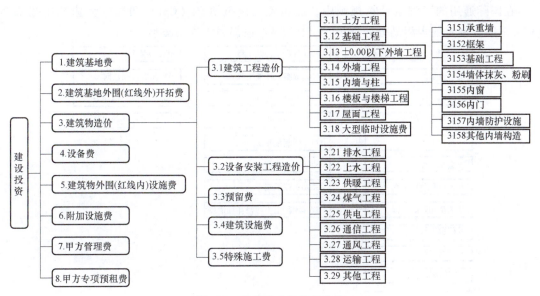

图 5-2 德国国家标准结构图

3. 建筑工程按工程量清单分解结构

通常将工程按工艺特点、工作内容、工程所处位置等分成分部分项工程。这在招标文件的工程量清单中列出，承包商按此报价，作为业主和承包商之间实际工程价款结算的对象。我国《建设工程工程量清单计价规范》（GB 50500—2013）所描述的分解结构图如图 5-3 所示。

图 5-3 中国国家标准结构图

在国际通用的工程量计算规则中,美国施工规范协会(CSI)和加拿大建筑规范协会(CSC)联合制定的工程划分标准格式(图5-4)也都属于这一类型。

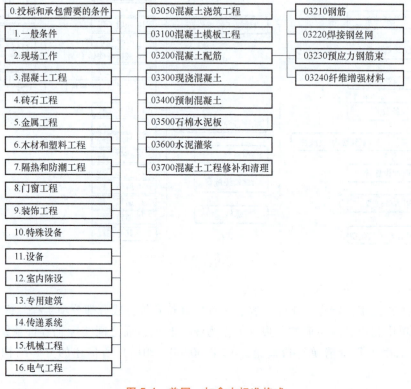

图5-4 美国、加拿大标准格式

它应与技术规范、工程量计算规则一致,这样能够很好保证成本管理与质量管理的协调性。

4. 建筑工程成本要素分解结构

1)我国建筑安装工程费用可以分为人工费、材料费、施工机具使用费、企业管理费、利润、规费和税金等。每一项又有一个具体的统一的成本范围(细目)和内容(表5-1)。

表5-1 我国建筑安装工程费用结构表

我国建筑安装工程费用	人工费	计时工资或计件工资、奖金、津贴、补贴、加班加点工资、特殊情况下支付的工资
	材料费	材料原价、运杂费、运输损耗、采购及保管费
	施工机具使用费	施工机械使用费(折旧费、大修理费、经常修理费、安拆费及场外运输费、人工费、燃料动力费、税费)、仪器仪表使用费
	企业管理费	管理人员工资、办公费、差旅交通费、固定资产使用费、工具用具使用费、劳动保险和职工福利费、劳动保护费、检验试验费、工会经费、职工教育经费、财产保险费、财务费、税金、其他
	利润	—
	规费	社会保障费(养老保险费、失业保险费、医疗保险费、生育保险费、工伤保险费)、住房公积金、工程排污费
	税金	营业税、城市维护建设税、教育费附加、地方教育费附加

2)国际工程的费用所包含详细的分项基本上与我国相同,但在归类和费用名称上略有差异。国际工程的费用由直接费、工地管理费、企业管理费、利润(包括风险)和税金等

构成。其中：

① 直接费包括人工费、材料费、机械费。

② 工地管理费不仅包括我国建筑工程费用中与现场相关的部分规费（如工程排污费、相关保险），还包括现场管理人员的工资、办公费、差旅费、工器具使用费等。

③ 企业管理费是工程承包企业总部的经营和管理的相关费用；利润通常还包括工程的风险准备金。

3）建筑工程成本要素分解结构的作用。承包商的成本计划和核算通常以它为基础，其主要作用体现在以下4个方面：

① 我国预算定额以及取费标准的项目划分。

② 承包商报价中详细的成本分项。

③ 承包商的会计成本核算通常以它为基础。

④ 承包商和业主之间及费用索赔的计算分项。

5. 按项目参加者（即成本责任人）分解结构

成本责任通常是随合同、任务书（责任书）下达给具体的负责单位或个人的，例如，工程小组、承（分）包商、供应商、职能部门或专业部门。他们是各项相关工作的承担者，又是成本责任的承担者。计划成本可作为对他们工作的考核、评估、处罚的依据，例如：①各工程小组的成本消耗指标；②承（分）包合同价格；③采购（供应）部门费用计划；④各职能部门费用计划等。

对业主来说，各个独立的合同就是工程成本（造价、投资）计划和控制的对象。

6. 其他分解形式

按项目阶段分为可行性研究、设计和计划、施工、结算等各个阶段的费用计划，形成不同阶段的成本结构；还可以按照年度进行分解。

（三）工程项目成本分解的规范化问题

为了使成本管理规范化、标准化，对于一定的工程领域，前述成本对象的划分应标准化，采用统一的划分方法、统一的编码和统一的实际成本的汇集方法，形成一个统一的国家（或行业）标准。这样在工程中，各参加者可以统一口径，做好计划，提出账单，核算、汇集实际成本，并建立本工程成本数据库。工程项目结束可以按该标准进行成本统计、分析，这样才能进行不同工程的成本资料之间的对比参照。这是成本管理的基础工作之一。

标准化包括许多内容，例如，成本名称、范围和内容的定义，成本计划过程，成本项目的分解及统一编码（即CBS编码）等。如美国施工规范协会和加拿大建筑规范协会联合制定的工程划分标准格式、德国的公差标准和我国的建设工程工程量清单计价规范等。

任务三　工程项目成本控制与考核

一、工程项目成本控制的特点

1. 承包商工程项目成本控制的积极性

不同项目类型的合同，由于承包商承担的风险不同，因而其控制工程项目成本的积极性表现出差异。对于固定总价合同，承包商承担大部分项目实施过程中的工程项目成本风险，因此承包商积极制订自己的工程项目成本管理计划并严格实施工程项目成本控制措施；对于成本加酬金合同，承包商则不太精打细算，对信誉不高的承包商，还有可能想方设法增加成本，以实现高额的酬金；对于单价合同，承包商控制成本的积极性由承包项目的利润率、复杂程度等因素综合决定。

2. 承包商工程项目成本控制的综合性

在工程项目中，工程项目成本控制必须与进度目标、质量目标相结合才能产生它应有的价值。不能片面地追求工程项目成本目标的实现，而忽略项目进度、质量对项目造成的影响。例如，在成本超支时，如果强制要求工程项目成本目标的实现，质量可能得不到保障，而质量缺陷可能造成的返工又会造成工程工期的进一步延误和成本的增加。

二、工程项目成本控制的步骤

在确定了工程项目成本控制目标之后，必须定期地进行工程项目成本计划值与实际值的比较，当实际值偏离计划值时，应分析产生偏差的原因，采取适当的纠偏措施，以确保工程项目成本目标的实现。其成本控制的具体过程如图5-5所示。

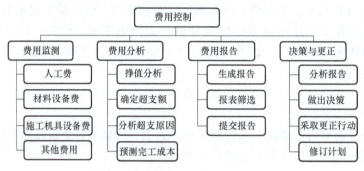

图 5-5　工程项目成本控制分解图

工程项目成本控制的步骤包括以下几方面：

1. 工程项目成本监测

工程项目成本监测工作是工程项目成本控制过程的首要工作，也是最为困难的一项工作。项目成本数据采集的方法通常是现场观察，由现场工作人员负责。每项工作的实际工程项目成本必须输入到对应的工程项目成本编码下，同时应监督这些工作的进度情况。由于工程项目成本监测过程中会获得来自不同工程活动、资源的大量数据，因此有一个良好的工程项目成本控制系统可以简化数据收集工作，同时保证数据的完整性。工程项目成本监测工作主要集中在人工费、材料设备费和施工机具设备费上，对于临时工程费、现场管理费等工程项目成本也要给予足够的重视。

2. 工程项目成本分析

工程项目成本分析工作主要包括挣值分析、确定超支额、分析超支原因、在目前状态下预测完工成本等。它的核心原则是从所获取的数据中及时地分析出有用的信息。偏差分析和趋势分析是最基本的研究方法，因为这两种分析可以在任何一项活动结束之前发现问题，并及时地采取纠正措施。

通过计划值、挣值和实际成本之间的比较，可确定成本超支和进度落后情况，并分析偏差的严重性及产生偏差的原因。这一步是工程项目成本控制工作的核心，其主要目的在于找出产生偏差的原因，从而采取有针对性的措施，减少或避免相同原因的再次发生或减少发生后的损失。然后根据项目实施情况预测整个项目完成时的工程项目成本，预测的目的在于明晰偏差可能导致的后果的严重性。

3. 工程项目成本报告

根据最新的数据信息，定期编制工程项目成本报告，可为工程项目管理活动提供经济决策支持。从不同工程项目成本角度分析成本支出情况，确保工程项目成本报告能准确反映成本的实际状况。工程项目成本报告的编制工作主要由工程项目成本控制人员完成。

4. 决策与更正

当工程项目的实际工程项目成本出现了偏差，应当根据工程的具体情况、偏差分析和预测的结果，及时采取适当的措施，并委派下属人员具体实施。在项目实施过程中，应不断地修订和更新工程项目成本计划。工程项目的计划应每月更新一次，通常在国际工程合同中也会要求承包商每月向业主提交一份新的进度计划和与其对应的工程项目成本计划。

上述四个步骤是一个完整有机的整体，在实践中它们构成一个周期性的循环过程。

三、工程项目成本控制的要点

施工阶段是成本发生的主要阶段，这个阶段的成本控制主要是通过确定成本目标并按计划成本组织施工，合理配置资源，对施工现场发生的各项成本费用进行有效控制，其具体的控制要点如下：

（一）人工费的控制

人工费的控制实行"量价分离"的方法，将作业用工及零星用工按定额工日的一定比例综合确定用工数量与单价，通过劳务合同进行控制。

1. 人工费的影响因素

1）社会平均工资水平。建筑安装工人人工单价必须和社会平均工资水平趋同。社会平均工资水平取决于经济发展水平。由于我国改革开放以来经济迅速增长，社会平均工资也有大幅增长，从而导致人工单价的大幅提高。

2）生产消费指数。生产消费指数的提高会导致人工单价的提高，以减少生活水平的下降，维持原来的生活水平。生活消费指数的变动取决于物价的变动，尤其取决于生活消费品价格的变动。

3）劳动力市场供需变化。劳动力市场如果供不应求，人工单价就会提高；供过于求，人工单价就会下降。

4）政府推行的社会保障和福利政策也会影响人工单价的变动。

5）经会审的施工图、施工定额、施工组织设计等决定人工的消耗量。

2. 控制人工费的方法

加强劳动定额管理，提高劳动生产率，降低工程耗用人工工日，是控制人工费支出的主要手段。

1）制定先进合理的企业内部劳动定额，严格执行劳动定额，并将安全生产、文明施工及零星用工下达到作业队进行控制。全面推行全额计件的劳动管理办法和单项工程集体承包的经济管理办法，以不超出施工图预算人工费指标为控制目标，实行工资包干制度。认真执行按劳分配的原则使职工个人所得与劳动贡献相一致，充分调动广大职工的劳动积极性以提高劳动力效率。把工程项目的进度、安全、质量等指标与定额管理结合起来，提高劳动者的综合能力，实行奖励制度。

2）提高生产工人的技术水平和作业队伍的组织管理水平，根据施工进度、技术要求，合理搭配各工种工人的数量，减少和避免无效劳动。不断地改善劳动组织，创造良好的工作环境，改善工人的劳动条件，提高劳动效率。合理调节各工序人数安排情况，安排劳动力时，尽量做到技术工不做普通工的工作，高级工不做低级工的工作，避免技术上的浪费，做到既要加快工程进度，又要节约人工费用。

3）加强职工的技术培训和多种施工作业技能的培训，不断提高职工的业务技术水平和熟练操作程度，培养一专多能的技术工人，提高作业工效。提倡技术革新和推广新技术，提高技术装备水平和工厂化生产水平，提高企业的劳动生产率。

4）实行弹性需求的劳务管理制度。对施工生产各环节上的业务骨干和基本的施工力量，要保持相对稳定。对短期需要的施工力量，要做好预测、计划管理，通过企业内部的劳务市场及外部协作队伍进行调剂。严格做到项目部的定员随工程进度要求及时进行调整，进行弹性管理。要打破行业、工种界限，提倡一专多能，提高劳动力的利用效率。

（二）材料费的控制

材料费控制同样按照"量价分离"原则，控制材料用量和材料价格。

1. 材料用量的控制

在保证符合设计要求和质量标准的前提下，合理使用材料，通过定额控制、指标控制、计量控制、包干控制等手段有效控制物资材料的消耗，具体方法如下：

（1）定额控制。对于有消耗定额的材料，以消耗定额为依据，实行限额领料制度。

限额领料的形式包括：

1）按分项工程实行限额领料，就是按照分项工程进行限额，如钢筋绑扎、混凝土浇筑、砌筑、抹灰等，它是以施工班组为对象进行的限额领料。

2）按工程部位实行限额领料，就是按工程施工工序分为基础工程、结构工程和装饰工程，它是以施工专业队为对象进行的限额领料。

3）按单位工程实行限额领料，就是对一个单位工程从开工到竣工全过程的建设工程项目的用料实行的限额领料，它是以项目管理机构或分包单位为对象开展的限额领料。

限额领料的依据包括：

1）准确的工程量。它是按工程施工图纸计算的正常施工条件下的数量，是计算限额领料量的基础。

2）现行的施工预算定额或企业内部消耗定额，是制定限额用量的标准。

3）施工组织设计，是计算和调整非实体性消耗材料的基础。

4）施工过程中发包人认可的变更洽商单，它是调整限额量的依据。

限额领料的实施包括：

1）确定限额领料的形式，施工前根据工程的分包形式，与使用单位确定限额领料形式。

2）签发限额领料单，根据双方确定的限额领料形式，根据有关部门编制的施工预算和施工组织设计，将所需材料数量汇总后编制材料限额数量，经双方确认后下发。

3）限额领料单的应用，限额领料单一式三份，一份交保管员作为控制发料的依据；一份交使用单位，作为领料的依据；一份由签发单位留存，作为考核的依据。

4）限额量的调整，在限额领料的执行过程中，会有许多因素影响材料的使用，如工程量的变更、设计更改、环境因素等，限额领料的主管部门在限额领料的执行过程中要深入施工现场，了解用料情况，根据实际情况及时调整限额数量，以保证施工生产的顺利进行和限额领料制度的连续性、完整性。

5）限额领料的核算，根据限额领料形式，工程完工后，双方应及时办理结算手续，检查限额领料的执行情况，对用料情况进行分析，按双方约定的合同，对用料节超进行奖罚兑现。

（2）指标控制。对于没有消耗定额的材料，则实行计划管理和按指标控制的办法。根据以往项目的实际耗用情况，结合具体施工项目的内容和要求，制定领用材料指标，以控制发料。超过指标的材料，必须经过一定的审批手续方可领用。

（3）计量控制。准确做好材料物资的收发计量检查和投料计量检查。

（4）包干控制。在材料使用过程中，对部分小型及零星材料（如钢钉、钢丝等）根据工程量计算出所需材料量，将其折算成费用，由作业者包干使用。

2. 材料价格的控制

材料价格主要由材料采购部门控制。由于材料价格由买价、运杂费、运输中的合理损耗等所组成，因此控制材料价格，主要是通过掌握市场信息，应用招标和询价等方式控制材料、设备的采购价格。

施工项目的材料物资，包括构成工程实体的主要材料和结构件，以及有助于工程实体形成的周转使用材料和低值易耗品。从价值角度看，材料物资的价值约占建筑安装工程造价的60%甚至70%以上，因此，对材料价格的控制非常重要。由于材料物资的供应渠道和管理方式各不相同，所以控制的内容和所采取的控制方法也将有所不同。

（三）施工机械使用费的控制

合理选择及使用施工机械设备对成本控制具有十分重要的意义，尤其是高层建筑施工。据工程实例统计，高层建筑地面以上部分的总费用中，垂直运输机械费用占6%~10%。由于不同的起重运输机械各有不同的特点，因此在选择起重运输机械时，首先应根据工程特点和施工条件确定采取的起重运输机械的组合方式。在确定采用何种组合方式时，首先应满足施工需要，其次要考虑费用的高低和综合经济效益。

施工机械使用费主要由台班数量和台班单价两方面决定，因此为有效控制施工机械使用费支出，应主要从以下两个方面进行控制：

1. 台班数量

1）根据施工方案和现场实际情况，选择适合项目施工特点的施工机械，制定设备需求计划，合理安排施工生产，充分利用现有机械设备，加强内部调配，提高机械设备的利用率。

2）保证施工机械设备的作业时间，安排好生产工序的衔接，尽量避免停工、窝工，尽量减少施工中所消耗的机械台班数量。

3）核定设备台班定额产量，实行超产奖励办法，加快施工生产进度，提高机械设备单位时间的生产效率和利用率。

4）加强设备租赁计划管理，减少不必要的设备闲置和浪费，充分利用社会闲置机械资源。

2. 台班单价

1）加强现场设备的维修、保养工作。降低大修、经常性修理等各项费用的开支，提高机械设备的完好率，最大限度地提高机械设备的利用率，避免因使用不当造成机械设备的停置。

2）加强机械操作人员的培训工作。不断提高操作技能，提高施工机械台班的生产效率。

3）加强配件的管理。建立健全配件领发料制度，严格按油料消耗定额控制油料消耗，做到修理有记录，消耗有定额，统计有报表，损耗有分析。通过经常分析总结，提高修理质量，降低配件消耗，减少修理费用的支出。

4）降低材料成本。做好施工机械配件和工程材料采购计划，降低材料成本。

5）成立设备管理领导小组，负责设备调度、检查、维修、评估等具体事宜。对主要部件及其保养情况建立档案，分清责任，便于尽早发现问题，找到解决问题的办法。

（四）施工分包费用的控制

分包工程价格的高低，必然对项目管理机构的施工项目成本产生一定的影响。因此施工项目成本控制的重要工作之一是对分包价格的控制。项目管理机构应在确定施工方案的初期就要确定需要分包的工程范围，决定分包范围的因素主要是施工项目的专业性和项目规模。对分包费用的控制，主要是要做好分包工程的询价，订立平等互利的分包合同，建立稳定的分包关系网络，加强施工验收和分包结算等工作。

四、工程项目成本控制的方法

（一）赢得值法

赢得值法（又称偏差分析法）是对成本和进度综合控制的方法，始于20世纪70年代美国的国防工程。国际工程承包的业主出于自身考虑，在选择工程公司时，把能否运用赢得值法进行项目管理和控制作为审查和能否中标的先决条件之一。此法的原理与投资偏差分析一致，不过计算的指标有所出入。

（二）成本计划评审法

成本计划评审法，是在施工项目的网络图上标出各工作的计划成本的工期，箭线下方数字为工期，箭线上方C后的数字为成本费用。在计划开始实施后，将实际进度和费用的开支（主要是直接费）累计算出，标在箭杆的方格中，就可以看出每道工序的计划进度和实际进度的对比情况。若出现偏差，及时分析原因，采取措施加以纠正。

当然，成本控制方法还有很多，比如成本横道图法、香蕉图法，可加以采用对实际成本和计划成本进行比较，及时发现偏差予以纠正。在实际工作中由于计算机应用的普及，通过项目管理软件的快速信息处理，运用不同的控制方法可以及时地计划和监控每个环节的费用支出，并加以有效控制，取得很好的经济效果。

以上是成本与进度相结合的成本控制方法，下面还将介绍成本与质量相结合的控制方法，称为质量成本控制法。

（三）质量成本控制法

质量成本是指为保证质量而必须支出的和未达到质量标准而损失的费用总和。质量成本占产品总成本的比重是不尽相同的，最少仅占 1%~2%，最高的可达 10% 左右。但它的重要意义在于，通过开展质量成本统计核算工作，可以看到施工质量及管理问题存在的薄弱环节，提醒管理者采取措施，提高的经济效益是客观的。

1. 质量成本的内容

1) 控制成本未达到质量标准造成的损失费用，包括内部故障成本，如质量管理工作费、质量保证宣传费等，以及鉴定成本，如材料检验试验费、工序检测和计量费等。控制成本与质量成正比关系，即质量越高此费用越高。

2) 故障成本未达到质量标准造成的损失费用，包括内部故障成本，如返工、返修、停工损失费、事故处理费等，以及外部故障成本，如保修、赔偿费、担保费、诉讼费等。故障成本与质量成反比关系，即质量越高此成本越低。

2. 质量成本控制步骤

（1）编制质量成本计划。质量成本计划编制的依据，理论上应该是故障成本和预防成本之和最低时的值，即成本最佳值。同时还应考虑本企业或本项目的实际管理能力、生产能力和管理水平，考虑本企业质量管理与质量成本管理的历史资料，综合编制，计划就有可能更接近实际。

（2）核算质量成本。按照质量成本的分类，主要通过会计账簿和财务报表的资料整理加工而得，也有一部分可从技监部门获得资料。

（3）分析质量成本。主要分析质量成本总额的构成内容、构成比例，各要素间的比例关系，以及它占预算成本的比例，反映在质量成本分析表中。

（4）控制质量成本。根据分析资料，确定影响质量成本较大的关键因素，并执行有效措施加以控制。

五、工程项目成本考核

成本考核是衡量成本降低的实际成果，也是对成本指标完成情况的总结和评价。组织应根据项目成本管理制度，确定项目成本考核目的、时间、范围、对象、方式、依据、指标、组织领导、评价与奖惩原则。

1. 成本考核的依据

成本考核的依据包括成本计划、成本控制、成本核算和成本分析的资料。成本考核的主要依据是成本计划确定的各类指标。成本计划一般包括以下三类指标：

（1）成本计划的数量指标

1) 按子项汇总的工程项目计划总成本指标。

2) 按分部汇总的各单位工程（或子项目）计划成本指标。

3) 按人工、材料、机具等各主要生产要素划分的计划成本指标。

（2）成本计划的质量指标（如项目总成本降低率）

1) 设计预算成本计划降低率＝设计预算总成本计划降低额÷设计预算总成本。

2) 责任目标成本计划降低率＝责任目标总成本计划降低额÷责任目标总成本。

（3）成本计划的效益指标（如项目成本降低额）

1）设计预算总成本计划降低额＝设计预算总成本－计划总成本。
2）责任目标总成本计划降低额＝责任目标总成本－计划总成本。

2. 成本考核的方法

公司应以项目成本降低额、项目成本降低率作为对项目管理机构成本考核的主要指标。要加强公司层对项目管理机构的指导，并充分依靠管理人员、技术人员和作业人员的经验和智慧，防止项目管理在企业内部异化为靠少数人承担风险的以包代管模式。成本考核也可分别考核公司层和项目管理机构。

公司应对项目管理机构的成本和效益进行全面评价、考核与奖惩。公司层对项目管理机构进行考核与奖惩时，既要防止虚盈实亏，也要避免实际成本归集差错等的影响，使成本考核真正做到公平、公正、公开，在此基础上落实成本管理责任制的奖惩措施。项目管理机构应根据成本考核结果对相关人员进行奖惩。

任务四　国际工程项目成本管理要点分析

一、FIDIC 中对成本管理的要求

在 FIDIC 合同（新红皮书）中，成本管理相关条款设置的核心思路是总价固定，如"14 Contract Price and Payment（合同价格和付款）"就有明确规定。但在一些特定情况下，如"13 Change and Adjustment（变更及调整）""19 Force Majeure（不可抗力）""20 Claims, Disputes and Arbitration（索赔、争端和仲裁）"等。这些条款调整的结果通常有两种，一是工期的延长，二是费用的增加。总体上来说，FIDIC 成本条款的设计是偏向雇主方的，由于 EPC 总包项目的核心是成本固定，因此虽然可以调整，但是调整条款的出发条件通常较为苛刻。

（一）FIDIC 合同成本管理风险

虽然根据 FIDIC 相关条款，在特定条件下允许调整，但这些调整条款通常具有通用性较强、操作性较差的共性问题，由此带来了成本管理的潜在风险。因此，在国际工程项目合同签订过程中，应当特别注意对专用条款的解释说明，必要时应当设置附加条款，以明确变更实现条件。否则，项目承包方在执行过程中，仅依靠模糊的通用条款进行变更，是非常困难的。

如业主根据项目所在国相关法规要求承包商在交付前新增景观小品、为某种动物专门建立迁徙通道等。这些例子虽然看起来似乎可以索赔，但如果对照 FIDIC 相关通用条款，就会发现很难找到一个具有可操作性的变更点。加上业主项目所在国通常比较强势，就会使这种变更变得更加困难。

（二）FIDIC 合同成本管理风险应对措施

面对 FIDIC 合同成本管理存在的风险，比较常见和可行的做法，是在专用条款（合同附件）中增加针对性强且具有可操作性的解释说明条款。如前文所述的两个风险，就可以通过在专用条款中用 DOS 工具制作合同工作范围对应的详细价格表，或是报价说明中明确表示不包含景观小品或迁徙通道等方式予以规避。

在国际工程项目成本管理中，常见的成本变更原因通常有两个，一是量的变化，二是价

的变化。前者指的是实际执行过程中，实际工程量与合同签订的工程量偏差较大，造成项目成本的变化。此类问题需要在项目前期策划中充分考虑，并尽可能全面地在专用条款中设置可调整的单位工程范围。后者指的是执行过程中人工、材料（尤其是项目所在地材料）等价格发生变化，与合投标报价中的价格差异较大，造成了项目成本变化，以及指标考核罚款、工期延误罚款和合同货币汇率变化等引起的成本变化。针对这类问题，同样需要在项目前期策划中充分考虑，对于使用量较大的耗材（如砂子、水泥）在专用条款中设置价格调整条款或者调价公式，或提前与当地分包商锁定长期单价。性能指标考核罚款、工期延误罚款建议在专用条款中设定罚款上限，合同货币风险可使用固定汇率或者在专用条款中设置调整公式等方式予以规避。

（三）FIDIC 付款方式

一般而言，国际工程项目通常采用固定总价的方式，而履约保函一般为合同总价的 10%，即在工程 100% 保质保量完成后也只能获取合同价格的 90%。同时，项目支付一般会滞后项目投资，所以在合同中设置清晰的支付程序对项目成本管理尤为重要。

在国际 EPC 合同中，付款大致分三块：预付款、期中付款、最终付款。不同于工期与成本条款的设置，国际 EPC 合同付款条款的设计，对于雇主和承包商是相对公平甚至较有利于承包商。承包商在保质保量完成工作的前提下，根据合同规定可以顺利获取每期付款。顺利获取每期付款的保证，主要来自 FIDIC 的新红皮书第 14.7 款，具体如下：

除第 2.5 款 Employer's Claims（雇主的索赔）另有规定外，雇主应在合同开始实施和生效日期后 42 天，或雇主收到按照第 4.2 款 Performance（履约保函）和第 14.2 款 Advance Charge（预付款）规定提出的文件后 21 天，二者中较晚的日期内，支付首期预付款；在收到有关报表和证明文件后 56 天内，最终交付物报表除外，支付每期报表应付款额；在收到按照第 14.11 款 Application for Final Payment（最终付款的申请）和第 14.12 款 Certificate of Settlement（结清证明）的规定提交的最终报表和书面结清证明的 42 天内，应支付最终款额。

二、国际工程项目的成本特点

（一）国内外工程项目成本管理的区别

国际工程项目的成本构成也包含国内项目中常见的人工费、材料费、机械使用费等，但因其有海外各种因素的差异，包含的内容也有所不同。国际工程项目的成本费用主要表现在以下几个方面。

1. 设备费用

国内设备费成本由设备原价和运杂费组成；而国外项目在设备成本中一般分为：设备采购费、备品备件费、国外运输特殊包装费用、商检费用、国外业主参加检测费用、国外业主参加工厂培训费用等。

2. 建筑费用

国外项目的建筑类工程，通常安排国内施工单位完成主体施工项目，其余大部分工程都由当地建筑工程公司施工负责承担，建筑成本不仅受当地建筑材料价格的影响，而且当地的建筑技术水平、人工薪酬、机械费用、气候环境条件、税收政策甚至政策环境变化都会对建筑成本产生影响。

3. 技术派遣和安装费用

国际工程项目的实施和管理需要大量的专业项目管理及工程技术人员，一般由国内委派，其出国费用远远高于安装定额的人工工资和相应的管理费用。此外，工程安装用材一般都在国内采购，增加了安装材料的运输费用。对于特殊机械的使用，还需要考虑机械往返运输和此类设备进出海关的手续费、税金缴纳等情况。

4. 其他费用

国际工程项目通常还包含总承包管理费，以及项目代理费、融资成本、汇率风险成本、海外运输成本及其他费用成本等。

（二）国际工程项目成本管理的要点

1. 全面、良好的项目领导班子

企业的管理者以及领导者必须给予国际项目成本控制工作高度的关注，只有这样才能促进工作的顺利展开。如今，我国企业在建的国际项目中有一些是政治工程，因此，在建设时不仅要考虑项目的质量、成本，还需要符合本国的国际形象，要能体现出国家的政治、精神、文化风貌。项目经理一定要具备很高的自身素质以及综合水平，并且，在建设国际项目时，一定要确保领导班子有很高的专业水平。

2. 制定准确、可行的目标成本

开展项目管理的成本控制工作时，确定目标成本是极为重要的一项工作。在开展这些工作时一定要把握好下述关键点：第一，对各种资源进行科学、合理的配置；第二，要将各种资源利用最大化并不断提高工作人员的工作效率；第三，要尽可能地降低损耗；第四，要使用科学的施工工艺，避免出现返工的问题；第五，注意自然环境的影响；第六，要了解该地区的技术规范及相关规定。开展成本控制工作时，要将计划成本、预算成本以及实际成本进行经常性的对比，并结合它们的差异予以改进。

3. 加强主要成本因素控制

人、材、机是项目的主要成本因素。因此，在进行成本控制工作时，一定要结合系统工程的思想开展系统的、全面的管理工作，并深入推敲各种因素所带来的影响，以期将不利影响降到最小。

（1）有较高的人工薪酬控制意识。企业在开展工作时，一定要将人工费用的控制作为重中之重。通常要把握好下述几个关键点：

第一，要设置科学的施工组织模式，建立符合本企业实际的竞争制度和经济刺激方式。要明确安排好各个管理者的职责，保证各项任务都能落到实处。要结合实际的施工进度来安排工作人员。在负责管理的工程施工结束后，工作人员应立即到位。要结合实际的施工需求科学地安排个人、操作工和技术人员，并对其进行科学管理，不断提高施工效率。

第二，对工作者的工时效率进行严格考察，尽可能将各项工作落实到人。在分配各项工作时，不仅要考虑工作者的劳动强度，还应该不断提高工作人员的工作效率，并且要对工作者的作业工时以及作业量进行严格、科学的统计，最好能将其和工人的绩效联系起来。

（2）材料费的控制。材料费通常占到所有工程费用的三分之二左右，因此对工程成本有着很大的影响。实际施工工程中我们通常会使用量价分离的方式来开展材料费控制工作。

第一，合理安排材料的使用。要设立完善的材料保管制度，根据工程量来确定具体的材料数量，并规范材料验收、发放等各个步骤。不断地提高施工工艺，最好使用能耗低、绿色、环保的新型材料和新型施工工艺。把职工的薪酬和材料的消耗联系起来，并给予材料节约绩效好的员工一定的奖励。

第二，必须保证材料价格的合理性。首先，要建立供应商档案及材料价格市场的实时查询系统，要在保证质量的基础上，采用比价采购管理的方式。其次，要合理开展材料运输工作。条件允许的话，尽量在施工当地采购各种原料，如果当地不能购买，就要预先设计好材料购买以及运输方案。最后，要重视资金具有的时效性，尽可能地减少资金的占用，确保进货批次、进货数量的合理性，很多材料甚至能够实时采购，避免对仓储费和资金的占用。

（3）机械费的控制。机械费的控制主要应做好以下几点工作：

第一，科学安排各种施工设施。编制国际工程的施工组织设计（方案）时，必须对相关资料、国际工程的设施使用情况、当地的资源情况、环境状况等有一个深入的了解，要选择工作性能与实际施工要求最匹配的施工设施，有些设施的使用频率不高或者是专业性较强的，则可以使用租赁的方式。

第二，严格开展设备管理工作，保证设备的完整性。很多国际工程中投入的都是新设施，因此，一定要做好现场设施的维护及保养工作，最好设立专业的设备保养班组。一般是由我方一个工作者带领 4～5 名当地工作人员，对设备开展定期的检查、保养及维护工作，还要检查设备平日的保养情况，而且需要在整个工程线上都进行科学、严格的巡视工作，一旦发现问题，必须第一时间进行解决。如问题较为严重，不能马上解决的，要立即告知设备部，请他们指派修理班进行修理。总之，一定要做好设备平时的保养工作，这样能避免设备大修问题的发生。除此之外，还要避免由于机器应用不科学而导致的使用受限或停工修理。

4. 制定合理的项目经济责任制

制定合理的项目经济责任制包括市场营销经济责任制和项目经营管理经济责任制两部分。

第一，市场营销经济责任制。在国际工程市场营销工作中制定合理的标书，是提高项目中标率和项目经营效益的关键，高质量的编标、投标和项目管理是取得国际工程项目经济效益的基础和保障。

第二，项目经营管理经济责任制。项目经营管理经济责任制是一种责、权、利相结合，以提高企业经济效益为目的的经营管理制度。项目部经理及项目领导团队任期薪酬与项目员工平均工资挂钩，项目部领导分别拿员工平均工资几倍系数，未完成公司费用和利润上缴，项目领导的工资系数要降低。超额上缴利润与项目部领导薪酬挂钩，同时与项目员工薪酬挂钩。项目部制造成本的分解下达，项目部依据公司下达的项目责任目标成本，编制制造成本，通过分解优化，以一项建筑工程为单元分解下达，进行成本控制。依据制造成本中核定的员工工资含量为基数，核定每项工程每月应完成工程量，在保证质量的情况下核定材料消耗量，按此基数分解金额发放，未完成或存在质量和浪费问题，则在基数分解金额基础上，扣掉相应的罚款，作为员工当月工资。

5. 加强项目内部核算管理

要严格开展国际工程项目的内部核算工作，设立专业的项目经济分析机构，并定期组织项目经济活动分析大会，由项目商务副经理主持，项目经理、财务人员、设备管理人员、材料员和工程统计人员等参加，对近期工程进展、资金流量、设备运行、对外关系及分包核算等情况进行沟通，研究其中存在的问题并针对问题制定解决措施，以便为下一步的工作做好计划，充分利用资金和资源。项目部的各机构不能各自为战，否则会使资金过于分散。

6. 做好竣工决算阶段成本控制

科学开展项目的清场工作。要为项目工作者回国准备好资金；下场施工的各种施工设施、器械、剩余材料也需经过严格的清查，还要对其价值实施评估。要确定各种材料、施工设施是运回国还是运往下一个工程点更为经济，以便做出最后决策。按照合同逐项清理完工项目，对外做好与业主全面竣工决算的准备。对内做好分包核算、现场清理退场工作，并进行彻底清查盘点，做好处理费用计划，进行最终核算，计算项目最终经济效益结果。对整个项目成本进行考核，根据项目目标管理经营责任书下达的经济技术指标，对比项目经济效益结果，兑现国际工程项目经济责任。

7. 索赔

在国际工程项目中，一般为咨询工程师代表业主进行设计咨询监理一体式管理，交付承包商图纸并配合大量的文字说明来规范工作内容、施工工艺及技术规范。所以，我们一定要适应这一监理形式，将书面文字作为变更的主要依据，以保证工程款申请和索赔工作的顺利开展。

总之，国际工程的成本控制工作难度是很高的，因此，必须善于从以往的工作中吸取经验，并不断地完善管理程序，建立一个健全、科学的成本控制体系。企业内的每个工作人员还应该具有较强的成本管理意识，只有每个人都在自己的工作过程中做好成本控制工作，才能够促进成本管理目标的完成，提高企业的市场竞争力。

我国的建筑行业目前正处于蓬勃发展的过程中，有越来越多的企业加入到其中。通过科学合理的成本控制与管理，能够有效实现建筑行业施工成本的下降，从而促进企业持续健康发展。在国际工程项目施工建设过程中，贯穿项目始终的是全过程成本管理，进一步有效控制国际工程项目总体施工成本，确保在保障工程质量的前提下，实现业主与企业双赢，将成为我国企业加快国际化进程、提升国际竞争力的必由之路。

任务五　国际工程目标国介绍——墨西哥

一、国家与城市

墨西哥合众国，简称墨西哥，是北美洲的一个联邦共和制国家，北部同美国接壤，南侧和西侧濒临太平洋，东南濒临加勒比海，与伯利兹、危地马拉接壤，东部则为墨西哥湾。面积 1964375km²，为美洲面积第 5 大和世界面积第 14 大的国家。人口约 1.3 亿，为世界第 11 人口大国，拉丁美洲第二人口大国。墨西哥包括 32 个州，其中，首都也是其最大城市墨西哥城独立为一州。墨西哥气候复杂多样，且因多高原和山地，垂直气候特点明显。高原地区终年温和，平均气温 10～26℃。西北内陆为大陆性气候，沿海和东南部平原属热带气候。大部分地区分旱（10月至次年4月）、雨（5—9月）两季，雨季集中了全年 75% 的降水量。每年最旱月份为 2 月，降水量仅 5mm 左右，降水最多月份为 7 月，降水量约为 170mm。

墨西哥建筑色彩独具特色，也是建筑学中的一种装修风格。以红黄蓝三种为基色调，主要特点为热烈奔放、艳丽抢眼，具有视觉冲击性。在墨西哥街区，这些建筑色彩交相辉映，在植物及光影的衬托下，明艳动人，让人感觉宛如进入了童话世界。

墨西哥城作为墨西哥的首都，也是墨西哥最大的城市。城内历史古迹、博物馆、宫殿、纪念碑、商场、政府大楼也是应有尽有。霍奇米尔科（Xochimilco）运河的水上花园是该城市最大的旅游景点，还有独立天使胜利柱等里程碑式建筑。今墨西哥城是16世纪时，西班牙征服者在打败中美洲的印第安文明——阿兹特克帝国之后，将该帝国的首都特诺奇蒂特兰夷平再在废墟上重新建立而起的城市，也是西班牙人在新大陆上建立的国家——新西班牙的首都。墨西哥城面积1525km^2，人口约2200万（含卫星城，2019年1月），是美洲人口最多的都市区，也是世界上海拔最高的都市区。它集中了全国约1/2的工业、商业、服务业和银行金融机构，是全国的政治、经济、文化和交通中心，也是著名的国际化大都市。这座西半球最古老的城市，遍布着古印第安人文化遗迹。

墨西哥人口中，印欧混血人种约占90%，印第安人约占10%，还有少数白种人。官方语言为西班牙语，此外还有360种美洲印第安语言。

二、营商环境与政策法规

（一）营商环境

1. 基础设施

在过去的30年中，墨西哥对高速公路、通信、石油、电力和水利基础建设的投资达到了一个历史的高潮。在所有投资中，约70%来自于私人投资，28%来自于公共投资，2%来自于州政府和市政府投资。

（1）高速公路系统。在墨西哥，高速公路是人员和货物运输的最主要途径之一，其高速公路总里程超过6000km。高速公路包括了14条主线，连接着各个州府和其他重要城市及边境口岸和港口。其中大部分为收费公路，收费标准依地区不同而不同，为1.5~2.5比索/km，少数为免费公路。

（2）港口设施。墨西哥联邦政府十分重视港口的建设，给对外贸易提供各项有利的条件，为港口使用者提供有效的服务，使之能促进国民经济的发展。墨西哥有61个港口，近年来虽受新冠肺炎疫情影响，港口总货运量有所下降，但仍有近3亿t规模。墨西哥主要港口有29个，包括阿卡普尔科、阿瓜斯卡连特斯、阿尔塔米拉、坎昆、塞拉亚、恩塞纳达、瓜达拉哈拉、瓜伊马斯、埃莫西约、拉萨罗卡德纳斯等，其中拉萨罗卡德纳斯、曼萨尼约、阿尔塔米拉、瓜依马斯和维拉克鲁斯是最重要的5个港口，装卸量货物占总量的1/5左右。

2. 劳动力情况

（1）最低工资。墨西哥2021年平均最低工资标准约141.7比索，不同地区有所差异。下加利福尼亚州、南下加利福尼亚州、奇瓦瓦州部分地区、墨西哥城、格雷罗州部分地区、墨西哥州部分地区、索诺拉州部分地区、塔毛利帕斯州部分地区、韦拉克鲁斯州部分地区等A类地区相对较高，其中，墨西哥北部边境自由贸易区的最低工资标准为213.39比索。

（2）加班费。墨西哥规定每小时加班费视加班时间长短而定，一般为正常工资的两至三倍。每星期加班在9小时内双倍工资（每天3小时、每星期3次），若加班时数超过上述规定或于国定假日加班，则要支付正常工资的3倍。

（3）最高工时。墨西哥规定员工每星期最高工作时数为48小时，日班为8小时，夜班为7小时，每星期工作6天。

（4）福利及劳保待遇。墨西哥规定员工连续工作满一年可享受6个工作日的带薪休假，此后每年增加 2 天，最高以 12 天为限。第 4 年以后，每满 5 年增加 2 天休假。另外，员工可获得正常工资的 25% 为休假奖金。当公司解雇员工时，需付 3 个月最近工资作为遣散费。服务每满一年则多付 20 天的工资。若员工自动辞职，公司只需依此比例支付休假奖金与年终奖金。但员工若已连续服务满 15 年，每增加一年需多付 12 天最近工资作为遣散费。

依据劳工法规定，工资及福利由劳资双方协商制定，合同可分为两种形式：

1) 集体合同：由工会与雇主之间达成协议。
2) 个人合同：由员工与雇主之间达成协议。

墨西哥当地通常依法每年进行工资审查及调整，不得低于法律规定的最低工资保障。劳工法强制雇主负担员工的社会保险、住宅基金和退休基金，以及员工休假奖金、年假和年终奖金所需的费用。这些福利金额平均约占员工工资的 29%。

(5) 外籍员工比例。劳工法规定，在外资企业中，外籍人员与墨籍人员比例不得高于 1∶8，目的在于为当地人员创造更多的就业机会。

(6) 劳动力现状。

墨西哥劳动力市场的特点为年轻化、劳动力充足、技能熟练，并能随时接受新的技能训练。墨西哥人口中 52% 为女性，48% 为男性。根据网络相关数据，2017 年墨西哥全部人口 90.5% 为受教育人口，12 岁以上 87.7% 的居民拥有高中以上文凭或受过相关工作技能培训。全墨西哥有大约 59% 的人口参与工作；38.9% 为流动工作人口，31.8% 为固定工作人口（27% 在私人企业中工作，4.8% 在国家单位工作）。墨西哥工作人口在各个领域的所占比例如下：农牧业为 2.61%，采掘业为 0.45%，加工业为 28.88%，建筑业为 5.94%，电力和供水行业为 0.94%，商贸服务业为 15.2%，运输和通信业为 4.3%，私人公司和家政服务业为 15.87%，社会服务行业为 8.27%，其他为 16.54%，临时工为 1%。

墨西哥劳动人口在越来越多的外资企业中工作，外资设厂所在的当地政府和相关机构充分意识到外商厂家的需要，根据各外资公司的要求制定人员培训项目，对人员进行培训，以达到所需要求。

3. 经济开发区

墨西哥经济开发区主要指墨西哥出口客户工业区。所谓客户工业，即免税临时进口设备、原材料、零配件、包装材料等生产资料，在墨西哥加工组装后用于再出口的工业。墨西哥客户工业经过 40 年的发展，为墨西哥经济发展和促进对外贸易做出了很大的贡献。

按地区划分，墨西哥的客户工业可分为北部、中北部、东北部及内地四大地区，前三个地区属墨西哥北部边境地区。北部区包括下加利福尼亚州及索诺拉州，中北部区为奇瓦瓦州及科阿韦拉州，东北部区为新莱昂州及塔毛利帕斯州，内地主要为哈利斯科州、瓜纳华托州、尤卡坦州及墨西哥州，新发展的地区有萨卡特卡斯、阿瓜斯卡连特斯、米却肯、克雷塔罗、韦拉克鲁斯、锡纳罗亚、杜兰戈、普埃布拉等 8 个州。

（二）政策法规

墨西哥资本市场对外高度开放，外国企业在墨西哥境内融资和发行股票上市没有特别的限制。外国企业在墨西哥发行上市由墨西哥证券交易所以及机构证券交易所核准。对于非居民，墨西哥没有对其持有本国或外国货币的管制。在经常项目下和资本项目下同时实施货币自由兑换。墨西哥比索可与美元、欧元及日元等货币自由兑换。外资公司可在墨西哥境内任何一家合法银行开立美元支票及存款账户，开户最低额度由各银行制定。除了在个别与美国接壤的北部地区，个人不能开立美元账户。墨西哥实行盯住美元的汇率制度，在经常项目下和资本项目下同时实施货币自由兑换。目前，美元可自由汇出或汇入墨西哥，公司盈利可在完税后汇出。外资公司可将公司利润、权益金、股利、利息和资本自由汇出。

1. 税务规则

在墨西哥投资的外资企业利润汇出需要缴税，税名是利润汇出税，税率因不同国家略有区别。2005年墨西哥和中国签署了避免双重征税协议。2013年10月31日，墨西哥议会正式通过了财税改革议案。根据当地相关咨询机构提供的资料，在中墨避免双重征税的协定框架内，结合税改的有关规定，我国企业在利润汇回方面须执行的税务规则如下：

1）利息部分，需看贷款的来源。如资金来自中国的银行，则预扣税税率在5%以下；如资金来源于中国的企业或个人，且借贷双方满足税务条约的要求时，预扣税税率为10%；如借贷双方是关联方（子母企业、姊妹企业），则还需要满足转移定价的规定（防止不当利益转移）。

2）分红和利润，则需要考虑资金的来源。如果资金是2014年之前的税后利润，则无需缴纳预扣税；如果资金来源于2014年之后的税后利润，则需要缴纳10%的所得税。

2. 招商引资政策

1982年债务危机后，墨西哥政府放宽了对外资的控制，以促进经济复苏和发展。《北美自由贸易协定》生效后，墨西哥吸收的外国直接投资迅速增加。目前，墨西哥对华招商引资尚无专门优惠政策，当地招商引资主要政策情况如下：

1）经济部外商投资局和外商投资登记处具有外资管理和协调职能，具体负责外资的准入、登记等相关事项。

2）外交部经济关系和国际合作副部长办公室负责限制地区外资投入的审批，财政和公共信贷部负责授予外资企业纳税登记号等工作。

墨西哥有关外国投资的法律法规主要有宪法第73条、《外国投资法》及其实施条例。有关外资并购安全审查、国有企业并购、反垄断、经营者集中等方面的法律法规主要有《外国人投资法及其条例》《商业公司一般法》《联邦经济竞争法及其条例》等。

为吸引外资，墨西哥采取了以下激励措施：机械设备、原料、零配件等进口免关税。若公司暂时进口机械设备、原料和零配件，用于生产或组装外销品返销到其他国家，在墨西哥境内可免进口关税及增值税。产业优先发展计划为产业出口制造商进口原料或机械设备提供优惠条件。银行分担投资开发风险，墨西哥国家外贸银行可以参加外资公司股份最高达25%，促进外资公司发展并加强其财务能力。各州政府奖励投资措施，部分州政府采取奖励投资措施以吸引更多的外资，如降低土地价格、赞助劳工训练计划经费、改善工业区的基础设施等。具体优惠政策有：

（1）地区奖励投资政策。墨西哥总体对吸引外资持积极态度。联邦政府和各州政府对外资都提供了很多政策性优惠，如提供低廉价格土地、赞助劳工训练经费、减免税收、改善基础设施条件等。墨西哥各州均设有负责招商引资的部门，一般设在政府经济发展厅内，为有意向投资的外资企业提供咨询、介绍、参观等支持服务。

（2）"客户工业"优惠政策和产业优先发展计划。墨西哥针对出口制造业采取了一系列优惠政策，主要包括保税加工出口工厂计划、临时加工出口计划和外贸公司计划等。该系列计划由墨西哥政府批准，允许外国投资者在指定地区和行业为生产出口商品建立加工、装配、销售等企业。在生产过程中对包括原材料、半成品、机器等生产用品的进口可免征关税。另外，还颁布了产业优先发展计划，为电机、电子业等制造商进口有关设备提供优惠条件。

（3）重点产业。根据墨西哥贸易投资促进局的统计资料，墨西哥吸引外资的重点产业包括汽车制造业、航空制造业、家电制造业、电子产业、食品加工业、可再生能源产业、制药业、生物技术产业、医疗器械行业和健康旅游业。另外，墨西哥政府也在积极推动基础设施建设投资，并致力于推动高附加值的农产品等对外出口。

（4）对中国投资相关政策。墨西哥已经与中国签订了《促进与相互保护投资的协定》《中国政府和墨西哥政府关于对所得避免双重征税和防止偷漏税的协定》等双边经贸投资协定。2013年，墨西哥国家外贸银行确定了6个与中国合作的优先部门——矿业、汽车、食品、电子、物流、旅游，并表示将努力协调，为两国之间相互投资和进行贸易往来的中墨企业的融资提供便利。

三、涉墨项目简介

1. 墨西哥奇科森坝二期水电站项目

奇科森坝二期水电站项目位于墨西哥南部格里哈尔瓦河上，建设方为墨西哥国家电力公司，总投资额3.86亿美元，由中国电建所属中国水电国际公司中标承建。该项目为径流式水电站，电站装机为3台单机80MW的贯流式机组，为当时国际上最大单机贯流式机组，以及1台1850kW的生态机组，电站年发电量591GW·h。根据测算，该电站预计能够满足当地53.7万户家庭一年的用电需求。恰帕斯是连接墨西哥同中美洲的重要枢纽，这里自然资源丰富，以不到墨西哥4%的面积，提供了全国54%的水利电力、13%的天然气和13%的玉米。该工程还包括在格里哈尔瓦河右岸修建933m长的导流隧洞。二期电站将利用上游2400MW奇科森坝一期蓄水工程的下泄水进行发电。

2. 墨西哥杜兰戈州154MW风电项目

2020年11月17日，中国能建国际公司、浙江电力设计院组成的联合体与墨西哥奥拉新能源公司以网络云签约的形式签署墨西哥杜兰戈州154MW风电项目EPC合同。这是中国能建国际公司在墨西哥及中北美市场首个签约的风电项目。该项目位于墨西哥中部杜兰戈州杜兰戈市，将以EPC总承包方式建设总容量154MW的风力发电站及配套输变电工程。杜兰戈地区拥有丰富的风力资源。项目建成后，每年将新增发电量约4亿kW·h，减少二氧化碳排放约30万t，极大地改善当地生态环境和能源供给结构，助力墨西哥实现2025年新能源装机占总装机容量25%的目标。

3. 墨西哥蒂华纳光伏项目

2020年1月16日，中国能建葛洲坝国际公司与墨西哥BG Titan能源矿产公司顺利签署墨西哥蒂华纳一期120MW及二期480MW两个光伏发电项目EPC合同，这是后疫情时代中墨加强能源合作的重要成果。该项目位于墨西哥北部蒂华纳市及索诺拉州诺加利斯市，当地拥有丰富的太阳能辐射资源，且用电需求增长迅速。项目内容包括总容量1000MW的光伏电站及配套输变电线路的设计、采购、施工、调试，将采用"滚动开发"的模式逐步推进。

思 考 题

1. 工程项目成本的特征类型有哪些？
2. 工程项目成本管理的基本原则有哪些？
3. 工程项目成本计划有哪些？
4. 请绘制工程项目成本控制分解图。
5. 成本控制的基本方法有哪些？
6. FIDIC 合同中，跟成本管理相关的条款有哪些？
7. 我国在墨西哥开展工程项目业务需要注意些什么？

知识拓展屋——FIDIC 系列合同的由来

1913 年，在比利时根特世界博览会期间，来自比利时、丹麦、法国、德国、荷兰、瑞士、奥地利、加拿大、俄罗斯和英国的 59 名工程师召开了一个会议，会议的成果是成立了国际工程咨询师联合会，简称 FIDIC（International Federation of Consulting Engineers），这就是后来编制 FIDIC 系列合同的主体机构。

FIDIC 第一次推出自己的合同范本是在成立 44 年后的 1957 年，首次发布《土木工程施工合同条件（国际）》（Conditions of Contract for Works of Civil Engineering Construction），这便是"红皮书"的第一版。不过，这个合同范本并非 FIDIC 原创，而是参考了前一年英国咨询工程师协会（ACE）发布的《土木工程合同条件格式》，而 ACE 的合同范本则是以英国土木工程师协会（ICE）1945 年发布的第一版合同范本为蓝本编制。实际上，纵观 FIDIC 的发展史，其与 ICE 合同范本有着密不可分的关系。FIDIC 在 1957 年发布第一版合同条件，1969 年发布第二版，1977 年发布第三版，1987 年发布第四版。ICE 则在 1945 年发布第一版，1955 年发布第四版，1973 年发布第五版。前面已经说过，FIDIC 的第一版是间接源自于 ICE 合同第一版；而 1977 年的第三版则是直接参考 ICE 于 1973 年发布的第五版合同。

1977 年的第三版合同条件对于 FIDIC 具有里程碑式的意义：首先这是第一版比较完善的合同，更重要的是，从这一版开始，世界银行将 FIDIC 合同条件纳入了其与美洲开发银行共同编制的《工程采购招标文件样本》，从那时起至今，FIDIC 合同条件一直是世行项目强制使用的合同范本。

项目六

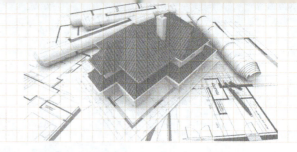

国际工程项目采购管理

能力目标

1. 掌握工程项目采购管理的基本概念以及分类方法。
2. 掌握材料采购管理的基本流程、范围和内容。
3. 熟悉 FIDIC 关于采购管理的相关条款。
4. 了解国际贸易惯例,并能了解各缩略词的基本含义。

任务驱动

任务一 了解工程项目采购管理

一、工程项目采购管理的概念

采购,指的是企业在一定的条件下,从企业外部获取产品或服务作为企业资源,以保证企业生产及经营活动正常开展的全部过程。工程项目采购,通常是指工程项目通过不同的方式,从项目组织外部获得各类资源,以保证工程项目顺利实施的全部过程。需要特别指出的是,采购的对象可以是设备、材料、商品,也可以是聘请承包商来实施工程,或者邀请咨询专家来从事咨询服务。

1. 货物或材料的采购

货物或材料采购通常是指购买项目建设所需要的投入物,如钢筋、混凝土、大型设备等;有时也包括与之相匹配的服务,如购买各类设备时通常包含了配套安装服务。此类采购属于有形采购,可以通过招标完成,也可以通过询价完成。

2. 工程采购

工程采购通常是指通过招标或者其他形式选择承包单位,承担分部分项等施工任务。此类采购也属于有形采购,通常以招标的形式完成。

3. 咨询服务采购

与上两类采购形式不同,咨询服务采购属于无形采购,包括聘请咨询公司或者个别咨询专家,对项目进行中的重大或重要问题提供相应的咨询服务。

二、采购方式分类

1)按采购对象分类,可以分为有形采购和无形采购,如图 6-1 所示。
2)按采购方式分类,可以分为招标采购和非招标采购,如图 6-2 所示。

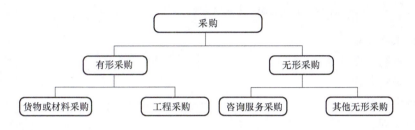

图 6-1　有形采购和无形采购

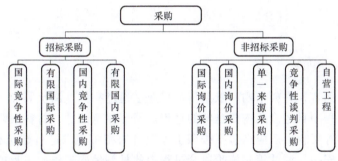

图 6-2　招标采购和非招标采购

3）按采购规模分类，可以分为小额采购方式、批量采购方式、大额采购方式。
4）按采购手段分类，可以分为传统采购方式和现代化采购方式。

三、采购主体

在实际工程项目的采购过程中，主要涉及 4 个主体：业主、承包商或项目实施单位、资源供应商以及项目的分包商，如图 6-3 所示。

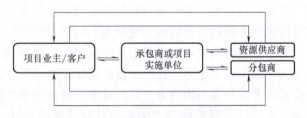

图 6-3　采购主体相互关系

四、工程项目采购管理的重要性

1）采购是工程项目实施的前提条件。
2）采购支付是工程项目成本（投资）的主要组成。
3）项目的采购和供应影响项目的工期计划。
4）采购和供应能力是项目计划和实施的限制条件。
5）对特殊工程和特殊资源，如大型的工业建设项目，采购方案常常是整个计划的主体。

五、工程项目采购和合同管理的过程

1）制订采购计划。
2）制订采购工作计划。
3）选择采购方式。
4）选择供应商。
5）合同管理。
6）合同完结。

任务二　材料或设备采购管理

一、材料采购管理

对于工程项目而言，材料采购一般是指项目业主通过招标、询价等形式选择合适的供货商，并从中购买工程项目建设所需要材料的过程。需要注意的是，材料采购不仅包括单纯的采购工程建筑材料等货物，还应当包括按照工程项目的相关要求进行建筑材料的综合采购，包括购买、运输、安装、调试等实施阶段全过程中的材料采购工作。工程项目中的材料采购是一项复杂的系统工程，不仅需要遵守一定的采购程序，还要求采购人员或机构了解并掌握市场价格情况和供求关系、贸易支付方式、保险、运输等商务知识，以及与采购有关的法律、法规与规定等。

材料采购工作是工程项目的物质基础，在工程项目实施中具有举足轻重的地位，是工程项目建设成败的关键因素之一。此外，由于在一般的工程项目中，建筑材料占工程造价的50%~60%，因此能否经济有效地进行采购，将直接关系到项目成本的高低，进而关系到项目建成后的经济效益。健全的材料采购工作，要求采购前对市场情况进行认真调查分析，据此制定的预算不仅要符合实际，也需要为考虑材料涨价等因素而留出一定余地，避免费用超支，并避免因预算拮据而采购劣质材料导致的工程事故。

在工程项目采购过程中，能否制定合理的材料采购价格，往往受到市场变化的影响。材料市场价格是由市场上的供求关系决定的，这种供求关系主要包括三方面，即供货方之间的竞销，购货方之间的竞买以及供货方与购货方之间的竞争。这种竞争关系通过对供给与需求的影响而影响市场价格。同时，凡是影响供求关系的各种因素都会对国际市场价格产生影响，这些因素主要包括商品生产成本的高低、垄断程度、经济周期性波动、地区经济贸易政策和其他偶发性条件（如自然灾害、动乱、战争及投机等因素）。

为了合理、有效地进行采购，制定相应的采购计划就显得尤为重要。严谨、合理的采购计划可以保证供货商按时供货，进而为工程项目其他工作的顺利实施提供有力保障。一般情况下，工程项目材料采购的程序通常包括制订采购计划、初步选择货源、初步询价、比价、收集样品和样本、报送工程师认可、议价、付款和索赔、现场物资管理和使用等环节。

（一）工程材料采购方式

由于工程项目材料采购资金额巨大、涉及面广泛，如果没有一套严密而周全的程序和制度，就有可能会出现浪费，甚至出现贪污、受贿等腐败现象，而严格周密的采购程序与管理

可以从制度上最大限度地抑制此类不良现象的发生。工程材料采购的方式应依据标的物的性质、特点及供货商的供货能力等方面来选择。具体而言，有招标采购、询价采购、直接订购三种类型（表 6-1）。

表 6-1 材料采购方式

编号	采购方式	基本描述
1	招标采购	可公开招标或邀请招标，一般适用于购买大宗建筑材料，且标的金额较大、市场竞争激烈的情况
2	询价采购	向几个国外或国内的供货商（通常至少 3 家）就采购建筑材料的标的物进行询价，将报价加以比较后，选择其中一家签订供货合同。询价单上应注明建筑材料的说明、数量以及要求的交货时间、地点及交货方式等。报价可以采用网络的形式进行。这种方式的优点是无须经过复杂的招标程序，大大节约了选择供货商的时间。但由于报价的竞争性差，不便于公众监督，容易导致非法交易，一般仅适用于采购价值较小的建筑材料
3	直接订购	不进行产品的质量和价格比较，属于非竞争性采购方式，一般适用于如下几种情况：所需建筑材料具有专卖性，只能从一家供货商获得；负责工艺设计的单位要求从指定供货商处采购关键性建筑材料，并以此作为保证工程质量的条件；在特殊情况下如抢险救灾，急需采购某些建筑材料

1. 招标采购

招标采购可以分为公开招标或者邀请招标，一般适用于购买大宗建筑材料，如混凝土、钢筋、型钢等。通常而言，当涉及金额较大、市场竞争激烈的情况下，可以选择此种采购方式。承包商根据项目的要求列出采购物资的品名、规格、数量、技术性能要求、交货方式、交货时间、支付货币和支付条件，以及品质保证、检验、罚则、索赔和争议解决等合同条件或条款作为招标文件，通过公开招标，或者邀请有资格的制造商或供应商参加投标的方式，择优签订购货合同。需要注意的是，在制定招标文件前，需要先进行询价活动。这一阶段的询价并不是为了立即达成货物的购销交易，而是为了初步掌握市场实际情况，从而为招标文件的编制提供参考。因此，这一阶段的询价属于市场价格的调查性质。一般而言，价格调查有以下几种渠道和方式：

1）查阅当地的商情杂志和报刊。这种资料是公开发行的，有些可以从当地政府专门机构或者商会获得。应当注意的是，有些商情资料的价格是零售价格，而这种价格往往包括了从制造商、批发商和零售商等好几个层次的管理费和利润，远高于成批订货价格，因此这种价格只能作为参考。

2）向当地的同行（工程公司）调查了解。这种调查要特别注意避免同行们在竞争意识作用下的误导。

3）向当地材料的制造商直接询价。

4）涉及进口材料时，可以向国外的材料制造商或其当地代理商询价。

需要注意的是，后两者属于直接询价，属于投标阶段的一般询价，可以采取口头形式（如电话、约谈等），也可以采取书面形式（如传真、信函和邮件等），但这种报价对需求方和供应方无任何法律上的约束力。

2. 询价采购

询价采购是指向几个国外或国内的供货商（通常至少 3 家）就采购建筑材料的标的物进行询价，将报价加以比较后选择其中一家签订供货合同的采购方式。询价单上应注明建筑材料的说明、数量以及要求的交货时间、地点及交货方式等。报价可以采用网络的形式进行。这种方式的优点是无须经过复杂的招标程序，大大节约了选择供货商的时间。但由于报价的竞争性差，不便于公众监督，容易导致非法交易，一般仅适用于采购价值较小的建筑材料。

（1）询价采购程序。工程项目建设，对材料的价格要进行多次调查和询价。同时，为了避免堆积、存储导致的成本和场地的增加，必须根据项目进度制定合理的采购计划。实际采购中，询价程序通常按以下顺序进行：

1）根据"竞争择优"的原则，选择可能成交的供应商。需要注意的是，为了避免报价过多导致混乱，且该步骤也仅仅是选定可能成交的供货对象，因此对于同类材料等物资，一般找2~3家有实际供货能力的厂家询价即可。

2）向供应商询价。询价又称为询盘，是对供应商销售货物的交易条件的询问。为了让供应商提供符合要求的货物，需要至少告知其所需材料的名称、规格、数量、性能等参数。询价可以要求作一般报价，也可以要求作正式的发盘，甚至正式的发实盘。

3）卖方的报价。报价也被称为发盘。通常是应买方（承包商）的要求而提出的销售货物交易条件。发盘有多种，对于形成合同的要约内容是含糊的、模棱两可的，它只适用于一般报价，属于"虚盘"性质，如价格注明为"参考价"或者"指示性价格"等。需要注意的是，这种发盘对于卖方并无法律上的约束力。在实际工程中，通常的发盘是指发出"实盘"，这种发盘应当是内容完整、语言明确，发盘人明示或默示承受约束的类型。一项完整的发盘通常包括货物的品名、品质、数量、包装、价格、交货和支付等主要交易条件。卖方为保护自身的权益，通常还在其发盘中写明发盘的有效期，即在此有效期内买方一旦接受，即构成合同成立的法律责任，卖方不得反悔或更改其重要条件。

4）还价、拒绝和接受。还价又称还盘，是指买方（承包商）对于发盘条件不完全同意而提出变更的表示。如果供应商对还盘的某些更改不同意，可以再还盘，直至双方达成一致或破裂。此外，当买方不同意发盘的主要条件，可以直接予以拒绝。一旦拒绝，即表示发盘的效力已告终止。此后，即使仍在发盘规定的有效期内，买方反悔而重新表示接受，也不能构成合同成立，除非原发盘人（供应商）对"接受"予以确认。如果承包商完全同意供应商的发盘内容和交易条件，可予以接受，构成在法律上有效的"接受"。需要注意的是，此种"接受"应当具备下列条件：

① 应当是原询盘人作出的决定。当然，原询盘人应是有签约权力的授权人，"接受"也必须以一定的行为表示，如用书面形式通知对方。

② 通知应当在发盘规定的有效期内送达给发盘人。

③ "接受"必须与发盘完全相符。

（2）询价准备工作和技巧

1）询价准备工作。从以上程序可以看出，在采购物资的实施阶段的询价，已经不是普通意义的市场商情价格的调查，而是采购的前奏。因此，事前必须做好准备工作，具体如下：

① 询价项目的准备。首先要按物资供应计划列出拟询价的物资范围及其数量和时间要求；特别重要的是，要按照招标文件整理出这些拟询价物资的技术规格要求，并向专家请教，搞清楚其技术规格要求的重要性和确切含义。

② 对供应商进行必要和适当的调查。通常来说，大型的承包商都有各类物资供应商的数据库，在选择承包商时是重要的参考工具。同时在项目结束时，承包商也会及时重新评估供应商，更新他们的信息，为下次挑选做准备。对于没有数据库的承包商，寻找潜在供应商并非难事，但应当注意对这些潜在的供应商进行筛选。对于那些较大的和本身拥有生产制造能力的厂商或其当地代表机构可列于首选地位；对于一些并无直接授权代理的一般性生产商和中间商则必须进行调查和慎重考核。

③ 拟定自己的成交条件预案。事先设想对拟采购的材料设备采取何种交货方式和支付办法。这种设想要从自身的利益（风险最小和价格在投标报价的控制范围内）出发。有了这样的成交条件预案，就可以对供应商的发盘进行比较，从而做出还盘反应。

2）询价技巧。为避免物价上涨，对于同类大宗物资最好一次将全工程的需用量汇总提出，作为询价中的拟购数量，以便通过订货数量大的优势获得优惠报价。待供应商提出附有交货条件的发盘之后，再在还盘或协商中提出分批交货和分批支付货款或采用"循环信用"的办法结算货款，以避免一次交货即支付全部货款而占用巨额资金。

在向多家供应商询价时，应当相互保密，避免供应商相互串通，一起提高报价；但也可适当分别暗示各供应商，他可能会面临其他供应商的竞争，应当以其优质、低价和良好的售后服务为原则做出发盘。

采用卖方的"销售发盘"的方式询价，这样可使自己处于还盘的主动地位，但也要注意反复讨价还价可能使采购过程拖延过长而影响工程进度。在适当的时机采用递盘，或者对不同的供应商分别采取"销售发盘"和"购买发盘"，这也是货物购销市场上常见的。

根据职责分工，应由总部、地区办事处和项目管理组分别对其物资管理范围内材料设备进行询价活动。例如，属于现场采购的当地材料（砖瓦、砂石等）由项目管理组询价和采购，属于重要的机具和设备则可由总部统一询价采购。

3. 直接采购

直接采购是指不进行产品的质量和价格比较而直接进行采购的方式，它属于非竞争性采购方式。这种采购方式的最大优点，在于采购环节少，时间短，手续简便，意图表达准确，信息反馈快，易于供需双方交流、支持、合作及售后服务与改进。同时，其缺点也非常明显，即商品的来源渠道单一，或属专利、首次制造、合同追加、原有采购项目的后续扩充和发生了不可预见紧急情况不能从其他供应商处采购等情况。同时，采购活动处于一对一的状态，且采购人处于主动地位。在交易过程中，更容易滋生各种不规范行为和腐败行为。

一般而言直接采购适用于以下几种情况：

1）所需建筑材料具有专卖性，只能从一家供货商获得。

2）负责工艺设计的单位要求从指定供货商处采购关键性建筑材料，并以此作为保证工程质量的条件。

3）在抢险救灾等特殊情况下，急需采购某些建筑材料。

（二）工程材料采购合同

1. 货物买卖合同的形式

根据不同国家和地区的法律制度规定，合同的形式可以是口头的，也可以是书面的。《联合国国际货物销售合同公约》第11条规定，合同无须书面订立或书面证明。该公约允许签约国对此作出保留，许多国家（包括我国）都对这一条款及相关的其他条款作了明确的保留，即只承认合同的订立、更改或终止应采取书面形式。至于书面形式的格式，各国并无特殊的限制。

货物买卖合同的常见书面形式有：

（1）合同。它是一种正式确定买卖双方责任、义务和权利的文件形式。可采用不同的名称，如合同、销售合同、购货合同、购销合同等。这些合同虽然名称不同，但其实质是完全相同的，都是经买卖双方协议一致、载明交易条件，并经共同签署和承担法律责任的有约束力的文件。

（2）确认书。确认书包括销售确认书或购货确认书，都是由买或卖的一方拟定，并由另一方确认的有合约效力的文件。确认书和合同在格式、条款的设立和措辞上有所不同，但在法律意义上是同等约束力的合约文书。

（3）协议书。从法律上解释，协议或协议书与合同是同义的，因为合同本身就是当事人为了产生、改变或消灭民事法律行为而达成的协议。关键不在于文件的名称，而在于文件的内容是否载明了买卖双方的权利和义务，是否明确规定了买卖双方商定的货物品名、规格、数量、价格以及交货方式和时间等要素，并承认对双方的约束力。至于标明"初步协议"还是"原则协议"或者其他的文件名，并没有太大的区别。此外，由于此类协议的内容仅仅涉及该货物交易的一般性原则，而具体的有实际约束力的交易条件尚待商定，只有补充签订了全部明确的交易条件后才具有可执行性。

（4）备忘录。只要买卖双方对商定的交易条件在备忘录中作出明确和具体的规定，并经双方签署承认，可以视为与合同一样性质的文件。在实际业务中，备忘录更多地用于对已签合同的补充、修改或者变更的书面确认。这时，它们将被视为合同的组成部分。

（5）订购单。一般是由买方向卖方发出的认购某种规定货物的文件。如果订单中规定了明确的交易条件，或者买卖双方事先对交易条件已有一般条款约定，则这种订单实际上是买方的"购买发盘"，买方将承担按订单所列条件与接受订单的卖方建立合同关系的法律责任。订单经卖方书面确认，或者双方在订单上签署，则具有与合同同等的法律效力。

2. 货物买卖合同的基本内容

完整的货物购销合同通常应包含以下内容：

（1）货物的品名、规格和质量要求。关于质量要求，其表述方法各异，有的仅写明国际标准代号，有的应写明材料的化学成分和物理性能，有的则用专门的附件详细说明其技术性能要求和检测标准。

（2）货物数量、单价和总价。对于价格除写明货币和数额外，特别要注明何种交货状态下的价格。

（3）包装。除规定包装方式能适合海上运输要求外，还应规定包装上的各种标志和各种数据及编号等，以便识别和装卸堆放管理。

（4）装运条款。除写明装运港、目的港、装运期限外，还应写明是否允许中途转船或多次分批装船。

（5）保险。属于卖方保险者，最好规定保险的险种和投保金额（海运通常按货价的110%投保）；属于买方保险者，应规定卖方在限定的时间内用网络方式通知买方准备保险所需的各种数据和情况资料。

（6）检验条款。应当规定货物在装运前的检验要求（多系卖方对货物数量和质量的检

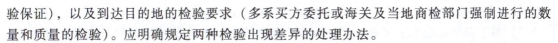

验保证），以及到达目的地的检验要求（多系买方委托或海关及当地商检部门强制进行的数量和质量的检验）。应明确规定两种检验出现差异的处理办法。

（7）支付条款。应说明支付货款的方式，规定买方的开证银行和卖方的议付银行、开证期限和议付有效期限等，如果选择分期支付，应规定分期办法及短期支付的条件。

（8）违约罚则。按双方协议或约定内容列明。

（9）索赔条款。应规定除承运人过失或意外事故及外来原因造成损失的索赔办法，包括索赔依据、索赔时限、索赔偿付办法和时间等。还可以规定补偿损失的救济办法，如拒收或退货、降价、更换、宣告合同无效和要求损害赔偿等。

（10）关于不可抗力的免责条款。可规定人力不可抗拒事件的范围、相关的责任、必要的证明文件、补救办法等。

（11）争议解决条款。对于经济合同争议，通行的解决办法是友好协商，如果协商不能解决则提交仲裁，应规定仲裁地点和仲裁机构及适用仲裁规则。

（12）其他条款。可规定适用于本合同的法律，规定合同的生效办法，如双方签字即生效或者经过公证后生效等。

3. 购货合同的实施和管理

（1）审慎签订购货合同。对于采购部门而言，在物资供应计划和样品获得认可且询价结果满意的前提下，如何及时、有效地签订购货合同将是其重要任务。具体而言，需要关注以下几个方面：

1）建立采购授权和审批制度。根据物资种类进行分工，在建立严格审批制度的前提下，给予采购人员充分授权，以便开展询价、洽谈和签订合同工作。其中，审查的核心要点是供应商的资信和能力、供货人的法人资格和签字代表的授权、货物是否完全符合技术要求、价格是否在控制指标之内、交货时间和地点、各方义务和责任及支付方式等。

2）多种方式签订合同。对于大宗材料，通常是通过多方询价后才签订书面合同。同时，一般应采用信用证付款方式，并对大宗材料适当分散地与多家签订合同，以便避免因违约或不可抗力而缺乏调整空间，进而使工程受到严重延误和损害。对于当地生产的大宗建筑材料，宜与当地多家供应商签订连续供货和定期结算的供货合同，特别是砂石和砖瓦等大宗材料，必须有多家稳定供货的货源，防止独家供货商有意制造困难迫使承包商加价。此外，对于零星物资供应也应当给予足够重视。实践表明，它可能是工程正常进行的障碍，工地常为某种零星的少量物资短缺而不得不临时局部停工，打乱整个工程计划。为此，需要与当地批发零售市场网点及临近的工地同行建立广泛和良好的关系，以便临时调剂解决短缺物资。

3）密切注意合同履行进展情况，及时做出调整和补充订货。一项承包工程的物资供应可能要签订数十个购货合同，其中已有某些合同出于不同的原因造成延误、变更，甚至中止或违约终止等情况，供应部门应及时做出反应。除对该索赔应及时办理索赔手续外，应根据工程进度需要，迅速协商修改合同或另觅供应商重新签订合同，以补进物资，避免工程的损失。

（2）重视履行合同的义务。承包商签订购货合同后，除催货和督促供应商履行交货的合同义务责任外，还需要注重以下工作，以保证合同实施的重要环节。

1）对于工程所在国规定实行进口许可证制度的物资，应尽早申请并办理进口许可证。

2）对于工程所在国实行外汇控制管理的，要尽早申请批准相关手续，以便银行及时开出以外汇支付的信用证。

3）对于以装运港船上交货方式（FOB）成交的合同，应及时租赁船只或委托承运人，并通知卖方；对于以成本加运费的目的港交货方式（CFR）成交的合同，应及时办理保险手续。

（3）认真组织货物的接收

1）协同财务部门和银行核对信用证的跟单和付款。信用证是买方完全按照购销合同中的交易条件向银行申请开出的，如果信用证中议付条件与合同不一致，卖方将会要求买方进行修改。如果卖方接受了信用证，而提交的有关货物的单据显示出与信用证中的议付条件有不符之处，银行将会拒绝付款，除非买方愿意接受这些不符之处，并正式通知银行。因此，作为买方，在接受单据时，要认真核对这些"单证不符"的细节。对于涉及货物规格、质量和付款条件等严重的不符点，可以同意银行拒付，并拒收货物，并要求卖方派人直接处理和交付符合合同及信用证规定的替代货物，还可以声明要求卖方赔偿损失。如果"单证不符"并不涉及货物本身的问题，仅是某些如收货人的名称、地址填写错误和某些明显的拼写或打印错误等细节性问题，则可以通知银行接受卖方的更正要求，并付款取单以提取货物。

2）组织清关、收货和内陆运输。所谓"清关"，是指按进口国（即工程所在国）的有关法令办理海关检查货物和核定关税的放行手续。由于手续严密和程序较多，许多国家规定只有获得资格证书的专业人员才能办理清关手续，为此，承包商更愿意委托专门的清关代理公司办理清关。承包商应选择信誉好、能力强和手续费低的公司作为自己的清关代理。即使是委托代理进行清关和提货，承包商还应有专门人员与之配合、提供清关和提货所需的文件和单据（除卖方提交的货运提单、发票、保险单、产地证明书、装箱单外，还需要合同、货物进口的批准文件或进口许可证、免税批准文件、机具设备临时进口批准文件等），并按政策法令缴纳关税和各项官方费用，对免税物资和临时进口的机具设备，要提交当地银行开出的税收保函。

3）及时进行质量检测和索赔。质量检测的目的：一是如果发现货物质量与合同规定不符，可向供应商索赔；二是提交工程师审定，批准在工程中使用。通常在货物运抵工地时，应请工程师共同随意抽样，并送交检测机构或试验室试验。应当注意的是，检测的结果必须在购货合同规定的索赔有效期内得出，否则将失去索赔的权利。如果检测结果证明符合购货合同中的质量要求，工程师将会批准。凡是属于货物运输过程中的损坏（如卸货时发现包装箱破损和货物已经受损），应当在卸货时由承运人出证，以便向船运公司或向保险公司索赔。货物数量的短缺，也按此处理。只有证明货物系内在品质缺陷或者短缺在装运前已经发生，才能向卖方索赔。未经检查试验和检测后不合格的货物，只能采取暂存办法，不得动用，直到索赔得到合理的处理。

二、设备采购管理

对于工程项目而言，除了材料采购外，设备采购也是工程成败的关键。项目的设计，采用的新技术、新方案和新工艺都最终在所采购的设备中体现。如果设备采购不当，就有可能造成指标参数达不到要求，甚至导致整个项目失败。为了确保项目一次试车、投产成功，同时又能取得较好的经济效益，设备的采购和质量控制是项目管理中的重点任务之一。工程设备采购和材料采购在采购方式、询价步骤、询价方式和技巧、购货合同的订立和管理方面都基本相同，但是设备采购存在一定的特殊性。如图6-4所示，列出了在设备采购中的一些主要构成。

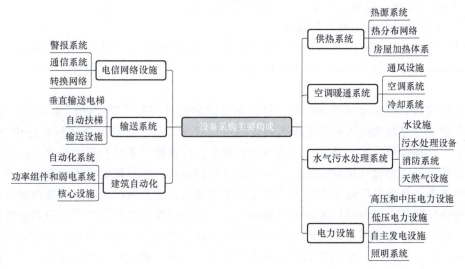

图 6-4　设备采购中的一些主要构成

（一）设备采购程序

1. 采购计划

由于一般工程项目中所要采购的设备多达几十种，涉及设备规格、技术要求、数量、制造周期、价格、资金状况等各不相同，因此首先要制订一个详细的设备采购计划，以确保设备的采购有序而稳妥地进行。设备采购计划的编制主要考虑以下几点：

1) 信用证开立的时间。
2) 设备的制造加工周期。
3) 安装的顺序和总进度计划。

对价值较大、利润较高的设备，要争取早开立信用证，早收回设备款。同时，还要考虑设计进度、公司资金状况等因素，制订一个切实可行的设备采购计划。

2. 询价

根据采购计划，对采购的设备进行初步询价，询价考虑3~5家制造厂或分包商，被询价的制造厂或分包商须通过一定的资格审查，例如国家专业出口定点厂、行业内的骨干厂家和国家甲级成套的单位。询价采用面谈和通信相结合的方式，要把设备的技术要求、当地现场自然和气象条件、用电条件及工艺情况向被询价的单位介绍清楚，并提供给被询价单位一份符合上述要求及条件的文字资料。做到"程序公开、公平竞争、机会均等"。在询价过程中，厂家反馈的问题及建议，要和设计院专家及时沟通，并采纳其有用部分。最后选择其中的2~3家作为考察对象。

3. 厂家考察

厂家实地考察的主要内容包括：

1) 厂家的加工能力、加工设备的状况和执行的技术标准和工艺。
2) 厂家是否已通过 ISO 9000 质量体系认证。
3) 厂家的检测设备和检测手段及试车条件。

4）厂家的业绩、售后服务体系和用户反馈的意见（对于重要和关键设备还要走访用户）。

5）厂家的规模、资信及资金状况和融资能力。

6）厂家应用的包装标准和运输条件。

通过对上述6项指标的考察，对厂家情况进行全面、合理、科学的分析，确定厂家是否具有承担该项设备供货的资格，写出考察报告并存档，为下一步的议标做好准备。

4. 技术交底

在上述询价和厂家考察的基础上，组织设计院的设计人员、选定的厂家（2~3家）和项目经理部的专家及商务人员对所采购的设备进行技术交底，详细地介绍设备的供货范围、技术要求、设备所处的工艺条件、制造和检验标准、设备接口条件和尺寸要求、试车和验收要求、非标设备详细设计图纸的答疑、合同技术附件的解释以及现场技术协助的要求。项目经理部的商务人员要对所起草合同的主要条款尤其是支付条款对厂家进行清楚的解释并提供厂家一份合同草稿，以便使厂家的报价准确可靠。同时厂家的技术人员在对设备情况进行全面透彻了解以后，要根据自己的制造和设计经验对设备的选型、选材和特殊要求与设计人员进行交流，并对设计人员考虑不周全的地方提出自己的意见和方案，在征得设计人员同意的情况下进行修改、补充和完善。在技术交底的基础上，要求厂家进行最终的正式报价。报价应为分项报价，它应包括设备的本体价、外购配套件价格、包装费、运输费等内容。在提交报价的同时，还要求厂家提供设备制造加工方案和设备制造质量控制程序等文件。

5. 评标和定标

首先，在厂家最终报价及评标的定标前，项目经理部的商务人员对所采购的设备要制作标底。其次，设计人员和项目经理部专家要对厂家提交的制造加工方案和设备制造质量控制程序等技术文件进行评判，选定技术上可行的厂家作为拟定的供货商。评标和定标采用议标的方式，即在考察和最终报价的基础上，确定供货厂家或分包商。在选定供货厂家的过程中，不一定就选择最低报价的厂家，也不一定就淘汰最高报价的厂家。确定最佳的供货厂家或分包商是一个过程，它和合同的谈判是融为一体的，有时需要和拟选定的厂家分别进行洽谈，才能确定商务和质量上都能满意的最佳厂家或分包商。

6. 合同的谈判和签署

整个合同谈判应以项目经理为核心并包括技术专家、商务人员等组成一个谈判小组。合同主要由以下内容组成：

1）设备的供货内容和范围。

2）合同金额和支付条件。

3）交货日期、交货地点和收货人。

4）包装要求。

5）质量保证、检验和验收。

6）责任和违约罚款。

7）技术协作。

8）仲裁的相关事宜。

9）合同技术附件。

在对上述条款尤其是对合同金额和支付条件达成一致，在三方即供货厂家或分包商、设

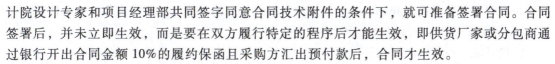

计院设计专家和项目经理部共同签字同意合同技术附件的条件下，就可准备签署合同。合同签署后，并未立即生效，而是要在双方履行特定的程序后才能生效，即供货厂家或分包商通过银行开出合同金额10%的履约保函且采购方汇出预付款后，合同才生效。

（二）设备的质量控制

工程效益是目的，工程进度是保证，而工程质量是关键。对于成套设备而言，通常可以从以下几个方面进行设备的质量控制。

（1）设计审查是设备质量控制的基础。制造厂完成制造图纸和制造方案后，设计院设计人员和项目经理部专家就要根据合同对其图纸和方案、设备的选型和所用材料及特殊部位的选材进行审查，确保设备的质量满足合同的要求。在设计审查中要确保：

1）厂家的设计完全体现了合同技术附件的要求。
2）合同中各项技术参数在设计中已完全体现。
3）设备主要部件的结构形式满足合同要求。

（2）驻厂监制是保证设备质量的有效手段。目前制造厂在成套设备的制造加工、检验和销售工程中主要有以下质量缺陷：

1）执行标准和工艺规程难以满足合同要求。
2）检验项目和要求不能涵盖合同要求。
3）图、物不完全相符。
4）表面处理（含除锈、防腐、油漆）质量差。
5）技术资料和图纸不规范。
6）外观及装配质量差。
7）包装质量差。

聘请专业的监制公司驻厂监制，对从原材料外购、备料、加工等各个制造环节实施有效的监控，确保设备的质量满足合同的要求。为了保证驻厂监制的客观性和公正性，聘请的专业设备监制公司仅仅从事专项的监制工作，既不参与设备的商务谈判，也不与制造厂发生任何利益关系。如在某厂加工的两台重要风机的组装过程中，监制人员发现主轴部分的装配尺寸不符合要求，其轴向止推面的接触面积较小。为此，组织设计人员、项目经理部专家和工厂的设计、加工人员对主轴部分进行审查，发现其问题是由于主轴的结构设计不合理所致，据此要求工厂重新加工主轴部分，确保了设备的整体质量。

聘请已取得ISO 9000质量体系认证的设备公司作为驻厂监制队伍，可使设备质量得到有效的保证，要求他们依据ISO 9000质量体系的要求，全面、系统地对制造厂进行有效的过程监控。同时为了确保监制工作质量，要求监制设备公司按照ISO 9000质量体系建立监制的质量保证体系。另外，项目经理部采取周汇报、月总结和重大问题及时反馈的方式对监制工作进行考核。

（3）良好的设备包装是设备安全运抵现场的必要手段。设备要经过水路、海运和陆路等长途运输才能运抵现场，中间经过的环节较多，因此设备的包装质量一定要过关。需要制定公司包装要求并把此包装要求纳入合同附件，严格要求制造厂家按此进行包装。厂家在实施包装前，须先提交包装设计方案供项目经理部专家审核，然后厂家按照审核通过后的包装设计方案对设备进行包装。在设备的制造加工过程中，对厂家的制造加工能力、管理水平、质量控制水平和能力等有了全面和综合的了解，据此对厂家或分包商进行评判、考核，确定其是否为合格的分包商，并把合格分包商的材料归类存档，建立一套合格分包商的档案。

（三）设备购买合同的特殊条款

无论是施工所需的大型机具或者工程中要提交给业主的生产或试验设备，其购买合同与上述一般材料等货物的购买合同有所不同，除货物购买合同的基本内容外，还应根据其不同的特点注意以下问题：

1）设备不像一般建筑工程的材料那样一次性投入使用，而是要长期使用和运行。设备的内在缺陷或达不到性能要求，常常是静态检验方法和表面观察难以发现的。因此，对于设备的质量保证应当有一段较长时间。如规定"正常运行保证期为12个月，从安装结束投入运行之日算起，或者以设备到货后18个月为质量保证期，以两者限期先到达为准"（注：这一规定是卖方为了防止设备到货后，因其他原因长期不予安装使用而制订的）。

2）对于设备质量保证期内的保证内容应作出具体规定，主要是保证设备按其技术规格说明书中的技术性能正常运转，卖方对设备由于设计或制作材料和工艺缺陷而造成的损坏承担责任，但不包括正常磨损、操作失误、买方自行改造或更换部件或维修不当造成的损害。应规定保证期发现缺陷的救济措施，如接到买方的通知后进行免费修理、更换部件直至更换整台设备等。还应规定经维修或采取其他补救措施后如何延长后续的保证期。也可以规定对保证期出现的缺陷将按商品检验机构提出的鉴定证明进行索赔，并规定理赔方式。

3）应规定设备安装调试后进行性能试验的程序和方法，应明确试车和性能试验的费用及承担办法；还应规定第一次性能试验失败后的补救措施，如允许再次试验，并规定再次试验的时间和费用承担办法。应明确性能试验报告签署后的正式移交手续。

4）设备的采购通常与设备的安装和试车的技术指导有关，应规定双方在安装试车中的责任，以及费用的承担办法。

5）设备的采购通常与备件的供应有关，应规定备件清单及今后供应备件的办法。

6）有些设备采购的付款条件同材料采购不同，通常采用分批付款方式，即支付一定的预付款，而后按设备到货、安装、调试和性能试验等阶段分批支付，应当规定每期付款的支付条件。有些设备采购合同还规定在质量保证期内卖方应提供对质量保证或维修的银行保函。

7）设备的供应还与技术资料的提供有关，应当规定卖方何时提交有关的技术资料，包括设备的技术性能说明书和必要的图纸、操作手册、维修手册和备件手册等。明确提供以上技术资料的费用是否包括在合同总价之内。

8）设备购销合同违约造成的损害是极为严重的，因为不仅设备本身的价款金额很大，而且由于违约造成的直接经济损失和间接损失往往也是巨大的。特别是间接损失，如果考虑因延误生产导致的利润损失，能达到无法承受的数额，巨额的经济损失索赔会导致一场持久的法律纠纷。为此，应当在设备购销合同中对违约罚金和损害赔偿作出明确的规定，如对违约罚金可以确定一个最高限额；对损害赔偿可以商定一个明确的范围（如仅限于哪些直接损失）。

任务三　工程采购管理

一、工程采购管理流程

有形采购除了材料和设备采购外，还有工程采购。此类采购属于有形采购，通常是指通

过招标或者其他形式选择承包单位，承担分部分项等施工任务

（一）目的

对于工程项目而言，特别是大型项目，体量大、专业性强，需要对项目进行拆分，并适时引入分包单位参与施工。因此，明确总承包工程、专业分包工程和零星工程的范围、程序及方法，制定相应管理流程，从而指导相关职能部门按照有关规定开展工作，是确保项目顺利推进的必要手段。

（二）关键活动

1. 制订招标工作计划

制订招标工作计划主要包括两方面：一是合约管理策划报告，通常由成本部门在项目启动阶段编制合约管理策划报告，提交公司招标小组商议确定后，呈报决策层审批；二是招标采购专项计划，当合约管理策划报告获批后，由成本部门在项目启动阶段根据公司主要工作节点计划编制招标采购专项计划，提交公司招标小组商议确定后，呈报决策层审批。

2. 编制招标文件

由公司招标小组牵头组织编制招标文件并报决策层审核，具体包括以下内容：

1) 招标工程综合说明。
2) 确定招标方式草案，报董事会审查确定。
3) 确定甲供材料范围（包括特殊材料）与设备地供应方式以及材料价差处理方法。
4) 由成本部提出工程款项支付方式及预付款的百分比并报招标领导小组组长审核确定。

3. 投标企业考察

通常而言，该步骤包括四个方面：

1) 公司员工推荐或外部获取投标企业。推荐人对投标企业的后续行为并不需要负任何责任。
2) 由招标小组审查各潜在投标企业资格，并根据工程情况确定考察潜在投标企业名单，报招标小组组长及决策层审核后实施。
3) 新投标企业经公司的联合考察认可后，纳入公司的合格施工单位库，方可参与公司的工程投标。联合考察的部门包括工程部、成本部，必要时邀请行政、决策层成员参加。招标小组考察完毕将考察报告报招标小组组长及决策层审核后，确定投标单位名单。考察通过的投标企业方可入围投标。
4) 施工单位的考察包括施工单位总部和在建项目，在建项目的考察包括施工现场、资料和项目管理团队。

4. 发放招标文件和图纸

工程部门在发放招标文件前，应当至少提前1天准备好招标图纸，并至少提前半天落实好材料、设备样板。成本部门至少提前半天完成招标文件的复印、装订以及全部招标图纸的复印、晒图工作。最后，由公司招标小组向投标企业分发招标文件和施工图并由财务部门收取押金。

5. 现场踏勘

由工程部分批组织入围投标企业踏勘现场，真实、完整地向各潜在投标企业介绍工程特点和场地现状及周边环境情况。

6. 招标答疑

由公司招标小组牵头主持召开招标会议，向投标企业介绍招标工程情况，解答有关问题。通常而言，对各投标企业的问题解答以及对文件的澄清、修改与说明，必须以书面形式通知所有参加投标的投标企业，并将其作为招标文件的组成部分。

7. 收标、开标

必须由公司行政部门负责统一接收、审核投标企业送交的投标书并编写标书符合性审核报告后，呈报决策层开标。一般项目开标可不要求投标单位参加开标。是否要求投标企业参加开标由决策层决定。

8. 评标、议标、定标

对于不同类型的工程，该步骤有所不同。

（1）专业分包工程。工程部门负责技术标的评标，成本部门负责提供投标报价比较表，由项目总经理综合审核后形成评标、决标报告呈报决策层审批。在技术标符合要求的情况下，原则上以合理低价中标。如经评审的投标价均高于公司标底，由招标小组与投标价最低的3家单位谈判，自投标价最低的谈起，至任何一家谈妥为止。原则上报价最高的单位不进入约谈名单。

（2）零星单项工程

在技术标符合要求的情况下，原则上以合理低价中标。由招标小组主导与投标价最低的3家单位谈判，自投标价最低的谈起，至任何一家谈妥为止。通常而言，造价在2万~10万元的零星单项工程，其它1万元以下的业务项目不需招标，但必须由工程部、财务部、成本部评审；工程类5万元以下，其他业务1万元以下由项目总经理审定生效，其余以上由决策层审定或授权审定方可生效。造价在10万~50万的必须有三家以上单位参与议标，经招标小组评估后报决策层审定。

二、工程采购管理控制措施

当项目进行工程采购后，也就意味着参与主体的增加，进而给项目管理带来难度。因此，在工程采购管理中，要特别注重全过程控制，以确保工程项目的顺利实施。具体而言，可以分为组织措施、技术措施、经济措施、合同措施四个方面。

（一）组织措施

根据项目类型不同，应当选择合理的组织架构形式，并明确各部门、各岗位的职责。要想加强组织管理措施的有效控制，就必须建立完善组织架构、制度和运行机制，明确监督和控制人员任务和职责，不断完善项目管理组织保证体系、项目管理班子职责。此外，要细化管理责任，落实到人。要以项目经理牵头，项目工程师为主，项目其他人员共同参与，各负其责，建立健全管理的各项基础工作。再者，工作关系应当用心打造，用德维系，用法规范。现场管理人员要有七忌：一忌不讲原则，一团和气；二忌不讲礼仪，高高在上；三忌不出主意，光挑毛病；四忌不担责任，推脱问题；五忌不看成绩，凡事挑剔；六忌不懂装懂，生搬硬套；七忌不讲立场，堕落腐化。

（二）技术措施

技术措施是多方面的，主要抓好四个环节：

（1）安全。多工种交叉作业，增加了安全生产管理难度，在做好总包与分包之间安全管理协调工作外,强化专业分包单位安全管理,落实"谁施工,谁负责"安全管理责任。随着工程进展,建立完善总包对分包管理、分包自行安全管理的二级安全管理体系,并组成由总包和各专业分包单位(水电安装、消防通风、幕墙、装饰装修、避雷、施工用电等)专职管理员和安全员参加的项目安全管理组织,增强安全管理力量,加强分包商与总承包商工作上相关节点的协调配合。通过以上事前控制有效避免了分包商与总承包商在安全质量上的纠纷。

(2)材料采购环节。材料设备采购要"货比三家",以质量价格比选定供应方。

(3)工程延误环节。主要分部分项工程的实际施工进度,工程主要材料、设备进退场时间及业主原因造成的延期开工、暂停开工造成工期延误的签证、不同时期完成的工作量、工程量的增加,其材料价格肯定不同,应及时明确,以免发生扯皮现象。

(4)隐蔽工程环节。在实施组织设计和施工方案过程中,尤其要把好隐蔽工程的签认关。该工作也是投资控制的重点工作。此类签证资料一旦缺少将难以完成验收和结算。

(三)经济措施

工程施工期间,由于业主要求、场地、环境变化等原因产生各类签证,主要包括业主违约,非承包商引起的工程变更及工程环境变化,合同缺陷等。因其涉及面广,项目繁多复杂,要切实把握好有关定额、文件的规定,尤其要严格控制签证范围和内容。对已完工程的计量、支付款的复核进行投资计划值与实际值比较,进行造价控制分析和预测,排除投资风险,力求使工程实际投资不超过计划投资。具体如下:

(1)延误赔偿和索赔处理相关签证。严格按索赔程序原则审核索赔的成立条件,分清责任,认可合理索赔。

(2)理清材料单价的签证。材料单价的签证是影响工程造价的重要因素之一,在办理材料单价的签证时,应注意弄清哪些材料需要办理签证以及如何办好,对于所签证的材料单价是否包括采保费、运输费等应注明,避免结算时重复计算。

(3)分清计税计费和计税不计费项目。在施工过程中,经常会出现一些无法计算工程量或某些特殊的项目,往往以双方商定的具体金额来签证解决。签证者应签明哪部分可以取费,哪部分只能收取税金,避免结算时双方发生争议,给工程结算审核造成不必要的麻烦。

(四)合同措施

1)按合同条款支付进度款时,要防止过早过量签证,对合同变更补充协议签认要严慎,工程技术单签证要依合同相关条款来衡量,相互制约,预防无限扩大。

2)设计变更或施工图有错误,此类签证只需签变更项目或修正项目,有的只签差异部分,不要重复签证。

3)业主项目经理、工程师应静下心来,认真阅读、仔细理解工程合同,吃透合同条款,善于发现合同的缺陷部分,运用补充协议及时进行完善。

4)最后强化实施过程中工程资料的及时收集、整理和归档,强化工程资料的真实性、完整性、严肃性。

三、工程采购与材料设备采购的区别

相较于材料设备采购,工程项目的招标投标时间限制更加明确。如办理工程类公开招标项目时,招标公告或者投标邀请书规定的投标人报名的时间,自招标公告刊登之日或者投标邀请书发出之日起计算，不得少于5日。自招标文件或者资格预审文件发出之日起至停止发出之日止，最短不得少于5个工作日。自招标文件开始发出之日起至投标人提交投标文件截止之日止，最短不得少于20日。招标人对已发出的招标文件进行必要的澄清或者修改的，应当在招标文件要求提交投标文件截止时间至少15日前，以书面形式通知所有招标文件收受人，如有必要，应延长投标截止日期。中标公示不得少于3日。

而对于材料设备采购，通常规定自招标文件开始发出之日起至投标人提交投标文件截止之日止，不得少于20日；中标公示期限为1个工作日，相关供应商对中标结果有异议的，可自公告期届满之日起7个工作日内书面提出。

此外，在评审体系方面，两者也有不同。工程类公开招标项目评审内容相对固定，"施工组织设计"一般包括：施工方案与技术措施、质量管理体系与保证措施、安全和绿色施工保障措施、工程进度计划与保证措施、劳动力配置及保证措施、施工机械的配备、成品保护和工程保修的管理措施、应急预案及处理措施等内容。"项目管理机构"评审内容一般包括：项目负责人和技术负责人的任职资格与业绩、项目班子情况、财务状况、企业业绩、施工机械设备、企业管理体系、诉讼及不良行为记录等。价格分是在去掉相应比例的若干最高、最低投标价格后，计算其他评标价格的算术平均值作为基准价，以其价格分为满分来计算。

而材料设备采购公开招标项目一般采用综合评分法，设立"商务部分""服务部分""技术部分"和"价格"四项评分内容。前三项一般根据招标特点和实际需要进行编制，内容相对灵活，货物类价格分一般为总分值的30%~60%，服务类价格分一般为总分值的10%~30%。价格分是在满足招标文件要求的基础上，投标价格最低的投标报价为评标基准价，以其价格分为满分来计算。

任务四　国际工程采购管理要点分析

一、FIDIC中对采购管理的要求

（一）采购主体

在FIDIC合同条件中，采购原则上由承包商承担，也可以通过合同约定由业主承担部分生产（永久）设备或者材料的采购。FIDIC的新红皮书、新黄皮书、银皮书的"4.1承包商的一般义务"中规定，合同规定的生产设备以及设计、施工、竣工和修补缺陷所需的所有临时性或永久性的货物、消耗品及其他物品和服务，均由承包商提供。

招标文件合同范本4.1.3款规定，除专用合同条款另有约定外，承包人应提供为完成合同工作所需的劳务、材料、施工设备、工程设备和其他物品。此外，除专用合同条款另有约定外，承包人提供的材料和工程设备均由承包人负责采购、运输和保管。承包人应对其采购的材料和工程设备负责。同时，承包人应按专用合同条款的约定，将各项材料和工程设备的供货人及品种、规格、数量和供货时间等报送监理人审批。承包人应向监理人提交其负责提供的材料和工程设备的质量证明文件，并满足合同约定的质量标准。对承包人提供的材料和工程设备，承包人应会同监理人进行检验和交货验收，查验材料合格证明和产品合格证书，并按合同约定和监理人指示，进行材料的抽样检验和工程设备的检验测试。检验和测试结果

应提交监理人，所需费用由承包人承担。

此外，合同示范文本第 28 条承包人采购材料设备还对采购过程中出现的几种情况进行了明确。一是承包人负责采购材料设备的，应按照专用条款约定及设计和有关标准要求采购，并提供产品合格证明，对材料设备质量负责。承包人在材料设备到货前 24 小时通知工程师清点。当承包人采购的材料设备与设计标准要求不符时，承包人应按工程师要求的时间运出施工场地，重新采购符合要求的产品，承担由此发生的费用，由此延误的工期不予顺延。

由承包人采购的材料设备在使用前，承包人应按工程师的要求进行检验或试验，不合格的不得使用，检验或试验费用由承包人承担。当工程师发现承包人采购并使用不符合设计和标准要求的材料设备时，应要求承包人负责修复、拆除或重新采购，由承包人承担发生的费用，由此延误的工期不予顺延。

如果承包人需要使用代用材料，应经工程师认可后才能使用，由此增减的合同价款双方以书面形式议定。此外，由承包人采购的材料设备，发包人不得指定生产厂或供应商。

如在某合同中规定"承包人提供永久性工程的设备、材料和部件"，此时，承包人应当依据设计文件规定的技术条件、功能要求和使用要求，负责组织永久性工程的设备、材料、部件的采购（包括备品备件、专用工具及厂商提交的技术文件）并负责运抵现场，并对其质量检查结果和性能结果负责。由承包人负责提供的永久性工程的设备、材料和部件的类别、估算数量和规格清单在专用条款中列出。如果因承包人提供的设备、材料、部件（包括建筑构件等）不符合国家强制性标准规定所造成的质量缺陷，则由承包人自费修复缺陷，因此造成进度延误的，竣工日期不予延长。

（二）供应商的选择

在 FIDIC 的新红皮书条款中，对于业主是否能够干预承包商对供应商选择的问题中，根据"4.4 The Subcontractor（分包商）""5.1 Nominated Subcontractor（指定分包商）""13.5 Provisional Sums（暂定金额）"等内容的规定，通常要分为两种情况：一是承包商自行选择供应商的，无需取得业主或其指定工程师的同意；二是如果业主或其指定工程师因特殊原因必须进行指定的，则需要通过变更的方式指定分包商供应设备和材料。如某工程依据合同条款约定，在承包商提交的经发包人批准的供应商名单中，由招标选择相关采购物资的供货商或制造厂。此时，承包人不得在设计文件中或以口头暗示方式指定供应商和加工制造厂，特殊情况或只有唯一厂家的除外。

1. 特殊分包人或供货人

为了履行合同中某专业化的或需特殊专业资质要求的工程施工或提供关键的、专项的材料、设备的供货，以及由于承包人违约业主需雇用其他承包人完成部分工程，业主应通过公开招标或邀请招标方式选定施工单位或供货单位作为业主的特殊分包人或供货人。并要求承包人与进行专项施工或供货分包的特殊分包人或供货人签订分包合同。在有关特殊分包的合同中，特殊分包人（或供货人）应独立地承担其合同责任和义务，不得使承包人对业主承担的合同责任和义务受到损害，也不得使承包人承担因特殊的分包人（或供货人）未能履行责任、义务而引起的索赔、赔偿、诉讼费用及其他开支。承包人对于特殊分包人（或供货人）及其职工的过失而造成的损失不承担任何责任；此外，特殊分包人（或供货人）对承包人的临时工程不能随意使用。如果特殊分包合同中含有与上述规定有悖的条款，承包人有权拒绝与此特殊分包人（或供货人）签订合同。如果要求特殊分包人为本工程或工程中设备提供设计或规范，则这种要求应在特殊的分包合同中写明，并明确"对于提供上述设计与编制规范的特殊分包人的设计错误或失职及引起的一切索赔、诉讼、赔偿，承包人概不负责。"

2. 发包人指定的特殊分包人

如果承包人工程进度严重滞后，业主有权对承包人部分工程进行特殊分包，承包人应无条件接受，并对承包人的合同价做相应调整。承包人应按业主要求提供已有的临时设施（如便道、电力线路等）供特殊分包人使用，承包人不得为此要求增加任何费用。属特殊分包人（或供货人）的项目，工程的计量由承包人负责统一上报，承包人应将业主支付的属特殊分包人（或供货人）部分的款项及时向特殊分包人（或供货人）支付。在此情况下，承包人有责任协助管理特殊分包人（或供货人），必要时，应配合特殊分包人（或供货人）使分包人（或供货人）能更好地提供服务。如因承包人未履行其应有职责而导致损失，承包人应承担相关责任。对于特殊分包人（或供货人）已完成的工程或已提供的货物、材料、设备，承包人应有权得到下述款项：

1）承包人向特殊分包人已提供的劳务费用。此费用应按已列入工程量清单的此项（如列有）款额计价；如果工程师按某条款规定发出过指令，则按该条款规定确定此项劳务费用。

2）承包人对特殊分包人应收取的手续费、利润提成，其金额应按已支付或应支付给特殊分包人（或供货人）的实际价款的3%计算。

需要注意的是，属特殊分包人（或供货人）的项目，其工程计量由承包人负责整理或汇总上报，进入承包人的期中支付报表中，业主在扣减承包人应得款项后将直接支付给特殊分包人（或供货人）。

3. 供应链的使用

在进行工程设计和建造过程中，承包商应雇佣供应链成员明细表中载明的有关专业领域的供应链成员，并且未经业主批准（此类批准不应无故拒绝），不得撤换任何提名的成员。

在进行工程设计和建造过程中，承包商应充分地参与，并在尽早的适当时间与所有供应链有关成员合作，以取得工程设计或推荐的施工方法涉及的投料方面的效益，自担风险实施有关工程设计和建造的价值工程以及整个使用期成本分析。

二、国际贸易惯例

（一）国际贸易惯例概述

国际贸易惯例是指在长期的国际贸易业务中反复实践并经国际组织或权威机构加以编纂和解释的习惯做法。由于国际贸易活动环节很多，因此在长期的贸易实践中形成了某些固定做法，如交货方式、结算、运输、保险等。但需要注意的是，受制于各国国情、风土、法律等的不同，这些固定做法各不相同，这就导致了各国在交易过程中出现各种偏差，进而影响诸如国际工程项目等工作的顺利开展。因此，为解决这一问题，一些国际组织通过搜集总结各国做法，并从中提炼出合适的贸易行为规则，如货款收付方式、交易条件等，进而在国际上推广，从而被国际广泛采用，成为国际贸易惯例。由此可见，习惯做法和惯例是有本质区别的，后者必须经过国际组织加以提炼总结，并辅以合理解释。

需要注意的是，国际贸易惯例并不是法律，而是人们共同信守的事实和规则。这些规则的存在和延续是因为它能够满足人们的实际需要而不是因为国家机器的强制。因此，国际贸易惯例不是法律的组成，但可以补充法律的空缺，使当事人的利益达到平衡。

1. 国际贸易惯例与合同条款的关系

国际经济贸易活动中的各方当事人通过订立合同来确定其权利和义务。在具体交易中，虽然当事人在合同中对各项主要交易条件及要求等作出了规定，但不可能对合同履行中可能出现的所有问题都事先想到。对于在合同中未明确规定的许多问题，或合同条款本身的效力问题，都有可能涉及习惯做法和惯例的使用。因此，国际贸易惯例与合同条款之间存在解释与被解释、补充与被补充的关系，国际贸易惯例可以明示或默示约束合同当事人，即买卖双方有权在合同中作出与某项惯例不符的规定，只要合同有效成立，双方均要遵照合同的规定履行。一旦有争议发生，法院和仲裁机构也要维护合同的有效性。同时合同条款又可以明示地排除国际贸易惯例的适用，此外国际贸易惯例可以解释或补充合同条款之不足。

2. 国际贸易惯例应遵循的原则

由于国际经济贸易活动复杂多变，因此运用国际贸易惯例应遵循以下原则：

1）使用国际贸易惯例不得违背法院或仲裁地所在国的社会公众利益。由于惯例仅对法律具有补充或解释作用，因此，在使用某项国际贸易惯例时，所适用的惯例不应与同一争议案同时适用的某国法律的具体规定相冲突。

2）由于国际贸易惯例仅在合同的含义不明确或内容不全面时才对合同有解释或补充作用，因此，使用国际贸易惯例的规则不得与内容明确无误的合同条款相冲突。但是，如果根据法律规定合同条款无效，则仍可使用有关的国际惯例。

3）对于同一争议案，如果有几个不同的惯例并存，应考虑使用与具体交易有最密切联系的国际贸易惯例。

（二）国际贸易中主要贸易术语

《国际贸易术语解释通则》是由国际商会（International Chamber of Commerce，ICC）制定的专门用于解释贸易术语的惯例，在国际贸易惯例中占有重要地位。《国际贸易术语解释通则》在国际经济贸易活动中对正确理解当事人的权利、义务及应承担的风险，避免不同国家的当事人对同一贸易术语的不同理解，简化和缩短当事人之间合同谈判的进程，减少纠纷，为争议的解决提供准则，对促进国际经济贸易的良好发展发挥了重大作用。

1. 装运港交货的3种常用贸易术语

（1）FOB（Free on Board），即船上交货，又称"离岸价格"。在合同规定的装运港和规定的期限内，将货物装入买方指派的船只，并及时通知买方。卖方要自负风险和费用领取各类官方证件，如出口证，并负责办理出口手续，卖方还要提供证明他已按规定完成交货义务的单证。在买方的要求下，并由买方承担风险和费用的情况下，卖方给予一切协助，以取得提单或其他运输单据。

对于买方而言，货物在越过船舷时，风险即由卖方转移至买方。买方要负责租船订舱，支付运费，并将船期、船名及时通知卖方。货物在装运港越过船舷后的其他责任、费用也都由买方负责。同时，买方指定了船只，而未能及时将船名、装货泊位及装船日期通知卖方或者买方指派的船只未能按时到达，又或未能承载货物以及在规定的期限终了前停止装货，买方要承担由此产生的一切风险和损失。但前提是货物已被清楚地分开或被指定为供应本合同之用。

（2）CIF（Cost, Insurance and Freight），即成本加保险费加运费。CIF 价格中的 Cost（成本）指的是出口总成本价。卖方的基本义务是负责按通常的条件租船订舱，支付到目的港的运费，并在规定的装运港和装运期内将货物装上船，装船后及时通知买方。此外，卖方还要负责办理从装运港到目的港的海运货物保险，支付保险费。按 CIF 条件成交时，卖方是在装运港完成交货义务，并不保证货物安全抵达目的港。卖方承担的风险也只限于货物越过船舷之前的风险。卖方需要提交商业发票或与之相等的电子单证。必要时提供证明所交货物与合同规定相符的文件，提供通常的运输单据，使买方得以在目的地受领货物，或者通过转让单据出售在途货物；提供符合合同规定的保险单据，使买方可以凭该单据直接向保险人索赔。此外，卖方要自负风险和费用取得出口许可证或其他官方文件，并负责办理出口手续。

对于买方而言，货物越过船舷之后的风险，都由其负责。货物装上船之后，买方负担自装运港到目的港的通常运费、保险费以外的费用。同时买方还要自负风险和费用取得进口许可证或其他官方文件，办理进口手续，并按合同规定支付货款。这种术语通常适用于海洋和内河运输。

（3）CFR（Cost and Freight），即成本加运费。卖方承担的基本义务是在合同规定的装运港和规定的期限内，将货物装上船，并及时通知买方。卖方负责订立运输契约，租船订舱，支付到指定目的港的运费。对于买方而言，货物在装船时越过船舷，风险即从卖方转移至买方，买方负责办理从装运港至目的港的货物保险并支付保险费。

2. 向承运人交货的 3 种贸易术语

（1）FCA（Free Carrier），即货交承运人。适用于包括多式联运在内的各种运输方式。无论采用哪种运输方式，买卖双方各自承担的风险均以货交承运人为界。风险转移后，与运输、保险相关的责任和义务也相应转移。如果买方有要求，或者根据商业习惯，买方没有及时提出相反意见，卖方也可按照通常条件订立运输契约，但费用和风险要由买方承担。卖方在规定的时间和指定地点把货物交给承运人照管，并且办理出口清关手续后，就算完成了交货义务。卖方无论是在出口国内地，还是港口交货，都要负责提交办理出口报关所需的出口许可证及其他官方文件，提供所需商业发票或相等的电子单证及通常的运输单据。对于买方而言，关键是要订立从指定地点启运的运输契约，并及时通知卖方。

（2）CPT（Carriage Paid to），即运费付至某处。卖方要自负费用，订立将货物运往指定地点的运输契约，并且负责按合同规定的时间将货物交给承运人处置之下，即完成交货义务。卖方在交货后要及时通知买方。卖方无论是在出口国内地，还是港口交货，都要负责提交办理出口报关所需的出口许可证及其他官方文件，提供所需商业发票或相等的电子单证及通常的运输单据。

对于买方而言，买方自货物交付承运人处置时起承担货物灭失或损坏的一切风险。买方应按双方约定的目的地指定地点受领货物，支付货款，并且负担除运费以外的货物自交货地点直到运达指定目的地为止的各项费用以及卸货费和进口关税。

（3）CIP（Carriage and Insurance Paid to），即运费、保险费付至某处。交货后卖方要负责订立运输契约并支付将货物运达指定目的地的运费，还要办理货物运输保险，支付保险费。卖方在合同规定的装运期内将货物交给承运人或第一承运人的处置之下，即完成交货义务时通知买方。

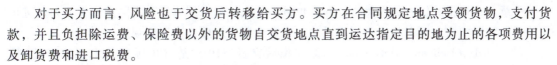

对于买方而言，风险也于交货后转移给买方。买方在合同规定地点受领货物，支付货款，并且负担除运费、保险费以外的货物自交货地点直到运达指定目的地为止的各项费用以及卸货费和进口税费。

3. 其他贸易术语

（1）EXW（EX Works），即工厂交货。通常用于在商品的产地和存储地点交货舱方式。卖方的基本责任是在合同规定的时间、地点，在其营业所在地，将符合合同要求的货物置于买方的处置之下，就算完成了交货义务。卖方承担的风险也随着交货义务的完成而转移给买方。买方负责将货物装入运输工具，并将货物从交货地点运至最终目的地，承担其间的全部风险、责任和费用，包括货物出境和入境的手续及有关费用。卖方只需提供商业发票或相等的电子单证，如合同有要求，才提供证明所交货物与合同规定相符的证件，卖方亦无义务提供货物出境所需的出口许可证或其他官方证件。但在买方的要求下，并由买方承担风险和费用的情况下，卖方也可协助买方取得上述证件，如果买方无法做到直接或间接办理出境手续时，则不宜采用这一交货方式。

（2）FAS（Free Alongside Ship），即装运港船边交货。卖方要在规定的交货期内将符合合同规定的货物交至约定的转运港买方指派船只的船边。卖方在船边完成交货义务，买卖双方负担的风险和费用也都以港口为界进行划分。如果买方所派船只不能靠岸，则货物由码头驳运到船边的一切费用和风险由卖方负责，仍在船边交货。买方负责装船并支付装船费，负责出口清关的手续并支付费用。卖方要提供商业发票，提供通常的证明，完成交货义务的单据。卖方可在买方的要求下，并由买方承担费用和风险的前提下，可协助买方取得运输单据，协助买方取得出口许可证及其他出口所需的官方文件。

（3）DAF（Delivered at Frontier），即边境交货。卖方承担的基本义务是将货物运到边境的指定交货地点，负责办理出口手续，承担有关费用。在进入进口国边境之前，只要将货物置于买方处置之下即完成交货义务。买卖双方承担的风险和费用均以两国边境指定的交货地点为界。这一术语主要适用于两国接壤并采用公路或铁路运输货物的交易。

（4）DES（Delivered EX Ship），即目的港船上交货。卖方要负责将合同规定的货物按照通常线路和习惯方式运到指定目的港，并在合同规定的交货期内，在目的港船上将货物置于买方的控制之下，即完成交货义务，风险于交货时转移。买方负责从船上受领货物后的一切风险、责任和费用。在目的港卸货的责任和费用、货物进口清关的手续及有关费用均由买方承担。

（5）DEQ（Delivered EX Quay），即目的港码头交货。采用这一贸易术语成交时，卖方要负责将合同规定的货物按通常航线和习惯方式运到指定的目的港，并且将货物从船上卸到码头上。卖方在规定的交货期内，在指定目的港的码头将货物置于买方的控制下，即完成交货义务。买方要承担目的港码头交货后的一切风险、责任和费用。卖方需要提交商业发票或相等的电子单证，提供提货单或通常的运输单据，并且自负风险和费用取得进口许可证及其他官方证件。买方也可协助办理上述进口清关所需的证件，但由卖方承担风险和费用。

（6）DDU（Delivered Duty Unpaid），即未完税交货。采用这一贸易术语，卖方要以通常条件自费订立运输契约，将货物按通常的路线和习惯方式运达指定目的地的约定地点。卖方在合同规定的交货期内，在目的地约定的地点将货物置于买方的处置之下，即完成交货义务，风险于交货时转移。卖方自负风险和费用取得出口许可证和其他官方证件，办理货物的出关手续。进口报关仍由买方负责,并支付进口关税。如果双方当事人同意由卖方办理进口海关手续和负担由此而引起的费用和风险,应在合同中对此作出明文规定。

(7) DDP (Delivered Duty Paid),即完税后交货。DDP 是《国际贸易术语解释通则》的最后一个贸易术语,也是卖方承担责任、费用、风险最大的术语。采用这一贸易术语,卖方要负责将货物按规定时间运到进口国内的指定目的地,把货物实际交给买方处置之下,才算完成交货义务。卖方要承担交货之前的一切责任、费用和风险,其中包括货物出口和进口时需要交付的关税和其他费用,以及办理两次清关时所需的手续和费用。卖方需提供商业发票或相等的电子单证,合同有规定时提交证明货物与合同相符的其他凭证,以及为买方收取货物所需的提货单或通常的运输单据,并且自负费用和风险取得出口许可证、进口许可证及其他办理货物出入境手续所需的官方文件。

任务五　国际工程目标国介绍——巴西

一、国家与城市

巴西联邦共和国,简称巴西,位于南美洲东部,是南美洲十二个国家中国土面积最大的国家,总计有 851.49 万 km^2,截止至 2021 年,巴西已有 2.14 亿人口,位居世界第 5 位。

巴西作为南美洲最大的国家,国土本身的矿物、石油的储备量均在世界前列,同时森林覆盖率达 62%,木材储备量更是达到了 658 亿 m^3,占世界的 1/5,位于南美洲的巴西国土内共有三大河系,分别是:横贯巴西西北部的世界第二长河——亚马逊河;流经巴西西南部的巴拉那河系,多为激流和瀑布,有丰富的水力资源;流经巴西东北部的圣弗朗西斯科河系,因巴西东北部较为干旱,所以也成了当地主要的灌溉用水。

巴西的首都——巴西利亚气候宜人,四季如春,大片的绿地和环城挖掘、水域宽阔的人工湖都成了都市一景,这里的人均绿地高达 $100m^2$,是世界上绿地最多的城市。设计巴西利亚城市建设的设计师卢西奥·科斯塔和奥斯卡·尼迈尔,大胆地将巴西利亚的整体形状设计成飞机样式,并为城市的各处都安排了"工作"。而巴西利亚政府也一直都严格控制着城市市容的发展,不管是银行还是旅馆都有在地图上整体的规划区域,甚至于一家小小的修车铺都有着自己专属的固定区位。但巴西利亚政府虽然严格控制了城市市容,却并不代表巴西利亚的城市就无法继续发展,市政府一直以来都在巴西利亚市区外新建居民区,以供巴西利亚新市民居住。

萨尔瓦多是巴西第八大城市,同时也是巴西最古老的城市之一,始建于 1549 年,直到 1763 年之前,萨尔瓦多都是巴西首都的所在地。目前是一座综合性商业城市。这座古城是在伸入大西洋的半岛上建造的,占据一个多山的岛的末端,有一个陡坡将其分为上面的城市和下面的城市(上、下城),可以通过升降机到达或徒步爬上去。沿着陡坡而保留的城墙呈拱形。上城能俯瞰下面城市人们的活动。上城拥有巴洛克式建筑群和许多小广场、公用的建筑物、住所以及花园。这里的街道众多而狭窄,路面上有着各式各样的图案花纹,是用黑色和白色的石子铺筑成的;下城有位于港口附近的莫德罗市场,这里的房屋和人们的活动是围绕港口和商业展开的,如今是异常繁华热闹的手工艺品市场。

里约热内卢是巴西曾经的首都,同时也是巴西最大的海港,最大的商业中心,也是巴西仅次于圣保罗的第二大工业城市,有着"狂欢节之都"之称。里约热内卢的工业总产值占全国约15%。纺织、服装、化学、医药、印刷出版、冶金等在全国均居重要地位。

巴西人口中,白种人约占54%,黑白混血种人约占38%,黑种人约占6%,黄种人和印第安人等占2%。

二、巴西营商环境与政策法规

(一) 营商环境

1. 经济环境

巴西政府推行私有化,推出"投资伙伴计划",鼓励外资特许经营,承诺不对外资国有化。外资进入一般无需中央银行审批,只需在央行宣示性登记,外资利润免缴源头所得税。只要在央行注册登记,除亏损部分不得撤回原始国外,外资收益分配和汇出不受限制;巴西各州有权制定有利于地方发展和引进外资的鼓励政策,给外资企业一定的减免地方税收政策,包括免费出让土地。根据世界银行发布的《2020年全球营商环境报告》,巴西营商环境得分59.1分,比上一年得分略有上升,在全球190个国家中排名第124位。

近年来,巴西宏观经济并不景气,特别是受到新冠肺炎疫情影响,GDP不增反降。GDP构成中,巴西农业约占5%,工业约占20%,服务业约占75%。债务方面,根据巴西中央银行数据,截至2019年底,巴西公共债务总计4.249万亿雷亚尔,同比增长9.5%。其中,内债4.083万亿雷亚尔,外债1656.8亿雷亚尔(411亿美元),大部分为国际市场债券,少部分为银行和国际机构合同债务。截至2019年底,巴西公共部门债务余额5500万亿雷亚尔,占GDP 75.8%,公共部门债务净额占GDP比重为55.7%。2020年,穆迪、惠誉、标普等国际评级机构对巴西主权信用评级基本保持BB-,即展望为稳定。由于国内经济不景气,巴西失业率较高,维持在12%左右,除去4000万左右的非正式就业人口,该数字还将更高。

2. 基础设施

(1) 公路。巴西公路总长175万km,承担全国逾2/3的货物运输量,其中有21.9万km柏油路,高速公路约1万km。

(2) 铁路。巴西的铁路运力居拉美首位。铁路网总长度约30374km,电气化铁路1121km。主要分布在巴西南部、东南部和东北部。除零星旅游线路外,大多为运输铁矿石、农产品等的货运线路。巴西圣保罗、里约热内卢、萨尔瓦多、巴西利亚等8个城市有地铁,圣保罗、里约热内卢、萨尔瓦多拥有城铁,里约热内卢在内的10个城市近年开始使用有轨电车。圣保罗地铁1974年开通运营,总长101km,工作日单日运送乘客人数474万人次。圣保罗城铁1934年开通,全长273km,工作日单日运送乘客290万人次。里约热内卢城铁于1866年启用,全长270km,工作日单日运送乘客56万人次。

(3) 空运。2019年航空旅客运量1.19亿人次,国际机场18个,区域性机场81个,小型机场2499个。拉美航空(LATAM)、戈尔(GOL)、蔚蓝(Azul)等7家本国公司、39家外国航空公司参与客运经营。与世界主要地区有定期航班,圣保罗国际机场是全国航空枢纽,年运送乘客4225万人次。圣保罗、里约热内卢有航班直飞欧洲、北美主要城市及约翰内斯堡和迪拜,从中国出发可经这些城市中转抵达巴西。中国国际航空公司已开通北京经西班牙马德里至圣保罗的直飞航线。受新冠肺炎疫情影响,2020年航班变化较大,多个国际航线暂时取消。

（4）港口。巴西全国共有海运港口99个，内河港口76个，年吞吐量7亿t。桑托斯港为巴西最大港口，也是南美地区最大的港口，年吞吐量3023万t，占全国1/3。里约热内卢的马瓦港是南美最重要的国际邮轮码头。位于亚马逊河中游的马瑙斯港为最大内河港口，可停泊万吨级货轮。

（5）电力。根据巴西政府网站发布的信息，目前巴西装机容量17万MW，2019年新增7000MW，其中新增风电971MW，新增太阳能发电551MW。巴西电力供应中83%来自于可再生能源，其中水电占63.8%，风电占9.3%，生物质发电占8.9%，太阳能发电占1.4%。为降低输电成本，近年来巴西南部一些州从阿根廷、乌拉圭进口电力不断增加，2018年从上述两个国家进口电力1.1GW·h。

3. 贸易关系

巴西参加签署并已生效的区域性经贸协定有：

（1）拉美一体化协会成员国关税协定。由拉美一体化协会成员国（阿根廷、玻利维亚、巴西、哥伦比亚、智利、厄瓜多尔、墨西哥、巴拉圭、秘鲁、乌拉圭、委内瑞拉和古巴）签署。根据协定，各国相互提供关税优惠，其中经济发展程度较高的巴西、阿根廷、墨西哥对其他国家的关税优惠程度达20%~48%。

（2）拉美一体化协会成员国种子协定。1991年11月22日由阿根廷、玻利维亚、巴西、哥伦比亚、智利、巴拉圭、秘鲁和乌拉圭签署，后来，厄瓜多尔、古巴、委内瑞拉以议定书加入。该协定规定成员国之间的种子贸易互免进口税和其他一切赋税。

（3）拉美一体化协会成员国文化、教育、科学合作与资产交流协定。1989年10月27日签署，建立成员国文化资产和服务共同市场，文化、教育、科学材料及艺术作品可在成员国之间自由流动。

（4）巴西—乌拉圭经济补充协定。对汽车工业产品，只要符合原产地规则和协定规定的其他条件，两国互免进口关税。

（二）政策法规

1. 贸易管理规定

巴西外贸委员会是巴西对外贸易政策的最高决策机构，发展、工业和外贸部是对外贸易政策的执行部门。巴西发展、工业和外贸部主要负责：工业、贸易和服务发展政策，知识产权和技术转让，工业质量、计量及标准化，外贸政策，监管及执行外贸规划和措施，参与国际贸易谈判，实行贸易保护机制，提出支持微小企业及手工制造企业的政策，进行贸易登记备案。巴西联邦税务总局是海关事务的主管部门，隶属于财政部，负责制定和执行海关政策、征收关税以及实施海关监管制度等。巴西中央银行是外汇兑换的管理部门。

巴西进口大部分商品都必须办理进口许可证，分为"自动进口许可证"和"非自动进口许可证"两种。自动进口许可证审批过程比较简单且自动批准。非自动进口许可证管理的产品主要包括需要经过卫生检疫、特殊质量测试的产品，对民族工业有冲击的产品及高科技产品，以及军用物资等国家重点控制的产品，具体涉及大蒜、蘑菇、绝大部分化工产品、绝大部分医药原料和成品、动植物产品、轮胎、纺织品、玻璃制品、家用陶瓷器皿、锁具、电扇、电子计算器、磁铁、摩托车、自行车、玩具、铅笔等。申请非自动许可证的审批过程比较复杂，需要出示各种文件和证明，并要经相关机构会签，通常在货物装船前进行。

2. 外汇管理

巴西中央银行是外汇兑换的管理部门。在巴西，进口外汇兑换通过进口商与巴西央行授权的商业银行签署的外汇买卖合同进行。

（1）进口贸易外汇兑换的基本程序。外汇兑换分两步：第一，巴西进口商与经巴西央行批准有权经营外汇业务的商业银行签署外汇买卖合同；第二，按合同进行外汇买卖交割。合同的签署和交割均应通过"巴西央行网"在央行登记。外汇合同交割后，银行在5个工作日内代进口商对外付款。

巴西央行规定，在一般情况下，进口贸易的付款期不得超出货物装船前180天和货物装船后360天；外汇买卖合同的签署和交割之间不得超过360天；此外，交割期也不得超过对外付款期。

（2）外汇买卖合同的签署。通过签署外汇买卖合同，进口商既可以购买现汇，也可以购买远期外汇。分期付款应分期购汇。购买远期外汇时，进口商应遵循以下时间原则：

1）若付款在报关之月起6个月内进行，进口商应在报关前签署外汇买卖合同。

2）其他情况下，进口商应在付款之月前6个月内签署外汇买卖合同。

3）外汇买卖合同的交割：

① 提前付款方式下的进口贸易：进口商应向商业银行出示形式发票、商业合同或具同等效力的其他文件，清楚表明货物价值、提前付款条件及交货期；若进口商品受LI（非自动进口许可证）限制，在"巴西央行网"进行交割登记时应注明发展工商部批准的LI号；若进口商品不受LI限制（或受LI限制但不必在装船前申请），在"巴西央行网"进行交割登记时应加以注明货物预计装船日期。

② 即期付款方式下的进口贸易：若通过汇票支付，需在外汇买卖文件中附上商业发票、装船单、汇票等票据的副本；若以即期信用证支付，需在外汇买卖文件中附上议付银行通知的副本。

③ 远期付款：进口商应向银行出具通关证明；若付款需在装船后60天内进行，进口商可以不必出具通关证明，但必须附上商业发票、装船单、汇票等单据（若采用信用证方式，需出示议付银行通知的副本）。这种情况下，也要遵守前述相关规定。

通常而言，巴西政府运用计算机联网系统对外贸进行管理。"巴西央行网"与"巴西外贸网"互联，发展工商部和央行随时通过网络对报关程序和外汇兑换进行监控，若发现与规定不符，就可能出现通关受阻、进口商无法结汇或被罚款的情况。

3. 贸易救济制度

巴西发展、工业和外贸部贸易保护局负责审查反倾销、反补贴和保障措施的立案或复审申请，就是否发起该调查或进行复审提出意见；贸易保护局还负责确定倾销幅度或补贴数额以及是否存在实质损害或损害威胁等。巴西外贸委员会负责制订贸易救济调查的相关程序规定。

三、涉巴西项目介绍

1. 巴西卡塞内天然气管道项目

巴西卡塞内天然气管道项目全长1200km，位于巴伊亚州南部小城伊塔布纳，于2006年开工，2010年建成，分一期和二期建设，合同金额合计约13亿美元。该项目是21世纪以来巴西最大的管道建设项目和巴西政府"加速增长计划（PAC）"中的重要项目，中巴两国重要的双边合作项目，也是中国公司在巴西承包的第一个大型建设项目。

该项目由中国石油化工集团国际石油工程公司 EPC 总承包，施工人员依靠巴西工程技术力量。南段管道长 303km，由中国进出口银行提供贷款，承包合同额 2.39 亿美元，于 2008 年 2 月建成投产，建成时是巴西数年来唯一按期竣工的工程。北段管道长 974km，由国家开发银行提供贷款，EPC 合同额 10.16 亿美元，中石化克服重重困难，在 2010 年 3 月份竣工，比合同工期提前了两个月。

2. 巴西 PAMPA 燃煤电站项目

巴西 PAMPA 燃煤电站项目由世界 500 强的著名电力投资集团法国燃气苏伊士集团控股的巴西 Tractebel Energia 公司投资兴建，位于巴西南大河州坎迪奥塔市，是目前在巴西投资最大的燃煤电站。该项目 EPC 总承包单位为国家电投山东电力工程咨询院有限公司。该项目建设规模为 1 台 345MW 燃煤机组，采用东方锅炉研制的亚临界循环流化床锅炉，于 2019 年 5 月 21 日在当地并网成功，运行期间各系统参数正常稳定。

由于该项目是我国企业第一次与 Tractebel Energia 公司合作，面临标准要求高、执行难度大、当地法律法规复杂等困难。但最终不仅克服了重重困难，顺利实现了倒送厂用电、锅炉水压、汽机扣缸、锅炉点火、汽机冲转、机组并网和 168 小时满负荷试运行七个"一次成功"，更是受益于热工保护投入率、热工自动投入率、热工主要仪表投入率、设备投入率均 100% 等各项优良运行指标，该项目获得了巴西权威建筑工程媒体《OE》评选的杰出工程建设奖，为扩大"一带一路"在巴西的影响力做出了卓越贡献。

思 考 题

1. 根据采购方式分类，可以将采购分为哪些类型？
2. 常见的工程材料采购方式有哪些？
3. 工程采购管理中的关键活动有哪些？
4. 工程采购管理控制措施有哪些？
5. 请解释国际贸易术语 FOB 的含义。
6. 我国在巴西开展工程项目业务需要注意些什么？

知识拓展屋——政府采购的起源

为了开展日常政务活动或为公众提供公共服务，世界各国政府利用公共资金获取货物、工程或服务的行为，我们称之为政府采购（Government Procurement），也称公共采购（Public Procurement）。政府采购不仅仅是指具体的采购过程，还包括采购政策、采购方式、采购程序、监督机制、救济途径等采购规范的总称，是一种对公共采购进行规范管理的制度。

这一制度最早形成于 18 世纪末的英国。1782 年，英国政府设立了国家文具公用局，负责政府部门办公用品的采购，该局后来发展为物资供应部，专门负责政府各职能部门所需物资的采购。其目的是为了满足政府日常管理职能的需要，提高政府资金使用效率。政府部门和其他公共机构采购商品和服务都必须做到"物有所值"，也就是采购的物品总成本和质量都必须满足使用者的要求。为实现这一要求，就要通过供应商之间的竞争，以最合理的价格采购自己需要的商品和服务。政府鼓励采购方消除不利于小公司参与竞争的障碍，但并不意味着歧视大公司。自从1973年英国加入欧洲经济共同体（现为欧盟）之后，政府采购就受到日益增多的各种法律条款的限制。

现在，英国政府采购制度已完全走向法治化，除了政府采购一些争议判例之外，英国的成文法律、法规也相当完善，主要有《英国公共工程合同规则》（1991年）、《英国公共设施供应的公用事业工程合同规则》（1993年）、《英国公共服务合约法规》（1994年）、《公共供应合同管理条例》（1995年）等。

项目七

国际工程项目进度管理

能力目标

1. 熟悉什么是工程项目进度管理,了解项目进度计划编制的流程。
2. 掌握进度计划检查的要点,能够对进度计划进行调整。
3. 掌握网络计划技术,明白单代号网络图、双代号网络图各参数的计算方法及含义。
4. 熟悉 FIDIC 关于进度管理的相关条款,了解国际工程项目进度的影响因素。

任务驱动

任务一 了解工程项目进度管理

一、工程项目进度管理的概念

进度,即工作进展的速度,因此,工程项目进度即工程项目进展的速度。工程项目进度管理的目标,是通过一系列技术手段,确保工程项目在合同约定时期或预定时间内交付使用。它与质量、成本共同组成了工程项目管理的三大核心目标。对一个项目而言,这三者并非孤立存在的,是既对立又统一的整体。任何项目所追求的,都是用尽可能低的成本、尽可能快的进度完成尽可能高质量的产品。但客观上,这是一种最理想的结果,是不断趋近的目标,在实际工程建设中,必须注意三者之间的均衡性和合理性,任何强调最快进度、最高质量、最低成本都是片面的。正确的工程项目管理应该以合同等事先条款为约束,根据当前实际情况作出适当调整。如因地震等不可抗力导致工期整体进度滞后,此时就应当突破计划成本以加快进度。

二、工程项目进度管理的内容

工程项目进度管理包括为确保项目按时完成所必须的全部活动过程,具体包括以下 4 个方面。

(一)全面了解项目情况

当接到一个全新的项目以后,首先需要全面了解、熟悉、掌握这个项目,只有这样才能够做到统筹考虑,确保后续工作行之有效。具体而言,一个工程项目的情况,通常包括:

1)项目基本情况,包括项目名称、地理位置、建设背景、项目类型、工程特征等。

2）项目工程情况，包括项目目标、项目难点、招标投标文件、相关合同、立项批文、交通运输情况、建设场地情况等。

3）项目各方情况，包括项目行政主管部门、使用单位、资金来源等。

4）项目进度情况，包括项目目前进展、介入阶段等。

（二）项目结构分解

通常而言，在正式开始编制进度计划之前，需要先对工程项目进行分析，系统剖析该项目的整体结构构成，包括具体的实施过程和细节，便于系统性地分解项目。在这里，我们就需要使用到一种工具——工作分解结构图。

工作分解结构图（Work Breakdown Structure），简称WBS，是将项目按照其内在或实施过程的顺序进行逐层分解而形成的结构示意图。它包含了实施项目所必须进行的全部活动，通过将这些活动分解为相对独立、内容单一、便于核算检验的单元，使得最底层细化后的内容变成"可交付成果"，进而将这些工作单元在项目中的地位直观地表示出来。WBS作为有效地计划和控制建设工程项目的工具，由一组可交付使用的项目产品或设施组成，表现为一种层次化的树状结构，定义了整个工程项目的工作范围。在进行分解过程中，必须要遵循以下原则：

（1）可定义的。可以说明其工作内容或目标，且容易被项目各参与方理解。

（2）可管理的。可以分配给某个人员、部门或者单位，明确该人员、部门或者单位职责。

（3）可估计的。可以估计所需时间、资源及其费用大小。

（4）可估量的。可计划开始和结束时间，制定里程碑计划。

（5）独立的。各项目产品或设施之间的分界面或依赖性应最小，以提供清晰的工作界面。

（6）专业的。符合专业资质分类要求。

（7）完整的。每一级的下一级所有项目产品或设施和构成它的项目产品或设施的工作范围，所有项目产品或设施一起构成一个完整工程项目的工作范围。

（8）可适应的。工程项目工作范围变化时，可灵活方便地增或减相应的项目产品或设施。

某工程工作分解案例结构图如图7-1所示。

（三）编制进度计划

当完成项目结构分解后，可以开始编制进度计划。但需要注意的是，在工程项目管理过程中，不同的角色需要根据承担工作的不同，编制的进度计划有所不同。

1. 业主的进度计划

在工程项目管理过程中，业主参与了全部过程。因此，业主的进度计划通常包括项目前期工作计划、工程项目建设总进度计划和工程项目年度计划。

（1）项目前期工作计划。该阶段的内容不仅包括对可行性研究、设计任务书及初步设计的工作进度安排，还应当包括从立项开始的全部计划活动。一般而言，包括资质申请、项目立项报批、环评等内容。

（2）工程项目建设总进度计划。该阶段通常在初步设计批准后，编制上报年度计划前。该计划的主要内容，是对开始建设到竣工投产全部过程的统一部署。通常而言，这一阶段应

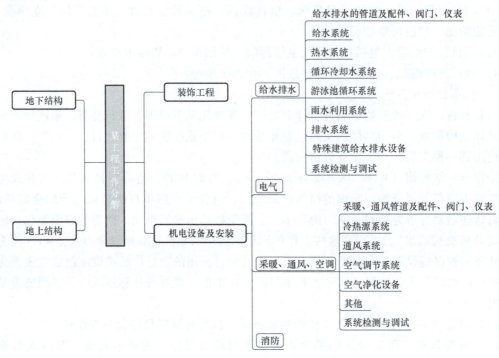

图 7-1　某工程工作分解案例结构图

当包含各单项工程和单位工程的建设进度,以及如何组织协调各方资源,从而确保初步设计确定的各项建设任务完成。这一阶段的编制也不宜过细,通常以按年度划分为宜,因此该进度计划应当包括工程项目一览表、工程项目总进度计划表、年度计划分配表、进度平衡表等多种表格。

(3) 工程项目年度计划。该计划是以工程项目总进度计划为依据,根据年度目标任务,进一步分解计划,确保年度内的资金、设备、材料等符合需求。具体而言,主要包括年度竣工交付使用计划表、年度建设资金平衡表、年度设备平衡表等表格。

2. 设计单位的进度计划

设计图纸是施工的重要依据,因此,设计进度控制的主要目标,就是在规定时间内,保质保量地提供施工图纸设计文件。工程设计一般包括设计准备、初步设计、施工图设计等阶段,每个阶段都应该有符合阶段要求且明确的进度控制目标。因此,设计单位的进度控制计划应该包括设计总进度控制计划、阶段性设计进度计划和设计进度作业计划。

(1) 设计总进度控制计划。设计总进度控制计划的作用是把控全局,用来控制自设计准备开始至施工图设计完成的进度控制总目标的实现,确保整体进度符合预期要求。

(2) 阶段性设计进度计划。阶段性设计进度计划包括:设计准备工作进度计划、初步设计工作进度计划和施工图设计工作进度计划。这些计划是用来控制各阶段的设计进度,确保各阶段符合预期要求,从而实现总体进度符合预期的目标。

(3) 设计进度作业计划。为了控制各专业设计进度,并作为设计人员承担设计任务的依据,应根据施工图设计工作进度、单项工程建筑设计日定额及所投入的设计人员数,编制设计进度作业计划。

3. 施工单位的进度计划

施工单位是施工阶段的主要承担者，也是项目能否按期完工的主要责任角色。因此，制定合理、有效的施工单位进度计划就显得尤为重要。通常而言，施工单位的进度计划，主要包括施工总进度计划和单位工程施工进度计划。

（1）施工总进度计划。施工总进度计划的内容应包括：编制总说明、施工总进度计划表、分部分项工程开工时间、工期详情、材料需求表等，其具体编制过程如下。

1) 收集编制依据。施工总进度计划依据施工合同、施工进度目标、工期定额、有关技术经济资料、施工部署与主要工程施工方案等编制。

2) 确定进度控制目标。项目进度控制至少应以施工合同约定的竣工日期为目标，根据合同和实际情况条件，也可以预设为提前完成目标。项目进度控制总目标要根据项目管理的需求进一步分解，既可按单位工程分解为交工分目标，也可按承包的专业或施工阶段分解为完工分目标，也可按年、月计划期分解为时间目标。在确定施工进度分解目标时，还要根据实际情况考虑以下因素。

一是对于大型工程建设项目，应根据尽早提供可动用单元的原则，集中力量分期分批建设，以便尽早投入使用，尽快发挥投资效益。这时，为保证每一动用单元能形成完整的生产能力，就要考虑这些动用单元交付使用时所必需的全部配套项目。因此，要处理好前期动用和后期建设的关系，每期工程中主体工程与辅助及附属工程之间的关系，地下工程与地上工程之间的关系，场外工程与场内工程之间的关系等。

二是合理安排土建与设备的综合施工，即合理安排土建施工设备基础、设备安装的先后顺序及搭接、交叉或平行作业，明确设备工程对土建工程的要求和土建工程为设备工程提供的施工条件内容及时间。

三是结合本工程的特点，参考同类工程建设的经验来确定施工进度目标，避免只按主观愿望盲目确定进度目标，从而在实施过程中造成进度失控。

四是做好资金供应能力、施工力量配备、物资供应能力与施工进度需要的平衡工作，确保工程进度目标的要求而不使其落空。

五是考虑外部协作条件的配合情况。包括施工过程中及项目竣工动用所需的水、电、气、通信、道路及其他社会服务项目的满足程序和满足时间，它们必须与有关项目的进度目标相协调。

六是考虑工程项目所在地区地形、地质、水文、气象等方面的限制条件。

3) 计算工程量。在实际工程中，在制定进度计划的过程中，通常还需要做好成本控制。因此，除了要编制施工方案进而明确各类施工机械数量及时间、编制流水施工方案外，还需要根据初步设计图纸和有关定额等资料，计算人工、技术、材料等的费用。

4) 确定各单位工程的施工期限和开、竣工日期。各单位工程的施工期限根据合同工期确定，同时考虑建筑类型、结构特征、施工方法、施工管理水平、施工现场条件等因素。如果在编制施工总进度计划时没有明确的合同工期，则应保证计划工期不超过工期定额。

5) 明确各单位工程的相互关系。确定整个建设项目中各单位工程的施工顺序，合理搭接各项工程，组织全场性流水作业，尽量做到均衡施工。

6) 编写施工进度计划说明书。由于工程项目涉及面广、人员多，需要各单位和大量人员的配合，因此施工进度计划编写人员必须编写施工进度计划说明书，便于相关人员理解掌握，确保进度计划的顺利实施。

（2）单位工程施工进度计划。单位工程中的各分部分项进度计划，是在既定施工方案基础上根据规定的工期和各种资源供应条件，对各分部分项工程的施工顺序、施工起止时间及衔接关系进行合理安排的计划。其主要依据下列资料编制：项目管理目标责任书、施工总进度计划、施工方案、主要材料和设备的供给进度和工作人员的技术素质及劳动效率、施工现场条件、气候条件、环境条件、已建成的同类工程、施工经济指标等。

三、描述进度指标

（一）描述进度的方式

进度，即工作进展的速度，因此，工程项目进度即工程项目进展的速度。工程项目进度管理的目标，是通过一系列技术手段，确保工程项目在合同约定的期限内完成。根据目标需求不同，可以按照以下方式描述进度。

（1）按完成的持续时间描述。项目的整体持续时间，即工期，是描述进度的关键指标。在实际工程中，通常采用已结束工期与工程计划工期的比值来描述。如某工程计划工期为一年，现已经进行了3个月，则认为完成了25%。这种描述方式相对简单直观，但也容易产生误导。如这3个月正好遇到了雨季，完全处于停工状态，显然描述为25%的完成度是不准确的。因此，通常需要结合其他指标一起描述。

（2）按工程活动的结果状态的数量描述。在实际工程中，尤其是分部工程，常用以下指标描述工程进度情况：对于混凝土工程常用已浇筑方数与预估混凝土体积比值；钢结构采用已安装重量与预估钢结构重量比值；市政线路工程常采用已施工长度与总长度比值等。当描述由多种工程性质组成的单位工程或单项工程进度时，可将各分部分项工程的进度进行加权平均。

（3）按统一折算指标描述。用此类指标描述的前提，是必须具有一定的可比性，如成本和劳动力的消耗等。但在实际工程中，应特别注意返工、窝工、停工而增加的劳动力消耗变化和成本增加，由于材料价格上涨、工资提高等原因造成的成本增加以及工程变更等对进度的影响。

（二）影响进度的因素

工程项目建设是一个整体工程，涉及面广、内容多、周期长、难度大，因此，影响工程进度的因素很多，如人为因素、技术因素、资金因素、材料因素、环境因素等。在这些因素中，人为因素影响最多也最为严重。具体而言，人为因素产生的来源，有来自于开发商等业主单位的，有来源于设计院等设计单位的，有来源于施工企业等施工单位的，有来源于监理单位的，也有来源于政府主管部门、社会和自然条件的。因此，在编制进度计划时，必须充分掌握和评估这些影响因素，掌握有利因素，克服不利因素，以便实现对项目进度的控制目标。

影响进度的人为因素

1. 业主单位（开发商）的因素

（1）盲目压缩工期。从现实需要而言，业主单位往往希望能够尽快完成项目，不可避免地会出现盲目压缩工期的现象。但工程项目建设需要满足现实规律，如土体的固结需要时间、混凝土的凝固需要时间、工人施工需要时间等。因此，设计单位和施工单位要么迫于工期要求，盲目赶进度，导致工程质量下降；要么干脆撇开业主单位的工期要求，自成一套，反而拉长了建设周期。

（2）资金储备不足或打款不及时。业主单位资金如果储备不足或打款拖拉，势必延缓设计单位、施工单位的工作进度。特别是对施工企业而言，由于涉及的内容多，费用高，很难长期垫资，如果款项不能按期支付，必然会出现窝工、停工等现象。

（3）临时供水、供电，临时道路修筑等保障措施不到位。业主单位如不能及时确保供水、供电，施工企业必然无法开工。常见的情况是业主单位相关手续办理或实施不及时、供力不足等。

（4）提供图纸不及时或不配套。对于一些工程，特别是提升改造类工程而言，原有设施的图纸是勘察设计的前提。如果业主单位不能及时提供，或者提供的图纸不配套，勘察设计工作就很难开展。

（5）临时修改、变更设计。业主单位因市场、决策层等调整变化，需要变更设计的，往往对工程整体进度的影响很大。因此，如无特别重大情况，应极力避免此类情况的发生。

2. 设计单位的因素

（1）不能按期提供施工所需图纸。设计单位因各种因素，如设计人员变更、设计内容修改、前期资料提供不全等因素，导致图纸无法按期提供的，势必会进一步影响施工进度。

（2）设计深度不够。设计单位因设计人员经验不足、设计领域陌生或前期资料不全等原因，导致设计深度不够，即施工单位无法按照图纸完成施工工作。

3. 施工单位（承包商）的因素

（1）人员配置不足。因人手不足、管理水平低、经验不足等原因，导致不能很好地预估工程规模，配置合理人员，进而对工作履行产生影响，延缓工期。

（2）施工组织设计不合理。由于施工组织设计不合理，导致不能有效安排施工队伍等资源，或出现工序混乱等问题，进而影响工期。

（3）总包协调分包商能力不足。通常而言，总包会根据工程项目实际情况，将部分分项工程分包出去。如果总包协调能力不足，导致各分包商相互间推诿扯皮，就难以实现既定目标，拖慢工期。

（4）施工质量低、返工多。施工单位因各种因素，导致施工质量低，需要大量返工的，必然会占用大量工期，进而出现工期延误的现象。

（三）工程进度的管控措施

由于影响工程进度的因素太多，因此每个工程都会出现不同程度的局部工程进度滞后情况。作为工程项目管理者，我们的目标是在尽量避免发生局部工程进度滞后的同时，及时根据实际情况调整管控，最终实现总工期不滞后的目标。具体而言，一是运用现代化管理手段进行检测。责任工程师每天对现场的施工情况进行检查，汇总记录，在需要时打印输出，及时反映施工计划的执行情况。二是施工进度的检查与进度计划的执行是融汇在一起的。计划检查是计划执行信息的主要来源，是施工进度调整和分析的依据，是进度计划控制的关键步骤。进度计划的检查方法主要是对比法，即实际进度与计划进度进行对比，从而发现偏差，以便调整或修改计划。三是采用应急措施，减少因工序紊乱造成损失，或做好应急准备，为后续施工充分创造条件。四是如因工程量的变更、修改和增减，项目技术负责人应做好工程施工变更计划，经项目经理批准，业主和监理单位签字并知会公司工程管理部。

工程进度落后原因分析及应对措施见表 7-1，突发事件应急处理措施见表 7-2。

表 7-1　工程进度落后原因分析及应对措施表

项目	找出所产生的落后原因	针对产生的落后原因所采取的应对措施
工程流动资金	劳动力资源短缺	由总部支援人手,借用其他工地人员支援,加班加点
	工程资金调度困难	向总部求助、向银行贷款
	银行利率上调	随时注意资金利率波动及早提出应对对策
	业主未按时支付进度款	加强与业主及监理工程师协调,促使业主早日付款
施工进度计划	材料及设备未按时进场	早日提出材料采购申请计划,注意供货商生产时间
	政府法规变更	随时注意政府相关法规变更,及时提出相应对策
	图纸的设计变更	请业主提早提出变更方案,适当向业主提供合理化建议
	施工工艺流程变更	请业主及监理方协调各相关单位变更后的施工步骤
	部分施工材料短缺	随时注意施工材料是否有短缺情况及市场行情
	遭遇天然灾害	工程保险,收听天气预报,加强注意天气状况,提前做准备
质量保证措施	材料设备品质不良率偏高	加强成品及半成品制造过程的监督
	材料设备规范未能符合要求	及时更换供货商
	工人施工技术不过关	加强岗前培训教育工作,使用技术纯熟的技术工人
	工程监理力度不够	加强内部管理、加大监理力度
	工程交叉作业未能协调好	加强与各分包单位的协调,并请业主及监理方加强协调工作

表 7-2　突发事件应急处理措施表

类型	出现情况	采取的处理措施
劳动力不足	工人怠工	更换工人,并向总公司申请调配工人
	情绪不稳	了解产生原因,安抚情绪,解决需求、稳定人心
	人手短缺	向总公司支援或从公司合格劳务清单中选择工人以增加人手
	调整计划	向业主说明工程进度,征求业主同意重新拟定进度计划
	工程赶工	调用预备班,调用其他工地人员,加班加点
材料设备供应不及时	材料采购	采购时广询货源,并随时掌握货源及货量以备紧急时供应
	材料储放	材料储放由专人负责、建立材料仓库
	材料备用	依供料进度所需量加 20% 储量以备急用
	设备采购	紧急采购,提前定货缩短工期
	设备预留	修改工程计划,先配合周边工程预留
	设备调用	动用总公司人力、机械,请高技术人员紧急抢修
施工安全	人员事故	依人员突发事件对策处理
	设备事故	依设备突发事件对策处理
	材料事故	依材料突发事件对策处理

任务二　工程项目进度计划实施与检查

一、工程项目进度计划的实施

正式的进度计划经有关部门审批后，即可以进入计划实施阶段。所谓的工程项目进度计划的实施，就是指按照工程项目进度计划开展相应活动。工程项目进度计划逐步实施的过程，就是工程项目逐步完成的过程。因此，为确保工程项目各项活动的顺利开展，保证各阶段进度目标和总进度目标的实现，就必须按进度计划所确定的顺序和时间进行。但需要指出的是，由于材料资源、外部环境、自然条件等因素的影响，工程项目的实际进度和计划进度往往会产生偏差，如果不能及时调整，便会对项目的进度目标产生影响，进而影响项目的总目标。因此，工程进度计划的实施，不是机械地按部就班，而是需要根据实际情况，对计划安排做相应调整，以确保总体进度目标的实现。

（一）工程项目进度计划的实施任务

根据进度计划实施主体不同，实施任务可以分为业主单位进度实施任务、设计单位进度实施任务、施工单位进度实施任务等多个类型。

1）业主单位进度实施任务，主要是确保整个项目实施阶段的进度，包括设计准备阶段的工作进度、设计工作进度、施工进度、物资采购工作进度以及项目动用前准备阶段的工作进度。

2）设计单位进度实施任务，主要是根据设计任务委托合同编制设计工作进度，并按要求完成。同时，设计单位进度计划还应当尽可能使设计工作的进度与招标、施工和物资采购等工作进度相协调。一般而言，设计进度计划主要是各设计阶段的设计图纸（包括有关的说明）的出图计划，在出图计划中标明每张图纸的名称、图纸规格、负责人和出图日期。出图计划是设计方进度控制的依据，也是业主单位控制设计进度的依据。

3）施工方进度实施任务，主要是依据施工任务委托合同编制施工工作进度，并按要求完成。在进度计划编制方面，施工单位应视项目的特点和施工进度控制的需要，编制深度不同的控制性、指导性和实施性施工进度计划，以及按不同计划周期的施工计划等。

（二）工程项目进度计划的实施举措

为顺利实现工程项目进度计划的目标，通常需要做好三项举措，即编制年、季、月、旬、周作业计划；编制施工任务书并明确具体实施团队和负责人；记录计划实施的实际情况，并及时调整控制进度计划。

1. 年、季、月、旬、周作业计划

工程项目进度计划是按照整个项目进行编制的，是为了实现项目总体目标而编制的，具有较强的控制性、指导性，通常是其他计划编制的依据。但由于工程项目持续周期往往很长，需要协调、考虑的内容很多，因此仅依靠总体进度计划表远远不能满足实际需要。因此，需要对进度计划进行进一步分解，以贯彻施工进度计划、明确当期任务及满足作业要求为前提，按年（或季）、月（或旬、周）编制符合实际需求的进度计划，以适应不断变化的现场情况，确保进度目标的实现。同时，在年（或季）、月（或旬、周）计划中还要明确年（或季）、月（或旬、周）应完成的施工任务、完成计划所需的各种资源量，确保进度、质

量、成本三大目标的协调一致。

2. 施工任务书

在实际工程项目中，工程管理人员通常通过施工任务书向相关分包商、作业班组、具体人员下达施工任务，以明确任务目标、期限和经济责任。施工任务书是一份计划文件，也是一份核算文件，又是作业实施的原始记录，很好地将计划执行与技术管理、质量管理、安全管理、成本核算、原始记录和资源管理等融为一体，是进行材料管理和核算的良好举措。

通常而言，要将月（或旬、周）计划中的每项具体任务通过签发施工任务书的方式向下传达，进而明确各工作组具体的施工任务、技术措施、质量要求、劳动量、完成时间等内容，并建立相应的责任制，促使各班组采取措施，保证按期完成任务。任务完成后，相关工作组经检查确认后，向工长报请验收，通过后回收任务书，交作业队登记，以备结算、统计，然后存档。

3. 调整控制进度

工程项目中，通常采用调度来实现调整控制进度的目标。调度，即安排人力、车辆、材料等各类资源。工程项目中的调度，则通常是指实施过程中，以进度计划为依据，对出现的不平衡和不协调进行调整，以建立新的平衡，维护秩序。它是组织实施中各阶段、环节、专业和工种互相配合、进度协调的指挥核心，也是确保工程项目进度计划顺利实施的重要手段。通过定期开展调度会，协调各方资源，消除各类矛盾，加强薄弱环节，确保进度控制目标的实现。

（三）实施进度计划中的问题

（1）忽视进度计划的作用。在工程项目中，部分管理人员存在经验主义现象，认为自己参与的工程数量多，对各个环节都非常熟悉，不需要编制实施进度计划；甚至部分人员认为进度计划只是一种摆设，可有可无，经常为了应付检查而赶工编制；特别是进度计划具有较长的跨度，很难短期内让业主、监理等感受到有无合适进度计划的区别，进而强化了投机心理。但对于大型工程而言，工期长、环节多，意外情况层出不穷；即便对于一些小工程，也由于每个工程的环境、内容等不同，而出现各种突发状况。因此，如果不合理编制进度计划，很难在资源上从容调度和平衡优化。

（2）进度计划与实际工作脱节。出现此类问题往往有多种原因，可能是进度计划编制水平低，对工程进度情况把握不足，以致失去指导作用；可能是认识上有误，因为进度计划与实际情况存在一定区别，不愿意编制进度计划以避免受到约束；可能是突发状况多，没有及时根据现场实际情况调整进度计划。

（3）进度计划编制得过粗或过细。过粗的进度计划难以控制作业进展，不易发现问题，一旦发现作业延误，将有可能为时已晚，难以挽回；过细的进度计划容易人为割断各项工作间的自然联系，如钢结构吊装，应当将全部过程安排为一个作业，而不是进一步细化。当然，由于工程规模、人员安排等的不同，进度计划的粗细没有统一标准，因此实际工程中必须依靠进度计划编制人员的经验与水平进行划分。一般而言，进度计划的细化一般把握三个原则：一是作业工期要短，如一般不超过半个月，便于把控进展情况；二是尽量符合施工工艺的自然流程；三是根据工作量的大小决定是否细化。如混凝土浇筑体量很大时，可以将三道工序细分为三个作业，否则按一个作业安排。

（4）不客观的工期或其他要求。在工程项目中，一是存在业主或为尽快投产、或为政绩工程而忽视工期的客观性，盲目要求加快工期。二是存在受制于买方市场的客观情况，导致招标投标不按规范，在工期上提出额外要求，并要求施工企业在工期中承诺，以缩短投资周期，迫使施工项目超额配置资源，出现拼人力、拼机械现象，施工成本急剧上升，质量隐患层出不穷。

二、工程项目进度计划检查

工程项目进度的检查与实施并不是相互孤立的，是融合在一起的。计划检查的对象是计划实施的具体情况，并根据检查结果，反馈相关情况，对计划进行调整或修正，指导计划的具体实施。

（一）工程项目进度计划实施检查的步骤

1. 收集实际进度数据

制定健全的检查制度是履行进度计划的必要手段，其流程如图7-2所示。在执行过程中，需要对项目计划的实际执行情况进行跟踪检查，收集反映包括投资成本、劳动力投入、实际工程量等在内的实际进度数据。进度计划执行情况的检查，可以根据不同需要进行灵活调整，可以是按日检查，也可以是按期检查，但必须要有明确的目标和内容。以施工进度计划为例，包括检查期内实际完成和累计完成工程量；实际参加施工的劳动力、机械数量与计划数；窝工天数、窝工机械台班数及其原因分析；进度偏差情况；进度管理情况；影响进度的原因及分析等内容。

工程项目进度计划实施检查的步骤

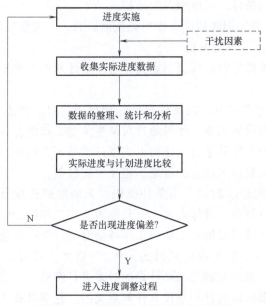

图7-2 工程项目进度计划检查流程图

2. 数据的整理、统计和分析

由于工程项目的原始数据量大且涉及面广，因此必须进行整理、统计和分析，才能形成与计划进度具有可比性的数据，以便与原进度计划进行比较。一般的做法是把经过处理的数据记录在原进度计划中，根据进度结果判断实际进度状况，及时发现偏差，为进度计划的调整提供信息。

3. 实际进度与计划进度比较

要想进行实际进度与计划进度的比较，就必须要提到进度指标。但在衡量是否出现进度滞后时，通常需要比较劳动工时、机械台班、成本消耗等多项指标，进而判断整体的实际进度与计划进度是否出现偏差，如有，则还应分析出现此类情况的原因，并提出针对性改进措施。

（二）工程项目进度计划的调整

1. 工程项目进度偏差分析

通过工程项目进度计划检查，如发现实际进度和计划进度发生了偏差（通常是实际进度落后于计划进度），就要进一步找出导致偏差的具体原因，并对导致偏差的原因进行分析。通常而言，偏差会对后续工作产生工期和资源两方面的影响。需要特别注意的是，偏差的大小以及所处位置的不同，对后续工作和总工期的影响程度是不同的。进行分析时，一般利用网络计划中各项工作总时差和自由时差的大小进行判断。如果是关键工作出现偏差，无论偏差多少，均对后续工作和总工期产生影响。如果是非关键工作出现偏差，则要根据具体情况进行分析判断。

2. 是否采取进度调整措施

是否需要采取进度调整措施，通常根据以下情况判断：

1）进度偏差对总工期产生负面影响，应采取相应的调整措施。

2）进度偏差未对总工期产生负面影响，但影响了其后续工作的开展，应根据具体情况，视后续工作有无限制条件，采取相应的措施。

3）如果进度偏差对总工期和后续工作均无负面影响，不需要采取任何措施。

3. 工程项目进度计划的调整方法

当决定采取进度调整措施时，应当制定具体的进度计划调整措施。通常而言，有以下几种方法：

（1）改变工作间的逻辑关系。在条件允许的情况下，对原进度计划进行大的调整，改变原进度计划工作之间的逻辑关系。如可通过对某些关键工作进行分解，组织流水施工进行突击赶工；或者通过增加工作队平行工作的方式以达到缩短工期的目的。这种方法由于改变原计划，需要经过监理工程师和业主的批准，程序上较复杂。

（2）改变某些工作的持续时间。当条件受限，无法对原进度计划进行大面积调整时，就需要利用网络计划进行调整。具体而言，一是缩短关键工作的持续时间，从而缩短关键线路的长度，有目的地去压缩可以缩短工期的工作持续时间。在可以选择的情况下，通常优先缩短综合影响小的工作（一般是排序靠前的工作）。当然，采用此方法时，通常会增加人力、资源等各项需求。二是有效利用网络计划的时差进行调整。如前所述，如果资源需要量超过资源最大供应量，那这样的计划是没有任何意义的，它不具有实践的可能性，不能被执行。因此，当受资源限制时，必须利用非关键工作的时差来进行调整，这一行为也被叫作网络计划"资源最大工期优化"。此外，在项目实施过程中，还要特别注重均衡实施。具体是指在进度开展过程中所完成的工作量和所消耗的资源量尽可能保持得较为均衡，工作量进度动态曲线、劳动力需要量动态曲线和各种材料需要量动态曲线尽可能不出现短时期的高峰和低谷。

任务三 网络计划技术

一、网络计划技术的起源与发展

网络计划技术是一种科学的计划管理方法。它是随着现代科学技术和工业生产的发展而产生的。20世纪50年代，为了适应科学研究和新的生产组织管理的需要，国外陆续出现了一些计划管理的新方法。

1956年，美国杜邦化学公司的工程技术人员和数学家共同开发了关键线路法（Critical Path Method，简称CPM）。它首次运用于化工厂的建造和设备维修，大大缩短了工作时间，节约了费用。1958年，美国海军军械局针对舰载洲际导弹项目研究，开发了计划评审技术（Program Evaluation and Review Technique，简称PERT）。该项目运用网络方法，将研制导弹过程中各种合同进行综合权衡，有效地协调了成百上千个承包商的关系，而且提前完成了任务，并在成本控制上取得了显著的效果。20世纪60年代初期，网络计划技术在美国得到了推广，一切新建工程全面采用这种计划管理新方法，并且日本和西欧其他国家开始将该方法引入。目前，它已广泛应用于世界各国的工业、国防、建筑、运输和科研等领域，已成为发达国家盛行的一种现代生产管理的科学方法。

近年来，由于电子计算机技术的飞速发展，边缘学科的相互渗透，网络计划技术同决策论、排队论、控制论、仿真技术相结合，应用领域不断拓宽，又相继产生了许多诸如搭接网络技术（PDN）、决策网络技术（DN）、图示评审技术（GERT）、风险评审技术（VERT）等一大批现代计划管理方法，广泛应用于工业、农业、建筑业、国防和科学研究领域。随着计算机的应用和普及，还开发了许多网络计划技术的计算和优化软件。

我国对网络计划技术的研究与应用起步较早，1965年，著名数学家华罗庚首先在我国的生产管理中推广和应用这些新的计划管理方法，并根据网络计划统筹兼顾、全面规划的特点，将其称为统筹法。改革开放以后，网络计划技术在我国的工程建设领域也得到迅速的推广和应用，尤其是在大中型工程项目的建设中，对其资源的合理安排、进度计划的编制、优化和控制等应用效果显著。目前，网络计划技术已成为我国工程建设领域中推行现代化管理的必不可少的方法。

1992年，国家技术监督局和国家建设部先后颁布了中华人民共和国国家标准《网络计划技术》（GB/T 13400）[包括三个部分，第1部分：常用术语（已更新至2012年版），第2部分：网络图画法的一般规定（已更新至2009年版），第3部分：在项目管理中应用的一般程序（已更新至2009年版）]系列。三个标准和中华人民共和国行业标准《工程网络计划技术规程》（JGJ/T 121—1999），使工程网络计划技术在计划的编制与控制管理的实际应用中有了一个可遵循的、统一的技术标准，保证了计划的科学性，对提高工程项目的管理水平发挥了重大作用。

实践证明，网络计划技术的应用已取得了显著成绩，保证了工程项目质量、成本、进度目标的实现，也提高了工作效率，节约了项目资源。网络计划技术同其他科学管理方法一样，也受到一定客观环境和条件的制约。网络计划技术是一种有效的管理手段，可提供定量分析信息，但工程规划、决策和实施还取决于各级领导和管理人员的水平。另外，网络计划技术的推广应用，需要有一批熟悉和掌握网络计划技术理论、应用方法和计算机软件的管理人员，需要提升工程项目管理的整体水平。

二、网络计划技术的分类与特征

（一）网络计划技术的分类

根据不同需要，网络计划技术可以从不同角度进行划分。如按工作之间逻辑关系和持续时间分，按节点和箭头所表示含义分，按目标数量分等。根据《工程网络计划技术规程》（JGJ/T 121—2015），我国常用的工程网络计划类型包括：双代号网络计划、双代号时标网络计划、单代号网络计划、单代号搭接网络计划。双代号时标网络计划兼有网络计划与横道计划的优点，它能够清楚地将网络计划的时间参数直观地表达出来，随着计算机应用技术的发展成熟，目前已成为应用最为广泛的一种网络计划。

（二）网络计划的特点

网络计划技术作为现代管理的方法与传统的计划管理方法相比较，具有明显优点，主要表现为：

1）利用网络图模型，明确表达各项工作的逻辑关系。按照网络计划方法，在制订工程计划时，首先必须理清楚该项目内的全部工作和它们之间的相互关系，然后才能绘制网络图模型。

2）通过网络图时间参数计算，确定关键工作和关键线路。

3）掌握机动时段，方便网络计划的调整，进行资源合理分配。

4）运用计算机辅助，可以节省大量的时间，且不容易出现低级错误。

三、网络计划的应用

（一）双代号网络图

双代号网络图通常是指以箭线及其两端节点的编号表示工作的网络图，因此其又被称为箭线式网络图，图中的每个节点表示工作的开始或结束以及工作之间的连接状态。工作的表示方法（节点表示法）如图 7-3 所示，工程的表示方法，如图 7-4 所示。

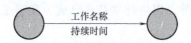

图 7-3 双代号网络图节点表示法

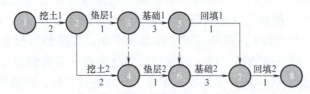

图 7-4 双代号网络图工程表示法

双代号网络图时间参数的计算：

（1）计算节点的最早时间。节点最早时间的计算应从网络计划的起始节点开始，顺着箭线方向依次进行。计算步骤如下：

1）网络计划起点节点如未规定最早时间，其值等于零。
2）其他节点的最早时间应按照下列公式进行计算：
$$ET_j = \max\{ET_i + D_{i\text{-}j}\} \tag{7-1}$$
式中，ET_j 为工序 $i\text{-}j$ 的完成节点 j 的最早时间；ET_i 为工序 $i\text{-}j$ 的开始节点 i 的最早时间；$D_{i\text{-}j}$ 为工序 $i\text{-}j$ 的持续时间。

3）网络计划的计算工期 T_c 等于网络计划终点节点的最早时间，即
$$T_c = ET_n \tag{7-2}$$

（2）确定网络计划的计划工期
1）当规定了要求工期 T_r 时，计划工期 T_p 不应超过要求工期，即 $T_p \leq T_r$。
2）当未规定要求工期 T_r 时，可令计划工期 T_p 等于计算工期 T_c，即 $T_p = T_c$。

（3）计算节点的最迟时间。节点最迟时间的计算必须从网络计划的终点节点开始，逆着箭线方向依次进行。计算步骤如下：
1）网络计划终点节点的最迟时间等于网络计划的计划工期，即
$$LT_n = T_p \tag{7-3}$$
式中，LT_n 为网络计划终点节点 n 的最迟时间；T_p 为网络计划的计划工期。

2）其他节点的最迟时间应按照下列公式进行计算：
$$LT_i = \min\{LT_j - D_{i\text{-}j}\} \tag{7-4}$$
式中，LT_i 为工序 $i\text{-}j$ 的开始节点 i 的最迟时间；LT_j 为工序 $i\text{-}j$ 的完成节点 j 的最迟时间；$D_{i\text{-}j}$ 为工序 $i\text{-}j$ 的持续时间。

（4）工序的最早开始时间。工序的最早开始时间等于该工序开始节点的最早时间，即
$$ES_{i\text{-}j} = ET_i \tag{7-5}$$

（5）工序的最早完成时间。工序的最早完成时间等于该工序开始节点的最早时间与其持续时间之和，即
$$EF_{i\text{-}j} = ET_i + D_{i\text{-}j} \tag{7-6}$$

（6）工序的最迟完成时间。工序的最迟完成时间等于该工序完成节点的最迟时间，即
$$LF_{i\text{-}j} = LT_j \tag{7-7}$$

（7）工序的最迟开始时间。工序的最迟开始时间等于该工序完成节点的最迟时间与其持续时间之差，即
$$LS_{i\text{-}j} = LT_i - D_{i\text{-}j} \tag{7-8}$$

（8）工序的总时差。工序的总时差可以根据以下公式计算：
$$TF_{i\text{-}j} = -LF_{i\text{-}j} - EF_{i\text{-}j} \tag{7-9}$$

（9）工序的自由时差。工序的自由时差等于该工序完成节点的最早时间减去该工序开始节点的最早时间所得差值再减去其持续时间，即
$$FF_{i\text{-}j} = \min\{ET_j\} - ET_i - D_{i\text{-}j} \tag{7-10}$$

（二）单代号网络图

单代号网络图通常是用节点及其编号表示工作，箭线表示工作间的逻辑关系，节点通常用圆形或长方形表示一项工序。与双代号网络图相比，单代号网络图通常具有以下特点：
1）工作关系容易表达，不需要使用虚箭头，逻辑清晰。
2）图面清晰，便于检查和修改。

3）工作持续时间在节点中以文字表示，不够直观。

1. 单代号网络图时间参数的计算

工序的最早开始时间和最早完成时间。工序最早开始时间和最早完成时间的计算应从网络计划的起点节点开始，顺着箭线方向按节点编号从小到大的顺序依次进行。

1）工序的最早完成时间应等于本工作的最早开始时间与其持续时间之和，即

$$EF_i = ES_i + D_i \tag{7-11}$$

式中，EF_i 为工序 i 的最早完成时间；ES_i 为工序 i 的最早开始时间；D_i 为工序 i 的持续时间。

2）其他工序的最早开始时间应等于其紧前工序最早完成时间的最大值，即

$$ES_j = \max\{EF_i\} \tag{7-12}$$

式中，ES_j 为工序的最早开始时间；EF_i 为工序的紧前工作 i 的最早完成时间。

2. 相邻两项工序之间的时间间隔

相邻两项工序之间的时间间隔是指其紧后工序的最早开始时间与本工作最早完成时间的差值，即

$$LAG_{i,j} = ES_j - EF_i \tag{7-13}$$

式中，$LAG_{i,j}$ 为工序 i 与其紧后工序 j 之间的时间间隔；ES_j 为工序的紧后工序 j 的最早开始时间；EF_i 为工序 i 的最早完成时间。

3. 工序的总时差

网络计划终点节点 n 所代表工序的总时差应等于计划工期与计算工期之差，即

$$TF_n = T_p - T_c \tag{7-14}$$

当计划工期等于计算工期时，该工序的总时差为零。其他工序的总时差应等于本工序与其各紧后工序之间的时间间隔加上该紧后工序的总时差所得之和的最小值，即

$$TF_i = \max\{LAG_{i,j} + TF_j\} \tag{7-15}$$

式中，TF_i 为工序 i 的总时差；$LAG_{i,j}$ 为工序 i 与其紧后工序 j 之间的时间间隔；TF_j 为工序的总时差。

4. 工序的自由时差

网络计划终点节点 n 所代表工序的自由时差等于计划工期与本工序的最早完成时间之差，即

$$FF_n = T_p - EF_n \tag{7-16}$$

式中，FF_n 为终点节点 n 所代表工序的自由时差；T_p 为网络计划的计划工期；EF_n 为终点节点 n 所代表工序的最早完成时间。

其他工作的自由时差等于本工作与其紧后工作之间时间间隔的最小值，即

$$FF_i = \min\{LAG_{i,j}\} \tag{7-17}$$

5. 工序的最迟完成时间

根据总时差计算，工序的最迟完成时间等于本工序的最早完成时间与其总时差之和，即

$$LF_i = EF_i + TF_i \tag{7-18}$$

6. 工序的最迟开始时间

根据总时差计算，工序的最迟开始时间等于本工序的最早开始时间与其总时差之和，即

$$LS_i = ES_i + TF_i \tag{7-19}$$

任务四　国际工程项目进度管理要点分析

一、FIDIC 中对进度管理的要求

(一) FIDIC 环境下的进度计划

1. 初步进度计划

在国际工程项目投标阶段，业主一般会要求承包商根据现有的资料提供一份项目施工方案，也就是我们通常所说的"技术标"。施工方案中包含的进度计划，最终将构成合同文本的一部分，可以称其为初步进度计划。FIDIC 的新红皮书中"1.1.1 The Contract（合同）"条款中明确规定，"Contract（合同）"是指合同协议书、中标函、投标函、本合同条件、规范、图纸、资料表以及在合同协议书或中标函中列明的其他进一步的文件（如有时）。初步进度计划包含在投标书中，成为重要的合同文件。此外，需要强调的是，根据"1.5 Priority of Documents（优先次序）"条款中的规定，在重要性执行顺序方面，包含投标书在内的合同文件排在第三位。由此可见，作为投标书的重要组成内容，初步进度计划在国际工程项目管理中，具有举足轻重的作用。

通常而言，初步进度计划应包含以下几部分内容：

1）经确认并签字认可的工程量清单，用以列出需要在合同规定的期限内完成的各种工作的数量。
2）施工说明。
3）一份施工横道图来表明主要的施工里程碑日期和重要的节点日期。
4）施工必需的物资、设备、材料的资源列表。
5）按照施工里程碑日期和重要节点日期要求编制的施工网络图及其分析。
6）计划完成的投资曲线图等说明文件。

2. 详细进度计划

详细进度计划是在初步进度计划的基础上编制的，并允许承包商进行细化和改正，但是这不妨碍初步进度计划的法律效力。根据 FIDIC 的新红皮书中一般条款"8.3 Progress（进度计划）"条款规定，承包商在接到开工通知后 28 天内，需要提交详细进度计划。

通常而言，详细进度计划应包含以下几部分内容：

1）计划实施工程的次序，包括设计、采购、永久设备的制造、现场运输、施工、安装和试验检测等各个阶段的预期时间节点。
2）在项目运行的各个阶段需要上报批准的分包商。
3）合同中规定的现场检查巡视和试验检验的次序和时间。
4）对实施工程中承包商准备采用的方法和主要阶段的总体描述。
5）各主要阶段现场所需各类人员数量和各类承包商设备数量等的估算说明。

在实际项目管理工作中，业主会根据特殊合同条款和规范进行补充和更正，包括对计划编制过程、精细程度、工作时长、使用语言、项目资源、重要节点日期等提出详细的要求。

通常而言，详细进度计划必须具有充分可行性和可操作性，具体要求有两个：一是全面，即计划要包括勘察、设计、设备采购、材料运输、临时建筑施工、保障安排等涉及项目

管理的各个方面；二是详细，即计划要考虑每个微小的施工操作细节，尽量符合工程实际过程，一般精确到"天"。如钢筋工程要精确到钢筋采购、运输、加工、绑扎、加固、清理等细节，详细进度计划完成后还要配上详细的施工说明，和可量化的各种图表，以便直接清晰地表现施工资源和各种要素的完成情况，方便人们理解。

（二）FIDIC环境下进度计划的变更

在实际工程中，详细进度计划是项目施工管理的纲领性文件，成为项目管理全过程的大纲。尊重计划的指导作用和严格按照计划进行项目管理是FIDIC合同文件的重要特征。因此，在国际工程中，我国相关主体应当特别注重对进度计划的执行，摒弃从事国内工程项目中的不良习惯，否则，其他各方主体对进度计划的坚决贯彻可能会极大超出预期，并或将因此蒙受巨大损失。受制于经验广度不够、需求发生变更、自然因素影响等多种情况，承包商很难使进度计划符合真实情况，因此FIDIC允许进度计划进行变更。

根据FIDIC的新红皮书中"8.3 Progress（进度计划）"条款规定，工程师在接到进度计划后21天内通知承包商，可以要求其对不符合合同规定的计划内容进行修改，否则即表示认可该进度计划，承包商将按照此进度计划履行义务。需要注意的是，这里没有"require"（要求）或"approve"（赞同）存在，工程师可以要求承包商修改上报的计划，但是没有对计划进行批准和审查的权利。因此在投标阶段，应当避免将不切实际的进度计划作为投标文件。

（三）FIDIC进度计划管理制度

1. 进度报告

在国际工程项目运行过程中，根据FIDIC的新红皮书"4.21 Progress Report（进度报告）"条款规定，承包商应编制月进度报告，并将6份副本提交给工程师。第一次报告所包含的期间应从开工日期起至紧随开工日期的第一个月最后一天止。此后每月应在该月最后一天后的7天内提交月进度报告。报告应持续至承包商完成了工程接收证书上注明的完工日期时尚未完成的所有工作为止。通常而言，每份报告应包括：

1）相关进展情况图表与详细说明。具体包括设计、采购、制造、货物运达现场、施工、安装和调试的每一阶段以及指定分包商（特指第5款指定分包商中定义的）的工程实施情况。

2）表明制造和现场进展状况的照片，除文字、图表外，还应当包括关键单体、关键节点等的现场照片。

3）重要永久设备和材料的相关信息，主要包括制造商名称、进度百分比、承包商检查情况、是否出现滞后及应对措施等。

4）安全统计，包括涉及环境和公共关系方面的任何危险事件与活动的详情。

5）必要的质量保证文件、材料的检验结果及证书。

6）依据FIDIC的新红皮书中第2.5款Employer's Claims（雇主的索赔）和第20.1款Contractor's Claims（承包商的索赔）中明确的通知清单。

7）在FIDIC的新红皮书中第6.10款Records of Contractor's Personnel and Equipment（承包商的人员和设备的记录）中要求描述的详细情况。

8）实际进度与计划进度的对比，包括可能影响按照合同完工的任何事件和情况的详情，以及为消除延误而正在（或准备）采取的措施。

在FIDIC相关文本的条款中，月报（Monthly Report）是进度计划管理的重要内容，也是不可或缺的部分。当工程项目规模很大或者为了更准确及时地了解项目动态，业主还可以

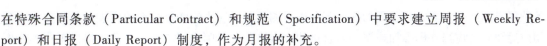

在特殊合同条款（Particular Contract）和规范（Specification）中要求建立周报（Weekly Report）和日报（Daily Report）制度，作为月报的补充。

2. PDCA 循环

由于国际工程项目的涉及面很广，内容很多，因此通常会根据现场的实际情况，借用全面质量管理理论的 PDCA 循环，对项目进度计划进行分析管理。一般而言，进度计划管理活动的全部过程，就是计划制订和组织实现的过程，这个过程是按照 PDCA 循环，周而复始地运转的。其中，P、D、C、A 四个英文字母所代表的意义如下：

1）P（Plan）——计划。包括方针和目标的确定以及活动计划的制定。

2）D（Do）——执行。指具体运作，实现计划中的内容。

3）C（Check）——检查。即总结执行计划的结果，分析对错，明确效果，找出问题。

4）A（Action）——行动（或处理）。对总结检查的结果进行处理，对成功的经验，通过制定作业指导书等形式进行标准化整理，以便后续工作时循环。对于失败的经验，也要总结教训，分析问题产生原因，以免再次出现。对于没有解决的问题，则提交到下一个 PDCA 循环中解决。

进度计划管理活动的运转，离不开管理循环的转动，都要运用 PDCA 循环的科学程序。不论是提高生产进度，还是缩短作业工期，都要先拟定目标，包括预期进度、投入程度、相应措施等；然后根据计划进行检查，看是否达到预期效果，如果没有，则需要查找问题并分析原因；最后进行处理，将经验和教训制订成标准、形成制度，便于长期执行。

（四）计量和支付

计量和支付是工程进度计划管理的目标。FIDIC 的新红皮书中 "14.3 Application for Interim Payment Certificates（期中支付证书的申请）"条款中规定，承包商应按工程师批准的格式在每个月末后向工程师提交一式六份报表，详细说明承包商认为自己有权得到的款额，同时提交相关证明文件。该报表通常包括下列项目，其中的应付合同价格应以合同中约定的货币表示。

1）截至当月末已实施的工程，并根据合同文件估算的合同价（包括变更，但不包括以下 2）至 7）中所列项目）。

2）根据 FIDIC 的新红皮书中 "13.7 Adjustments for Changes in Lesgislation（法规变化引起的调整）"和 "13.8 Adjustments for Changes in the Cost（费用变化引起的调整）"，由于立法和费用变化应增加和减扣的任何款额。

3）作为保留金减扣的任何款额。保留金按投标函附录中标明的保留金百分率乘以上述款额的总额，减扣直至雇主保留的款额达到投标函附录中规定的保留金限额（如有时）为止。

4）根据 FIDIC 的新红皮书中 "14.2 Advance Payment（预付款）"，为预付款的支付和偿还应增加和减扣的任何款额。

5）根据 FIDIC 的新红皮书中 "14.5 Plant and Materials Intended for the Works（用于永久工程的永久设备和材料）"，为永久设备和材料应增加和减扣的款额。

6）根据 FIDIC 的新红皮书中合同或其他规定，包括 "20 Claim, Disputes and Arbitration（索赔、争端和仲裁）"的规定，应付的任何其他的增加和减扣的款额。

7）对所有以前的支付证书中证明的款额的扣除。

如果业主对部分内容提出质疑，到现场进行了实际测量，则应当遵循 FIDIC 的新红皮书中 "12.1 Works to be Measured（需测量的工程）"中的相关规定，并据此确定其支付价值。同时，条款规定,当业主要求对工程的任何部分进行测量时,应当通知承包商的代表。承包商在接到相应通知后,应当立即参加或派一名合格的代表协助工程师进行测量,并及时提供工程师所要求的全部详细资料。如果承包商未参加或派出一名代表,则默认认可了业主(或业主授权的他人)的测量结果。此外,所有的测量内容都需要承包商和业主达成一致,并在相应文件上签名。当然,承包商也可以提出质疑。承包商在审查之后不同意上述记录,则应通知业主并说明上述记录中被认为不准确的各个方面。在接到此类通知后,业主应复查此类记录,或予以确认或予以修改。如果承包商在被要求对记录进行审查后14天内未向业主发出此类通知,则认为它们是准确的并被接受。FIDIC的新红皮书中"12.2 Method of Measurement(测量方法)"中规定,除非合同中另有规定,否则无论当地惯例如何,都应遵循以下两点:一是测量应该是测量每部分永久工程的实际净值,二是测量方法应符合工程量表或其他适用报表。此外,被业主批准的施工设计图及相应的工程量清单也可以直接作为工程计量的依据。

根据FIDIC的新红皮书中"14.7 Payment(支付)"条款(b)规定,业主应当在收到报表及证明文件之日起56天内,根据期中支付证书中开具的款额,将款项转入承包商在合同中指定的对该种货币的付款国的指定银行账户。

(五)工期管理

当在项目进度计划管理过程中遇到工期延误,需要处理时,根据FIDIC相关规定,可进行如下处理。

1. 工期延长

FIDIC的新红皮书中一般条款"8.4 Extension of Time for Completion(竣工时间的延长)"中规定,如因下述任何原因使得承包商对FIDIC的新红皮书中"10.1 Taking Over of the Works and Sections(工程和区段的接收)"的履行出现困难,即在一定程度上导致延期,承包商可以根据FIDIC的新红皮书中"20.1 Contractor's Claims(承包商的索赔)"要求延长竣工时间。文中描述的情况包括:

1)除根据FIDIC的新红皮书中"13.3 Variation Procedure(变更程序)"商定对竣工时间作出调整以外的变更内容,包括其他任何一项工程数量上的实质性变化。

2)符合本合同条件中有权延长工期的具体内容,以及实际发生延误的原因。

3)异常不利的气候条件,需提供相关佐证材料。

4)由于政治、疾病等其他不可预见的原因。

5)经认可的因业主原因或间接因业主原因导致的延期。

如果承包商认为有权获得延期,则应按FIDIC的新红皮书中"20.1 Contractor's Claims(承包商的索赔)"的规定,向业主发出通知。此外,如果触发此条款,则应当复查之前的相关决定并增加整个延长时间。此外,根据FIDIC的新红皮书中"8.5 Delays Caused by Authorities(由公共当局引起的延误条款)",如果下述条件同时成立,同样符合满足延期的条件。具体为:

1)承包商已努力遵守了工程所在国有关合法公共当局制定的程序。

2)这些公共当局延误或干扰了承包商的工作。

3)此延误或干扰是无法预见的。

不止于此,FIDIC中有很多关于延长工期的条款,需要根据工程的实际情况加以合理判断利用。通常而言,在国际工程项目中,业主不反对合理的工期延长,但如果没有理由或者理由不充分，则不仅会要求承包商担负额外增加的费用，还会提出进一步的索赔。因此，在管理过程中，应当尽量满足工程进度计划要求，避免出现工期延长的情况。

2. 工程暂停的处理

根据 FIDIC 的新红皮书中"8.8 Suspension of Work（工程暂停）"，业主在告知原因后，可随时指示承包商暂停进行部分或全部工程。暂停期间，承包商有义务保护、保管以及保障该部分或全部工程免遭损害。同时，根据"8.9 Consequences of Suspension（暂停引起的后果）FIDIC 的新红皮书中"相关规定，如果承包商在遵守业主根据"8.8 Suspension of Work（工程暂停）FIDIC 的新红皮书中"所发出的指示而停工，并造成工期延误或产生额外费用的，可以依据"20.1 Contractor's Claims（承包商的索赔）FIDIC 的新红皮书中"相关规定，提出延长工期或费用索赔的要求。

此外，如果工程暂停的时间过长，则根据 FIDIC 的新红皮书中"8.11 Prolonged Suspension（持续的暂停）"规定，承包商可要求业主同意继续施工。如根据"8.8 Suspension of Work（工程暂停）FIDIC 的新红皮书中"所述的暂停已持续 84 天以上，且业主在接到上述请求后 28 天内仍然未给予许可，则承包商可以通知业主将把暂停影响到的工程视为"13 Variations and Adjustments（变更和调整）FIDIC 的新红皮书中"所述的删减，进而提出索赔。如果此类暂停影响到整个工程，承包商可根据"16.2 Termination by Contractor（承包商提出终止）FIDIC 的新红皮书中"发出通知，提出终止合同。

在接到工程师继续工作的许可或指示后，承包商应和业主一起检查工程永久设备和材料因暂停引起的影响程度。并根据 FIDIC 的新红皮书中"8.12 Resumption of Work（复工）"条款的要求，承包商应修复在暂停期间发生在工程、永久设备或材料中的任何损蚀、缺陷或损失，并向业主提出相应的索赔要求。

二、国际工程项目进度管理中需要注意的事项

与国内工程项目相比，国际工程项目进度管理的难度很大，影响因素很多，常常因为各种原因导致工期延误，进而产生各类纠纷甚至索赔。因此，在从事国际工程项目进度管理过程中，必须注意对各类进度影响因素进行掌握判断，并提前制定好相关预案，避免出现超预期的工期延误现象。具体而言，影响国际工程项目进度的因素，主要有以下几方面：

国际工程项目进度管理中需要注意的事项

1. 技术标准不同

一般而言，国际工程项目采用欧美设计标准是较为常用的做法之一，特别是在欧洲、美洲、澳洲等地区的工程项目，通常会在合同中约定采用美标或者欧标进行设计。因此，在承接此类项目时，就要求承包商的相关勘察、设计单位具备较强的欧标、美标设计能力。尽管随着我国国际工程项目建设的不断发展，国内大型承包商都具备了较强的欧美标贯彻能力，但文化、环境、表达方式等的差异，在实际过程中，往往存在对标准条款的理解不同、资料承接交流困难等各类问题，导致勘察、设计难度大，资料转化困难，进而影响工程项目进度。此外，随着我国综合实力的不断增强，海外重大项目的不断落成，在非洲、东南亚等地区，越来越多的国家认可了中国标准，进而允许采用中国标准进行设计建造，为我国承包商履行相关合同义务提供了很大便利，但在实际实施过程中，仍然存在很多问题。如虽然采用了中国标准，但由于各国基本上都有基于本国的设计标准，而业主及其聘请的审图公司等专

业机构往往对中国标准不甚了解，导致很多情况下，需要花费大量时间解释两国规范的异同，帮助对方理解和掌握中国规范，进而对相关图纸、文件予以认可。通常情况下，这一过程非常漫长，很难短期见效。

2. 法律法规不同

在国际工程项目中，需要特别注意当地的法律法规，极力避免经验主义，盲目地将国内工程项目管理方法套用到国际工程项目管理中。客观而言，国内对劳工加班情况的监督管理是相对较为宽松的，只要符合相关法律法规，不突破高压红线，又是劳工自愿的情况下，通常不会予以过多干涉。因此，国内工程项目为赶工期，可以采用大额激励等方式，鼓励劳工加班工作，以实现赶进度的目标。但在国际工程项目中，如果不注重当地劳工的工作文化，盲目按国内强度制定进度计划，就可能出现工期的极大延误。特别是在一些深受欧美文化影响的国家，工作效率通常较为低下，即便设置高额的报酬，也很难吸引劳工加班。且在此类国家中，工会作用和权利十分强大，一旦被发现通过提高报酬促使劳工加班，极有可能通过组织罢工等形式进行抗议，且罢工期间也需要支付相应报酬，给工程项目推进带来极大困难。同时，由于合同中往往要求要使用较高比例的本国劳工，因此也很难通过从国内输入劳工的方式解决这一问题。

此外，多数国家的法律法规对环保要求很高，如果不事先进行大量的学习，并有效宣传，很容易因触犯当地法律法规而导致停工整改，进而影响整个工期。

3. 民俗信仰不同

民俗信仰同样会对国际工程项目进度带来很大影响。由于在国际工程项目中需要聘请大量的外国劳工，因此当地的民俗信仰势必对工程进度带来一定影响。如需要掌握当地的重要节假日，以便工程进度的调整安排。又如需要根据当地宗教信仰情况，对是否设置礼拜堂、餐饮采购等进行谋划，避免因民俗宗教等问题产生矛盾。

任务五　国际工程目标国介绍——哥伦比亚

一、国家与城市

哥伦比亚共和国简称哥伦比亚，位于南美洲西北部，东邻委内瑞拉、巴西，南接厄瓜多尔、秘鲁，西濒太平洋，西北与巴拿马相连，北临加勒比海。哥伦比亚与委内瑞拉有2219km、与巴西有1645km、与秘鲁有1626km、与厄瓜多尔有585km、与巴拿马有226km的陆地边境。哥伦比亚本土绝大部分位于北纬4°~12°、西经66°~79°之间，国土面积1141748km²，居南美洲第4位，拉丁美洲第5位。

哥伦比亚地形大致分为西部山地区和东部平原区。西部主要为安第斯山区，另有多处沿海平原；东部主要为奥里诺科平原和亚马孙平原两个部分，北部的哥伦布峰高5800m，为全国最高峰。安第斯山脉在哥伦比亚境内分为东、中、西科迪勒拉山脉；中科迪勒拉山脉平均高度在3000m以上，连绵800km，有少数火山的海拔在5000m以上；三条山脉之间有宽大的山间盆地，如首都波哥大所在的盆地，宽240km、长480km、海拔2600m，是哥伦比亚人口最稠密的区域。山间谷底深陷，多属地堑。东部平原区属奥里诺科河和亚马孙河的支流冲积而成，地势平坦，雨季大部分地区常被洪水淹没，仅中心地区海拔达900多m。哥伦比亚是南美洲唯一同时濒临加勒比海与太平洋的国家，海域面积92.8660万 km^2，加勒比海沿岸海岸线总长1600km，太平洋沿岸海岸线总长1300km。有莫罗斯基约湾、达连湾、乌拉瓦湾、库皮卡湾、蒂布加湾、布埃纳文图拉湾、图马科湾和沙丁纳斯小港湾等海湾。该国西北加勒比海上的圣安德烈斯-普罗维登西亚省有圣安德烈斯岛、普罗维登西亚岛、东南东群岛等岛礁。哥伦比亚地处热带，气候因地势而异。亚马孙平原南部和太平洋沿岸为热带雨林气候；1000～2000m的山地较温和，属亚热带森林气候；4800m以上的高山终年积雪；西北部和奥里诺科平原属热带草原气候。

哥伦比亚首都是波哥大，拥有丰富的文化遗产，有"南美洲雅典"的美称，是拉美地区最大、最具现代化的城市之一。它建于1538年，于1886年定为首都，1991—2000年曾名圣菲波哥大，也是昆迪纳马卡省省会、哥伦比亚最大城市，辖区面积1776km^2，市区面积307.4km^2。波哥大位于蒙塞拉特山和瓜达罗普山脚下的山谷盆地中，海拔2645m，气候凉爽，四季如春，年平均气温14℃。波哥大都会区有人口1057.43万（2018年），国内生产总值占哥伦比亚国内生产总值的约1/4，其中工业占2/5，上缴收入占国家经常项目收入的1/2。波哥大市中心和东部为商业区，西部和南部为工业区，北部为富人区，南部是穷人区。波哥大市郊是辽阔的草原，蒙塞拉特山位于城市东北部，海拔3260m，山顶有古老的教堂，可俯瞰城市全貌。

二、哥伦比亚营商环境与政策法规

（一）营商环境

哥伦比亚地处南美洲，在拉丁美洲属中等发展水平，近十年来经济在持续发展，社会普遍看好其经济发展前景。2020年第一季度世界银行发布的营商环境评估报告中，哥伦比亚从65名下降到了67名。同一季度，哥伦比亚人均生产总值达到了7842.9美元，相较去年增长了146.6美元，失业率较上个季度下降了3.4个百分点，就业率较上个季度上涨了4.2个百分点，消费者信心指数较上个季度上升了3.8个百分点，通胀率上升0.9个百分点。

哥伦比亚工业以制造业为主，其中矿业是其支柱产业之一，以开采煤和石油为主。制造业有造纸、水泥、制碱、钢铁、纺织等。根据2021年哥伦比亚矿业管理局（ANM）相关数据显示，哥伦比亚矿产资源丰富，石油、天然气、煤炭、绿宝石为主要矿藏，其中绿宝石储量居世界首位。哥伦比亚目前拥有2069个金矿，范围占国土总面积的1.75%。2021年，哥伦比亚黄金产量为49.9t，较2020年增长近3%，比2019年增长30%。此外，哥伦比亚铝矾土储量约1亿t、铀矿储量约为4万t、镍金属储量160万t。2019年，石油和天然气日均产量分别为88.58万桶和10.68亿立方英尺（约0.3024亿m^3）。据哥伦比亚能矿部数据，采矿业大约占哥伦比亚GDP的2%，外商投资的20%，出口额的1/3，以及财政收入的20%～25%。

农业是哥伦比亚另一大支柱产业，主要农产品是咖啡、香蕉、鲜花，其中咖啡和香蕉出口量居世界第三位，鲜花出口量居世界第二位。2019年，咖啡生产量和出口量分别为1475万袋、1370万袋（每袋60kg），牛肉出口量1.98万t，古柯种植面积达21.2万公顷。根据哥伦比亚农业部公布的数据显示，2021年哥伦比亚农产品出口额为94.18亿美元，增长19.9%，而畜牧业出口额也达到创纪录的4.274亿美元。

哥伦比亚主要出口产品有石油和石油产品、化工产品、煤炭、咖啡、农副产品和纺织品等，主要进口产品有机械设备、化工产品、农副产品、纺织品和金属材料等。主要贸易对象为美国、中国、墨西哥和日本等。2018年哥伦比亚贸易总额907.76亿美元，同比增长8.2%，其中出口额418.31亿美元，进口额489.45亿美元，同比分别增长10.7%和6.2%，贸易逆差71.13亿美元，同比减少14.1%。2019年，哥伦比亚外贸总额为922.05亿美元，其中进口527.03亿美元，逆差132.01亿美元；外国直接投资为103.66亿美元，外汇储备为531.67亿美元。

哥伦比亚实施外交为国内和平进程和经济发展服务的战略，努力提高哥伦比亚的国际地位，创造有利的国际环境。哥伦比亚是美国在拉美"地区战略盟友"，主张同美构建全方位合作关系。推行睦邻政策，积极参与地区事务，推动拉美一体化进程。重视巩固同欧盟国家传统联系，增进与亚太国家交流合作。2020年4月，哥伦比亚加入经合组织，并成为北约在拉美首个全球伙伴国。

（二）政策法规

1. 法律体系

哥伦比亚涉及外来投资的主要法律有《宪法》《民法典》《商法典》《外国投资法》《外汇条例》《可再生资源和环境保护法》《公共采购法》《劳动法》《社会保险法》《对于外国资本、商标、专利、许可证和特许权的共同制度》《外贸商标法》《免税区法》《关于外资在金融和能源部门投资的特别条例》《海关法》《移民法》等。

2. 贸易和海关的法律规定

（1）贸易相关法律规定。与贸易相关的主要法律有《商法典》《保税区法》《对外贸易法》《对外贸易政府机构组织法》《外贸汇兑法》《进口价格核查法》《进口敏感商品装运前检验法》《海关法》《反倾销法》《反补贴法》《保障措施法》《电子商务法》等。自1984年起哥伦比亚开始进行外贸体制的改革，实行贸易自由化。外贸体制改革主要集中在大幅削减关税和消除非关税壁垒。哥伦比亚对外贸经营者实行登记管理。各类产品的外贸经营者需要在进出口前到有关部委或机构完成相关登记或备案。哥伦比亚已取消对绝大多数商品的进出口限制，但对造成人生理和心理依赖的药物及其原料，涉及国家安全的产品或是二手商品及部分农产品等实施限制其进出口，并实行许可证和配额管理。

（2）海关管理规章制度

1）管理制度。哥伦比亚税务和海关总局是负责行使海关职权的政府主管部门，隶属于哥伦比亚财政和公共信贷部。现行的《海关法》是财政和公共信贷部于1999年颁布的2685号法令。

2）关税税率。哥伦比亚关税主要分为5%、10%、15%、20%四档。一般来说未在哥伦比亚境内生产的原材料及中间产品税率为0~5%，大部分制成品税率为10%，牛肉及大米税率为80%，汽车整车税率为35%。对在安第斯国家共同体内有生产的商品实行20%的进口税率，对在安第斯国家共同体内不生产或临时紧缺的商品，实行零关税或从低税率。

3）2016年海关条例改革。新条例旨在更好适应新时代背景下全球及哥伦比亚经济形势，促进哥伦比亚外贸发展并保障货物运输的安全性；鼓励自觉履行相关义务的行为，打击欺诈、非法贸易及洗钱等活动；寻求哥伦比亚国内法规与国际贸易规则及自贸协定条款之间的有机对接并将采取一系列手段，包括进出口商信誉度分类管理机制等精简报关手续并削减相关费用，提升了哥伦比亚外贸企业竞争力。新条例在本质和形式上都有变化，其中首要一点是以贸易客户的理解和信任为基础，加强风险管控；另一个亮点则是鼓励自觉履行相关义

务的行为，打击欺诈、非法贸易及洗钱等活动。

哥伦比亚拥有庞大全面的贸易体系，与美洲大陆上的绝大多数国家签有自由贸易条约，使得所有当地企业和国际投资者可将业务覆盖整个南美洲和北美洲，并获得贸易优势。

3. 投资要点

哥伦比亚具有较为广阔的市场，经济发展潜力巨大，近10年来哥伦比亚经济一直保持平稳增长态势，目前是拉美地区第四大经济体。中哥自1980年建交以来，双边友好关系和经济互利合作得到了长足发展，中国已经成为哥伦比亚的第二大贸易伙伴。过去10年，哥伦比亚与中国的贸易合作增长了15倍之多，如今中国已成为哥伦比亚第三大亚洲投资国。2015年，活跃在哥伦比亚市场的中国公司超过100余家，其中华为是首批进入哥伦比亚市场的公司，华为在其手机市场占有12%的份额。2016年，中国与哥伦比亚双边货物进出口额为97.6亿美元；2017年，中国与哥伦比亚双边货物进出口额为107.6亿美元，增长9.8%。我国企业在哥伦比亚能源、电信、汽车、基建等领域开展的投资项目正在不断取得积极进展。

哥伦比亚在拉美地区以法律制度和经济政策稳定性强而著称，作为新兴的金砖国家中的"灵猫六国"之一，经济市场化程度高，汇率制度灵活，政府对经济的干预较少，是我国企业投资的理想之地。但也应当对以下问题予以重视：

一是对企业人员的人身、财产安全给予足够重视。近年来，长期困扰哥伦比亚的国内安全问题总体上有很大改观，包括首都波哥大在内的大中城市治安状况已达到拉美中等水平。哥伦比亚国内一些不稳定因素事件时有发生，给国外企业作业带来了一定程度的影响。因此，这一点我国赴哥伦比亚人员应予以特别关注。

二是努力适应中哥两国间的语言和法律差异。哥伦比亚官方语言为西班牙语，中下层民众对英语的掌握程度有限，会汉语的更是凤毛麟角。因此，好的西班牙语翻译对于企业在哥伦比亚业务开展作用非常重要，我国企业赴哥伦比亚发展前需提前做好相关人才储备工作；另外，哥伦比亚法律规定政府采购项目一般均需经过公开招标程序，在环保、劳工等方面对投资者也有严格的要求，我国企业在投资过程中应聘请熟悉哥伦比亚法律的专家提供法律咨询。同时，对于工程建设项目而言，两国的规范体系差异也往往较大，当地虽然有NSR-10规范，但一方面整体的完备性不足，很难只参考该国规范；另一方面，NSR-10主要依据美标制定思路，与中国标准存在较大差别，也需要引起重视。

三是善用外力，选好合作伙伴。哥伦比亚市场在选择新供应商时态度较为保守。从降低进入门槛和分散风险的角度出发，建议我国企业在到哥伦比亚开拓之初选择有实力、信誉好的当地企业或在哥伦比亚经营历史较长的跨国公司作为合作伙伴，以合资或合作方式跟踪、实施项目。在此过程中可建立自身在哥伦比亚的经营业绩，并熟悉哥伦比亚市场情况，为今后独立开展项目打下基础。特别是对劳动力、劳动效率的判断上，需要特别注意，避免盲目乐观导致工期延误等问题。

三、涉哥项目介绍

1. 哥伦比亚 GECELCA3 燃煤电站总承包项目

哥伦比亚 GECELCA3 燃煤电站总承包项目是我国公司在哥伦比亚承接的第一个火电站项目，承接方为中国联合工程有限公司。该项目位于哥伦比亚科尔多瓦省普埃尔托利贝尔塔多市，占地面积 68.5 公顷，装机容量 1×185MW。电站建成后将实现电站净出力 164MW，有效缓解当地用电紧张问题。项目总金额 2.4 亿美金，项目设备、技术全部采用中国制造，有效带动中国机电设备出口南美。2015 年 9 月 12 日该项目顺利通过 72 小时满负荷运行考核，考核期间每小时平均负荷 167MW，满足设计标准。目前，该项目已经顺利交付运行。

2. 塔拉萨（Talasa）水电站

塔拉萨项目是第一个坐落在哥伦比亚境内太平洋地区的大型项目，是国家级战略重点项目。该项目由中国交建、麦格理资本和莫达尔银行共同组成的合资公司 MDC 负责开发。该项目坐落在哥伦比亚乔科省埃尔卡门德阿特拉托市辖区，包括三个水力发电站，总装机容量 170.9MW，产能相当于乔科全省能源消耗的 4 倍。该项目还包括接连全国输电网的高压输电线，可在全国范围输送项目产生的能源。塔拉萨项目预计会在建设期创造 600 多个直接就业岗位，在运营期创造约 100 个长期岗位。同时，从长远来看，项目还将在建设期拉动当地约 45 亿比索的项目，同时在项目生命期内将每年产生约 8 亿比索的综合效益。

思 考 题

1. 通常而言，工程项目进度管理包括哪几个方面？
2. 请解释国际工程项目 PDCA 循环中各个字母的含义。
3. 国际工程项目进度管理中特别需要注意的因素有哪些？
4. 我国在哥伦比亚开展工程项目业务需要注意些什么？

知识拓展屋——建造师执业资格的由来

建造师执业资格制度起源于 1834 年的英国，迄今已有 180 余年历史。世界上许多国家都已经建立了该项制度。具有执业资格的建造师也有专属于自己的国际性的组织，那就是著名的国际建造师协会。

不同的国家获得建造师资格的方式也不尽相同，但总体来说都属于评审选拔制度。在美国，想要获得建造师资格证书，需要由各类工程师协会组织资格考试评审认证，通过资格考试或答辩审查者，获得该资格承认。在法国，建造师主要由国际咨询工程师联合会对工程建设领域工程师进行资格认证。在英国，由皇家特许建造师学会（CIOB）、土木工程师学会（ICE）、皇家特许测量师学会（RICS）、建造师学会等组织该资格认证。

在我国，是由住房和城乡建设部及人力资源与社会保障部组织全国统一考试进行资格认证与注册制度。

我国的建造师证分为一级建造师和二级建造师，一级建造师设建设工程经济、建设工程法规及相关知识、建设工程项目管理、专业工程管理与实务 4 个科目；二级建造师设建设工程施工管理、建设工程法规及相关知识、专业工程管理与实务 3 个科目。其中，专业工程管理与实务科目，一级建造师分为房屋建筑、公路、铁路、民航机场、港口与航道、水利水电、矿业、市政公用、通信与广电、机电 10 个专业类别；二级建造师分为建筑工程、公路工程、水利水电工程、市政公用工程、矿业工程和机电工程 6 个专业类别，考生考试时任选其一参加。

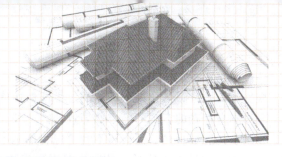

项目八

国际工程项目风险管理

能力目标

1. 掌握风险的概念、因素,学会判别风险事件。
2. 学会风险识别的依据、方法,能够进行简单风险分析。
3. 熟悉风险应对的基本方法。
4. 熟悉 FIDIC 关于风险管理的相关条款,了解引起国际工程项目风险的因素。

任务驱动

任务一　了解工程项目风险管理

一、风险

(一) 风险的概念

风险的概念

对"风险"的解释,不同环境、不同人员有着不同的理解。辞海中,将风险解释为"可能发生的危险"。这一解释忽略了风险存在的前提,即必须是和人们有目的的行为或者活动相关,显得较为片面。在生产实践中,我们通常用风险表示生产目的与劳动成果之间的不确定性。这种不确定性包含两层含义,一是强调了风险表现为收益不确定性,二是强调风险表现为成本或代价的不确定性。当然,我们可以将风险理解为在给定的环境和特定的时间下,所有可能发生结果之间的区别,区别越大差异性越大,也就意味着风险越大。

综上所述,可以将风险概括为以下几点:

(1) 风险的前提是必须与人们有目的的行为或活动相关。人们总是为了一定的目标而去从事各种活动,如开零食铺为了赚钱,购买复习题为了考试能够过关,增加施工人员数量为了按期完工等。但是从事这些活动是否能够达到预期目标,并非是百分之百的必然事件,如开零食铺可能因为生意不好亏钱,买了复习题考试仍然没能过关,增加施工人员仍然延期完工等。因此,当人们对预期结果没有十足把握的时候,就会认为该活动具有风险。

(2) 风险的重要成因是不确定性。这种不确定性既包括认识客观事物能力的局限性所致,也包括事物本身存在的客观不确定性。如开店前做了方案,估算了成本和收益,但由于缺乏经验,估算出现偏差,导致最终亏损,这就是认识客观事物能力的局限性导致的。又如根据工人效率，估计一个班组的工人能够按期完工，但突然出现地震等不可抗力因素，这是事物本身存在的客观不确定性导致的。此外，也应当特别注意，不确定性表现出的两面性，如果事先能够预见必然出现不利情况，那也不能称之为风险。

（3）风险的本质是差异性。需要注意的是，风险一旦发生，实际结果与预期结果之间就会产生差异。这种差异必须表现出两面性。即风险可能给投资人带来超出预期的损失，也可能带来超出预期的收益，也就是说风险可能是威胁也可能是机会。其中，机会诱使人们从事各项活动，威胁则给人们以警示。因此，如果事先能够预见必然出现不利情况，人们当然不会去从事该项活动，自然也不存在风险。

通常而言，人们对意外损失的关切，比对意外收益的关切要强烈得多。因此人们研究风险时侧重意外的损失（负偏离），即主要从不利的方面去考虑风险，进而普遍把风险定义为不利事件发生的可能性（狭义风险）。

（二）风险因素、风险事件和风险损失

1. 风险因素

风险因素是指引起风险事件的发生、增加风险事件发生的概率或影响损失严重程度因素，它是风险发生的潜在条件。如投资方案的决策取决于各项评判数据的计算，而其中有相当一部分数据是根据经验和情况主观估计的，这就会导致计算结果与未来发生的客观实际出现偏差，一个投资行动常出现多种结果。因此，决策者在作出决策时，所选择的任何一个方案都会承担一定的风险。这类风险存在的原因是由于决策者所不能控制的那些因素造成的。例如，环境的变化、自然条件的改变等。

通常而言，我们可以将风险因素分为两类：有形风险因素和无形风险因素。有形风险因素是指导致损失发生的物质因素，如钢结构建筑出现锈蚀导致结构性破坏的可能性比混凝土结构建筑大；木结构的古建筑发生火灾的可能性要比普通混凝土住宅大等。而无形因素通常指的是文化、习俗和生活态度等非物质形态因素，具体可细分为道德风险因素和行为风险因素两种，其中，道德风险因素是指人们以不诚实或不良企图或欺诈行为故意促使风险事故发生或扩大已发生的风险事故所造成的损失的因素，如发现深基坑已出现快速变形超过预警值，但为了赶工期而故意不上报导致基坑坍塌事故的发生；行为风险因素则是指由于人们行为上的粗心大意和漠不关心，易于引发风险事故发生的机会和扩大损失程度的因素。如施工人员不按要求佩戴安全帽导致事故，或是随地抽烟并乱扔烟头导致火灾等。

2. 风险事件

风险事件指的是活动或事件主体未曾预料到或虽然预料到其发生，但未预料到其后果的事件。通常情况下，风险事件和风险事故不作严格区分，风险事件泛指风险事故和能够产生不利影响的风险事件。风险通过风险事件的发生才能产生影响，因此风险事件是损失的媒介物，是损失的直接或外在的原因，而上述的风险因素是损失的间接或内在原因。风险是潜在的，只有具备了一定的条件，才有可能发生风险事件，这一定的条件称为转化条件。即使具备了转化条件，风险因素也不一定就会演变成风险事件；只有具备了另外一些条件时，风险事件才会真的发生，这后面的条件称为触发条件。了解风险由潜在转变为现实的转化条件、触发条件及其过程，对于控制风险非常重要。控制风险实际上就是控制风险事件的转化条件和触发条件。当风险事件只能造成损失时，应设法消除转化条件和触发条件；当风险事件可能带来机会时，则应努力创造转化条件和触发条件，促使其实现。

3. 风险损失

风险损失指的是非事故的、非计划性的和非预期的经济价值减少。损失通常可分为直接损失和间接损失。直接损失是指实质性的、直接的损失，包括风险事件直接导致的财产损毁和人员伤亡；间接损失则包括额外费用损失、收入损失和责任损失三者。其中，额外费用损失是指必须修理或重置直接损失而支出的费用，收入损失指由于过失或故意以致他人遭受伤害或损失的侵权行为，依法应当负担的损害赔偿责任或无法履行契约责任的损失。不同风险所导致的损失形态均不脱离上述的范畴。如某建材市场发生火灾，火灾损毁的装修、货物等称为直接损失；而由于处理维修导致不能开业，进而无法通过货物买卖等赚取收入，称为收入损失；同时，店面因需要维修，而不能按照合同约定继续出租，进而承担违约责任，称为责任损失；市场损毁需要修理而支出的费用，则为额外费用损失。

4. 风险因素、风险事件和风险损失的关系

风险因素、风险事件和风险损失三者并非相互孤立的，相互间存在一定的内在联系。通常而言，解释风险因素、风险事件和风险损失三者关系有两种理论：一种是亨利屈的骨牌理论，它强调风险因素、风险事件和损失三张骨牌之所以相继倾倒，主要是由于人的错误行为所致，强调人为因素；另一种是哈顿的能量释放论，它强调之所以造成损失，是因为事物所承受的能量超过所能容纳的能量所致，强调物理因素。两者观点的不同，会导致对相同损失采取不同的对策。在实际应用中，不妨兼顾两者观点。

（三）风险的一般特征

1. 风险存在的客观性

无论是自然界的物质运动，还是社会发展的历史规律，都是由事物的内部因素所决定的，是超越于人们主观意识所存在的客观事实。因此，无论是自然界中的风险，如地震、台风等，还是社会领域中的风险，如政变、政策变化、通货膨胀等，都不以个人的意志为转移，是独立于人意志之外的客观存在。但是，虽然风险是客观存在的，人们也无法控制客观状态，但却可以通过认识并掌握客观状态变化的规律性，对相关的客观状态作出科学预测，从而实施相应的应对措施，这是科学管理的重要前提。如沿海地区夏季台风频发，我们虽然无法控制台风的产生和消亡，但可以通过提前加固已有设施、撤离相关物资和人员等方式，降低风险损失。

2. 风险存在的普遍性

风险的类型很多，涉及社会的方方面面，如企业面临自然风险、市场风险、政治风险、技术风险；个人则面临疾病、失业、意外事故等风险。因此，要想完全避开风险是不可能的，我们无时无刻不在与风险打交道。纵观人类发展史，我们通过修建大坝，大大降低了洪水灾害风险的发生；通过发明安全帽、安全绳，降低了工地现场人员的生命安全风险等。可以说，人类文明就是在与风险斗争中得以发展，人类社会在与风险的斗争中得以进步的。

3. 风险存在的偶然性

前文中提到，风险的重要成因是不确定性，因此具体到某一风险事件，它的发生是偶然的，是一种随机现象。在发生之前，人们无法准确预测风险何时会发生及其产生的后果。这是因为导致任一具体风险事件的发生，是诸多风险因素和其他因素共同作用的结果，而且任一因素的作用时间、作用地点、作用顺序和程度都必须满足一定的条件，才能导致发生，而任一因素的出现其本身都是偶然的。

4. 大量风险发生的必然性

虽然个别风险事件发生是偶然的、无序的，只是一个概率性事件。但通过统计学方法去处理大量相互独立的偶发风险事件，抵消掉那些由偶然因素作用引起的相关差异，从而发现其固有内在规律，进而将其作为依据，预防风险的发生或降低风险损失。大量风险发生的必然性和规律性，使人们利用概率论和数理统计方法去计算风险发生的概率和损失幅度成为可能。需要特别注意的是，人们只是试图改变风险产生的条件，以实现控制风险的目的，并非改变风险实现的随机性。

5. 风险的可变性

在一定条件下，风险是可以转化的，我们将这种特性称之为风险的可变性。具体而言，风险的可变性包括风险性质的变化和风险后果的变化；此外，随着时间的推移或项目的推进，某些风险在一定程度或范围内消除，但也有可能随之产生新的风险。如某工程为了避免施工人员井下作业而用预应力管桩代替人工挖孔桩，就有可能在消除人员安全风险的情况下，增加预应力管桩对周围建筑带来的挤土效应，进而增加周围建筑物变形增大甚至倒塌的风险。

二、工程项目风险

（一）工程项目风险的定义

通常而言，我们认为工程项目风险即所有影响工程项目目标实现的不确定因素的集合。工程项目在其生命周期中的风险，包括可行性研究阶段、规划与设计阶段、施工阶段、试车和投产阶段、运营阶段等各个阶段的风险。在这些不同的阶段中，有些风险是某个阶段所特有的，如运营阶段的经营风险；有些风险则是涉及多个阶段，甚至贯穿工程项目全过程的，如建在海边的工程项目，全生命周期各个阶段都应当考虑海水、海风等对建筑物的腐蚀影响。

（二）工程项目风险的特征

作为风险中的某一具体类别，工程项目风险具备风险的一般特征，即客观性、普遍性、单一事件的偶然性、群体事件的必然性以及可变性等，但也具备一些自身的特殊性。

1. 全局性

对于工程项目而言，由于环节多、持续时间长，因此风险的影响往往不是某个时间段或者某个方面，而是全局性的。如台风造成了工程停滞，影响的不仅仅是当下，而是会影响整个后续工期以及相关人员。

2. 复杂性

工程项目全生命周期中，包含了大量可变因素，这些因素既有确定因素，也有随机因素和未知因素，它们相互交融，对风险产生各不相同的作用，当其中任意一个因素发生变化，都可能对风险是否发生、风险发生带来的后果等产生影响。因此，工程项目风险的影响是非常复杂的。

3. 严重性

工程项目因其造价高、持续时间长、涉及内容多等特点，导致一旦发生风险，产生的后果往往非常严重；特别是一些在其他地方也会发生，但后果不那么严重；或者发生可能性很低的风险，在工程项目中就可能带来严重后果。如高空坠物的风险，工程项目现场发生的概率就要比其他环境下大得多，造成的后果也往往大得多。

4. 相对性

风险总是相对项目主体而言的，同样的风险事件对不同的主体有不同的影响。如工程变更，可能为承包人索赔创造条件，这对承包人而言是个机会，但对业主而言是一种风险。

风险的大小也是相对的。不同的主体对同一风险的承受能力是不同的。人们的承受能力与收益的大小、投入的多少、项目主体的地位和拥有的资源等因素有着密切的关系。

5. 阶段性

工程项目风险在整个项目生命周期中都存在，而不仅仅在施工阶段。随着工程项目的进行，不同的阶段会有不同的风险出现。表8-1列举了项目各个阶段常见的风险事项，风险的阶段性有助于对项目进行分阶段风险识别。随着项目的进展，风险会随之逐渐减小，最大的风险存在于项目的早期，早期阶段作出的决策对以后阶段和项目目标的实现影响最大，为减少损失，在早期阶段主动付出必要的代价要比拖到后期阶段不得已采取措施好得多。

表 8-1 工程项目各阶段常见风险

项目阶段	常见风险事项
可行性研究阶段	市场分析有误；基础数据不完整、不可靠；分析模型不合理；预测结果不准确等
项目设计阶段	项目设计存在缺陷、错误和遗漏；有关地质的数据不足、不可靠；未考虑施工的可能性；专业不协调等
施工阶段	缺乏科学合理的项目管理；施工工艺落后；不合理的施工工艺和方法；施工安全措施不当；应用新技术、新工艺失败；劳动力缺乏或劳动效率低下；不适当的采购策略；设计图滞后；不适当的工程支付；项目资金紧张；恶劣的气候条件等
竣工后阶段	工艺设计未达到预定指标；工艺流程不合理；工程质量验收未达到规定要求；维修费用过高；无偿债能力；时长发生变化等

6. 相关性

项目风险之间存在着相互依存、相互制约的关系，它们通过工程项目建设特定的环境和各种可能的途径进行组合，形成特殊的复合风险。项目风险的相关性使项目风险的发生、作用及损失程度的变化极其复杂。

（三）工程项目风险的类型

在工程项目中，根据风险产生的来源和特点，大体可以划分为以下几种类型。

1. 设计单位引起的风险

设计单位引起的风险，主要来源于设计图纸的错误或者不完善。引起这一情况的原因很多，可能是为了赶工期或者降低设计成本，也可能是具体设计人员缺乏经验或者责任心不强。如在设计牛腿时，各标高对不上，通常是设计人员粗心大意造成的；又如省略或减少了立面图，则可能是为了赶工期造成的。这些因素都会给工程项目带来潜在风险。而一旦风险激活，出现事故后，由于工程项目风险的复杂性，个别设计院往往会以工程施工质量不符合要求为借口，推诿扯皮，造成举证难、追责难等问题。

2. 施工单位引起的风险

施工单位引起的风险，包括职业责任的风险和不规范行为引起的风险。其中，职业责任风险是由于施工人员特定的职业要求而需要承担的风险，而不规范行为引起的风险则是施工单位或者个人因不按规范施工或者故意违背施工规律进而引发的风险，这种风险是需要我们极力避免的，也是风险管理的主要内容之一。

职业责任风险包括以下几个方面：

（1）施工质量责任风险。施工合同的质量控制涉及许多方面的因素，任何一个方面的缺陷和疏漏，都会使工程质量无法达到预期的标准。

（2）经营管理不善引起的风险。有些项目负责人能力欠缺，责任心不强或私心太重，贪污受贿，管理混乱从而导致施工进度和工期的延误。

不规范行为引起的风险包括以下几个方面：

1）某些施工单位为了获得施工任务，采取行贿等非法手段中标。
2）施工单位之间为了竞争盲目压价，要么导致亏损，要么导致工程质量差。
3）某些施工单位转卖资质。
4）对施工任务进行分包、转包。
5）一些施工单位无证挂靠。
6）某些单位施工人员兼职施工。
7）施工中不执行国家及行业规范和强制性标准。

3. 业主单位引起的风险

（1）业主不兑现合同承诺。有些业主在承包施工过程中，过分强调自己的权利而不履行应尽的义务。如在建筑工程中常遇到的征地、拆迁、场地平整，完成施工用水用电，施工道路修缮等工程问题，因业主推进力度不足导致施工单位无法按期开工，进而造成人员大量窝工。

（2）业主不尊重客观规律。部分业主不遵循工程项目的客观规律，往往对施工单位提出不合理的要求，如要求报价低、质量高、工期短，搞"三边"工程、"献礼"工程等；又如不尊重自然规律，在混凝土强度不达标的情况下就一味赶工期。施工单位往往迫于严峻的市场竞争，不得不勉为其难，不情愿地接受业主的苛刻要求，其后果不仅使工程质量和工期难以保证，还可能会给施工企业造成严重亏损。

（3）业主欺诈行为。有些业主为了降低工程造价，采取在招标设计图和工程量清单上故意减少工程量的办法，使得中标单位在施工中发现实际工程量超出设计工程量，而业主却找种种借口不调增工程量，使施工单位蒙受重大损失。

（4）行业欺行霸市。业主利用借建筑市场为"买方市场"这一市场优势，故意压低工程费用，而施工单位为了防止或减少亏损，只能降低工程质量，从而酿成很大的责任风险和信誉风险。另外，有些业主拖欠工程款，使得施工单位经营困难。

4. 监理单位引起的风险

监理单位引起的风险，主要有以下几个方面：

1）未能预测工程风险及可能发生索赔的诱因，也未能制定出防范性措施，以致造成索赔事件的发生。
2）未能按合同规定的条件和要求监督各项事前准备工作，导致索赔条件的发生。
3）在施工工程中，未能及时答复施工单位提出的问题及配合要求，未能协调好各方面的关系，造成索赔条件的成立。
4）在工程实施过程中，未能按合同规定及时对已完工程进行验收，也未能及时向对方支付工程进度款，以致造成违约。

5）有些监理由于本身业务素质不高，不懂规范和施工工艺，胡乱监理。

5. 其他风险

由于施工现场的不安全因素多，施工中可能会发生人身伤害，此外，还有台风、地震、水灾、火灾等不可预测的自然风险等。

三、工程项目风险管理

如前所述，工程项目是一种一次性、独特性和不确定性较高的工作，不仅风险性较高，风险产生的后果也较为严重，如果不能很好地管理，这些风险将会造成项目的损失，甚至导致项目目标不能实现。因此开展工程项目风险管理是十分必要的。

工程项目风险管理贯穿于工程项目实现的全过程。在整个过程中，因各阶段存在的风险因素不同，风险产生的原因不同，管理的主要责任者、管理方法手段也会有所区别。在项目经理承接该项目之前，风险管理的责任主要集中于企业管理层，并主要是从项目宏观上进行风险管理，如项目的经济风险、政策环境风险等。而工程项目一旦交由项目经理负责后，项目风险管理的主要责任就转移到项目经理以及项目经理所组建的项目团队上。无论谁是项目风险管理的主要责任人，对于项目整体，都要贯彻全员风险管理意识。

（一）工程项目风险管理特征

工程项目风险管理主要目的是系统地识别与项目有关的风险，进而评价和管理改善项目的执行效果，实现以最小的成本获得最大程度的项目实施安全保障目标。工程项目风险管理具有以下几个特点：

（1）全程管理。需要注意的是，工程项目风险管理不是项目实施前对影响项目不确定因素的简单查找罗列，不是事前判断和以此为基础的教科书式的项目风险管理对策，也不是在具体项目实施过程中风险发生时的应变和危机管理，更不是在项目风险发生之后的补救方案与事后经验总结。真正意义上的项目风险管理应当是贯穿于整个项目的构思、设计、实施以及审查评价的全过程，这一全过程管理要求项目负责人能够通过有效的风险识别，实现对项目风险的预警监控，并通过有效的风险管理工具和方法对项目运行过程中所产生的风险进行适当分散，进而在项目风险发生时及时采取积极的应对措施、事后总结经验和改进项目风险管理方案。

（2）全员管理。首先，这里的全员管理并不能简单理解为是对项目运行的全部参与人员的管理，而是说以上的所有人员都能参与到项目风险管理之中。项目管理不仅仅是项目风险管理这一个职能部门的职责，所有参与项目过程的人都应当成为项目的主人；其次，项目风险管理不仅涉及项目本身在计划、组织和协调等过程中所产生的不确定性，还包括对社会环境、自然环境等外部不确定性因素的管理。

（3）全要素集成管理。从项目管理的目标看，项目风险管理过程是在可能的范围内以最短工期、最低造价、最优质量为目标的一个多目标决策过程。因此，管理者不能仅满足于对单一目标的追求。项目的工期、造价和质量是三个相互影响相互作用的变量，工期的提前或滞后会直接影响到最终造价的高低；项目质量的优劣也与造价有直接或间接的关系；同样工期也会影响到项目的最终质量。也就是说，项目风险管理是对项目工期、费用以及最终完成质量的全要素集成管理。

(二) 工程项目风险管理流程

1. 定义阶段

在进行工程项目风险管理时，首先要对项目进行定义，即定义阶段。这一阶段的目标主要有以下两个方面：

1）巩固项目相关的现有信息，例如，要清晰阐明项目的具体目标，确定项目的范围和策略，了解项目的时间安排和资源使用等。

2）反馈过程中实施的项目管理活动以弥补前一过程中的遗漏。

要实现这两个目标，就必须先完成巩固和细化，即收集和总结现有信息和补充遗漏并提供新信息，以实现对项目、文档、验证和报告等各主要内容清晰明确的理解。

2. 集中阶段

定义阶段结束后，是集中风险管理过程的集中阶段。通常风险管理过程都应该包括集中阶段，这一阶段的目的是明确风险管理过程的范围和策略，把风险管理本身作为一个项目，对其制定可操作的风险管理过程计划。

这一阶段是十分重要的，它是后续阶段的基础，当这一阶段完成之后，管理者应当对风险管理过程有清晰而一致的理解。集中阶段的任务有确定风险管理过程的范围和制订过程计划两部分内容，包括在什么时间段使用什么资源、方法等。集中阶段和定义阶段几乎是同时发生的，但是对风险管理过程计划的更新应当是持续不断的。

3. 识别阶段

第三是对风险和应对措施进行识别的识别阶段。所有的风险管理过程方法都强调在过程的一开始就需要对风险源进行识别，继而分别采取应对措施。要完成风险及其应对措施的识别需要完成两项特定的任务：

1）寻找风险源及其应对措施。

2）创建一种用于定义风险及其应对措施的适当结构，在此基础上对各可变因素进行汇总或分解。

所有特定的风险管理过程都有一个明确的识别阶段，这一阶段解决以下几个问题：

1）可能会采取的应对措施有哪些。

2）风险从哪里来，它们可能引发哪些不利后果以及这些后果产生的机制是什么。

3）采取的应对措施会不会引起二级风险。

4. 评估阶段

评估阶段是指在风险事件发生之前或之后（但还没有结束），该事件给人们的生活、生命、财产等各个方面造成的影响和损失的可能性进行量化评估，即风险评估就是量化测评某一事件或事物带来的影响或损失的可能程度。

5. 应对阶段

应对阶段是指在确定了决策的主体经营活动中存在的风险，在分析出风险概率及其风险影响程度的基础上，根据风险性质和决策主体对风险的承受能力而制定的回避、承受、降低或者分担风险等相应防范计划。制定风险应对策略主要考虑四个方面的因素：可规避性、可转移性、可缓解性、可接受性。

6. 监控阶段

监控阶段是指监控项目进展和项目环境，即项目参数的变化的行为，是项目实施过程中的一项重要工作。其目的是核对这些策略和措施的实际效果是否与预见的相同；寻找机会改善和细化风险规避计划，获取反馈信息，以便将来的对策更符合实际；对新出现及预先制定的策略或措施不见效或性质随着时间推移而发生变化的风险进行控制。

项目风险管理具体流程如图 8-1 所示。

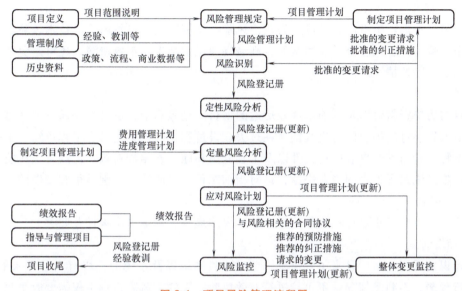

图 8-1　项目风险管理流程图

任务二　工程项目风险识别、分析与评价

一、风险识别

风险识别是风险管理的基础，通过提供必要的信息，使得风险评估更具效果和效率。通常而言，如果能够有效进行风险识别，那风险就不再是风险，而变成如何通过管理手段避免风险发生或降低损失。因此，如果不能进行有效的风险识别，风险评估也必然无法到位。

风险识别包括确定风险因素、风险产生条件，描述其风险特征和可能的后果，并对识别出的风险进行分类。风险识别是工程项目风险管理中一项经常性的工作，不是一次就可以完成的，应当在项目的自始至终定期进行。

（一）风险识别的依据

1. 项目的前提、假设和制约因素

通常而言，无论是项目的建议书、可行性研究报告，还是具体的勘察报告、设计图纸，都是在若干假设、前提的基础上做出的。这些前提和假设在项目实施期间可能成立，也可能不成立，譬如根据地勘报告，将基础落在了-2m的基岩上，但在实际开挖后发现，-3m处才见到基岩，这就会导致开挖成本进一步增加、边坡坍塌等潜在风险。由此可见，这些项目的前提和假设之中，不可避免地隐藏着风险。此外，任何一个项目都处于一定的环境之中，受到许多内外因素的制约，这是项目管理人不能控制的。譬如根据往年天气情况，该地此段时间不会出现台风，但事实上确实发生了台风天气，这其中也隐藏着风险。因此，项目的前提、假设和制约的因素是风险识别时应该参考的依据。

2. 项目规划

项目规划中的项目目标、任务、范围、进度计划、费用计划、资源计划、采购计划及项目承包方、业主方和其他利益相关者对项目的期望值等都是项目风险识别的依据。

3. 工程项目常见风险种类

项目风险根据产生不同，可以分为政治风险、经济风险、自然风险、技术风险、商务风险、信用风险等。若风险分类罗列全面，则最终的识别结果就不致遗漏，还可避免风险识别盲目、无从下手的情况。

4. 历史资料

项目的历史资料可以是以前亲身经历过的项目的经验总结，也可以是通过公共信息渠道获得的他人经历过的项目的历史文档。在过去建设过程中的档案记录、工程总结、工程验收资料、工程质量与安全事故处理文件以及工程变更和施工索赔资料等，记载着工程质量与安全事故、施工索赔等处理的来龙去脉，这对当前工程项目的风险识别是很有帮助的。

（二）风险识别的步骤

风险识别可分三步进行：收集信息、估计风险形势、确定风险事件并归类。

1. 收集信息

风险识别需要大量信息来了解情况，要对项目系统以及系统的环境有十分深入的了解，并要进行预测，不熟悉情况是不可能进行有效风险识别的。风险识别不仅需要收集足够的信息，还要判断信息的准确性和可信度。这就给收集信息的工作增加了一定的难度。

2. 估计风险形势

估计风险形势是要明确项目的目标、目标实现的战略、项目所处的内外环境、项目资产状况、项目的前提和假设、已确定项目及其环境的不确定性。进行风险形势估计，可以使项目管理班子换一个角度重新审查项目计划，认清项目形势，揭露原来隐藏的假设、前提和以前未曾发觉的风险，抛弃所有个人的良好愿望，只承认项目现有的风险形势。

3. 确定风险事件并归类

在估计风险形势的基础上，尽量客观地确定项目存在的风险因素，分析这些风险因素引发工程项目风险的大小，然后对这些风险进行归纳分类。首先，可按工程项目内、外部进行分类；其次，按技术和非技术进行分类，或按工程项目目标分类；还可按建设阶段分类。

（三）风险识别成果

风险识别的成果通过风险目录摘要表现出来。通过风险目录摘要，将项目可能面临的风险加以汇总，使人们对项目风险有一个总体的印象，并且能把全体项目人员统一起来，使个人不再仅仅考虑自己所面临的风险，而能自觉地意识到项目的其他管理人员的风险，还能预感到项目中各种风险之间的联系和可能发生的连锁反应。风险目录摘要包含以下具体内容：

1. 风险事件表

风险事件表中应罗列所有的风险，罗列应尽可能全面，不管风险事件发生的可能性、收益或损失有多大，都要一一列出。对于引起风险的风险因素要有文字说明，说明中还应包括风险特征的描述、风险事件的可能后果、估计风险可能发生的时间、风险事件预期发生的次数及不同风险事件之间的联系。

2. 风险的分类

风险识别之后，应该将风险进行分类，分类结果应便于进行风险管理的其余步骤。

二、风险分析

要对风险进行管理，首先要进行风险分析，它的重要性在于使风险分析定量化，从而将风险管理建立在科学的基础上。因此，风险分析是风险管理中不可缺少的一个环节。风险分析的对象是项目的各单个风险，非项目整体风险。

风险发生概率的几种类型

风险分析应考虑两个方面，风险事件发生的概率和可能造成的损失。风险事件发生可能性的大小用概率来表示，可能的损失则用费用损失或建设工期拖后来表示。

工程项目风险分析过程如图8-2所示。

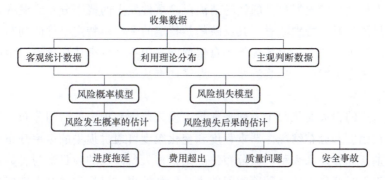

图 8-2 工程项目风险分析过程

（一）风险发生概率的分析

一般而言，风险发生的概率或概率分布应由历史统计资料和数据来确定，即客观概率，客观概率对风险概率估计和损失估计很具参考价值。不过，当风险管理人员没有足够的历史统计资料时，仍可利用理论概率分布或主观概率进行风险估计。

1. 利用历史统计资料确定风险概率分布

当工程项目某些风险事件或其影响因素积累有较多数据资料时，就可通过对这些数据资料的整理分析，从中找出某种规律性，进而大致确定风险因素或风险事件的概率分布类型，数据资料的整理和分析就是制作频率直方图或累积频率分布图。

频率直方图和累积频率分布图反映样本数据的分布规律性。在直角坐标系下以小矩形表示所获样本数据分组过程的区间及其对应的频率，每个小矩形上边的中点用光滑曲线相连，得到的曲线即为估计的风险密度函数曲线。根据该曲线，可找到与其形状接近的常用函数分布曲线，比如正态分布，当数据量较大时，估计的密度曲线能以很大的概率接近实际的密度曲线，即用样本的分布代替总体的分布，根据估计的密度曲线形状确定实际的分布。必要时可利用已有的实际数据对假设的分布类型进行检验。

概率分布有连续型和离散型两大类。工程项目风险管理常用的连续型概率分布包括均匀分布、正态分布、指数分布、三角分布、梯形分布、极值分布、β分布等；离散型概率分布包括贝努利二项分布、泊松分布等。可以根据实际情况进行概率分布类型的选择。概率分布中可得到诸如期望值、标准差、差异系数等信息，对风险估计非常有用。

2. 利用理论分布确定风险概率分布

在工程实践中，有些风险因素或风险事件的发生是一种较为普遍的现象，前人已做了许多的探索和研究，并得到了这些风险因素或风险事件的随机变化的规律，即分布概率。对这种情况，就可以利用已知的理论概率分布，根据工程的具体情况去求风险因素或风险事件发生的概率。比如正态分布，在工程项目风险管理的各种分布的应用中居于首位。在正常生产条件下，工程项目施工工序质量的计量值服从正态分布；土工试验得到的一些参数，如抗剪强度被认为近似服从正态分布；工程项目施工工期一般也认为是近似服从正态分布的。因此，在分析工程质量风险、地质地基风险、工期风险时，就可直接利用正态分布进行分析。

3. 利用主观概率确定风险概率

由于工程项目具有明显的一次性和单件性，工程项目的可比性较差，工程项目的风险特性和风险因素往往也相差很远，根本就没有或很少有可利用的历史数据和资料。在这种情况下，风险管理人员就只能根据自己的经验猜测风险事件发生的概率分布或概率。利用主观概率分析工程项目风险时应特别注意，其反映的是特定的个体对特定事件的判断。在某种程度上，主观概率反映了个体在一定情况下的自信程度。用主观概率估计风险因素或风险事件发生概率的常用方法有可能法、主观测验法、专家调查法等。

（二）风险损失的评价

风险事故造成的损失要从两个方面来衡量：损失范围和损失的时间分布。损失范围包括严重程度、变化幅度和分布情况。严重程度和变化幅度可通过损失的概率分布来研究，分别用损失的数学期望和方差来表示，而分布情况是指损失所涉及的项目参与者数量。损失的时间分布指风险事件是突发的还是随着时间的推移逐渐致损，该损失是马上就感受到了还是随着时间的推移逐渐显露出来。损失的时间分布对于项目的成败关系极大。数额很大的损失如果一次就落到项目上，项目很有可能因为流动资金不足而破产，永远失去了项目可能带来的机会，而同样数额的损失如果是在较长的时间内分几次发生，则项目班子会设法弥补，使项目能够坚持下去。

三、风险评价

工程项目风险是风险发生的概率和损失的函数

$$R=(P,C) \tag{8-1}$$

式中 R——代表风险度，是衡量工程项目风险性大小的一个参数；

P——代表风险事件发生的概率；

C——代表风险事件所造成的项目损失。

风险评价就是综合衡量风险对项目实现既定目标的影响程度。风险估计只对项目各阶段单个风险分别进行估计量化，而风险评价则考虑所有风险综合起来的整个风险以及项目对风险的承受能力。

（一）风险评价的目的

1. 确定项目风险的先后顺序

对工程项目中各类风险进行评价，根据它们对项目目标的影响程度，包括风险出现的概率和后果，以确定它们的排序，为判断风险控制的先后顺序和风险程度对项目的不同影响。

2. 确定各风险事件的内在联系

表面上看起来不相干的多个风险事件常常是由一个共同的风险因素所造成的。例如，遇上未曾预料到的技术难题，则项目会造成费用超支、进度拖延、产品质量不合要求等多种后果。风险评价就是要从工程项目整体出发，弄清各风险事件之间确切的因果关系，这样才能准确估计风险损失，并且制定适应的风险应对计划，在以后的管理中只需消除一个风险因素就可避免多种风险。

3. 把握风险之间的相互关系

考虑不同风险之间相互转化的条件，研究如何才能化威胁为机会，还要注意，以为是"机会"的风险在什么条件下会转化为"威胁"。

4. 进一步量化以识别风险的发生概率和后果

降低风险发生概率和估计后果的不确定性。必要时根据项目形式的变化重新估计风险发生的概率和可能的后果。

（二）工程项目风险评价的步骤

1. 确定项目风险评估基准

工程项目风险评估的基准就是工程项目主体，针对不同的项目风险后果确定的可接受水平。单个风险和整体风险都要确定评价基准，分别称为单个评估基准和整体评估基准。项目的目标多种多样：工期最短、利润最大、成本最小和风险损失最小等，这些目标多数可以量化，成为评估基准。

2. 确定项目风险水平

项目风险水平包括单个风险水平和整体风险水平。工程项目整体风险水平是综合所有风险事件之后确定的。要确定工程项目的整体风险水平，有必要弄清各单个风险之间的关系、相互作用以及转化因素对这些相互作用的影响。另外，风险水平的确定方法要和评估基准确定的原则和方法相适应，否则两者就缺乏可比性。

3. 比较

将工程项目单个风险水平与单个评价基准、整体风险水平与整体评价基准进行比较，进而确定它们是否在可接受的范围之内，确定该项目是应该就此止步还是继续进行。

任务三　国际工程项目风险应对与决策

一、风险应对

（一）风险应对的基本概念

经过风险评估，项目整体风险有两种情况，如图8-3所示。

风险应对的基本方法

第一种情况，项目管理者有两种选择：一是当整体风险超过评估基准很多时，立即停止，取消项目；二是当整体风险超过评估基准不多时，采取挽救措施，挽救措施有两种，第一，降低风险评估基准；第二，修改原有项目实施方案或重新拟定。无论采取哪一种措施，若要重做风险分析，风险评估基准降低后项目一般不能达到原定目标。

第二种情况，项目整体风险水平在可接受范围之内，则不必改变项目原定计划，而应采

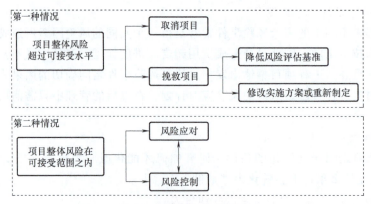

图 8-3 项目整体风险情况

取必要的措施控制已识别的风险，制订风险应对计划，在计划实行过程中，集中注意力监控应对措施的有效性，深入查找尚未显露的新风险，努力提高项目取得成功的可能性，这时如果有个别单个风险大于相应的评估基准，则可以进行成本效益分析，争取择优选择风险小的替代方案。

风险应对技术分为两大类：控制性技术和财务性技术。控制性技术主要作用是避免、消除和减少风险事故发生的机会，限制已发生的损失继续扩大，具体策略包括风险规避、转移、缓解和利用。财务性技术是在风险发生后通过财务安排来减轻风险对项目目标实现程度的影响，具体策略包括保险性风险转移和风险自留。实际上，风险应对计划是多种应对策略的优化组合。

（二）风险应对的基本方法

1. 风险规避

风险规避就是通过变更工程项目计划，消除风险或风险产生的条件，或者是保护工程项目的目标不受风险的影响。风险规避是一种最彻底地消除风险影响的一种方法。这是一种消极的方法，在避免风险的同时也失去了获利的机会。

工程法是有形的规避风险的方法，其以工程技术为手段，消除物质性风险的威胁。该法在规避项目安全风险方面应用较为广泛。如在高空作业下方安置安全网，在楼梯口、预留孔洞、坑井口设置围栏和盖板等。工程法的特点是每一种措施总与具体的工程设施相连，因此，采用该法规避风险成本较高。

程序法是无形的风险规避方法，其要求用标准化、制度化和规范化的方式从事工程项目活动，以避免可能引发的风险。

教育法就是通过对项目人员广泛开展教育，提高大家的风险意识，使大家认识或了解工程项目目标所面临的风险，了解和掌握处置风险的方法和技术，这是规避项目风险的有效方法。

2. 风险转移

工程风险应对策略中采用最多的是风险转移。风险转移是设法将某风险的结果连同对风险应对的权利和责任转移给他方。实行这种策略要遵循三个原则：风险转移应有利于降低工程造价和有利于履行合同；谁能更有效地防止或控制某种风险或减少该风险引起的损失，就由谁承担该风险；风险转移应有助于调动承担方的积极性，认真做好风险管理，从而降低成本、节约投资。

　　风险转移，并不意味着一定是将风险转移给了他人，他人肯定会受到风险损失。各人的优劣势不一样，风险的承受能力也不一样，在某些环境下，风险转移者和接受风险者会取得双赢。风险转移可以通过工程的发包与分包（在国外还可以采用工程转包，但在国内是不合法的）、工程保险以及工程担保来实现。

　　工程的发包与分包属于非保险性风险转移。通过合同条款的签订、合同计价方式的选择能够有效转移风险。例如，建设项目的施工合同按计价形式划分，有总价合同、单价合同和成本加酬金合同。采用总价合同时，承包商要承担很大风险，而业主的风险相对而言要小得多；成本加酬金合同，业主要承担很大的费用风险；采用单价合同，承包商和业主承担的风险相当，因而承包单位乐意接受，故应用较多。

　　工程保险的实施手段是购买保险，通过保险投保人将本应自己承担的责任转移给了保险公司（实际上是所有向保险公司投保的投保人），工程担保的实施手段是通过担保公司向银行或其他机构与组织开具保证书或保函，在被担保人不能履行合同时，由担保人代为履行或作出赔偿。工程担保和保险都是一种补偿机制，其中担保主要是对人为责任的补偿，而保险则是对非人为或非故意人为责任的补偿。

　　与发达国家相比，我国对项目实施过程中风险的转移主要停留在工程的发包以及分包这一层面上。在国际上，与建设工程有关的险种非常丰富，几乎涵盖了所有的工程风险。建设项目的业主不但自己为建设项目施工中的风险向保险公司投保，而且还要求承包商也向保险公司投保。在工业发达国家或地区，工程担保作为建筑工程社会保障体系一个极其重要的部分，已经形成了一套完整而健全的体系。国内工程项目只有少数进行了工程保险，对于工程担保则基本上还处于刚刚起步的阶段。我国对工程保险的有关规定很薄弱，尤其在强制性保险方面，所以，我国应尽快建立起参照国际惯例并符合我国国情的工程保险和工程项目担保制度。

3. 风险缓解

　　风险缓解就是减轻风险，是指将工程项目风险的发生概率或后果降低到某一可以接受的程度。风险缓解的前提是承认风险事件的客观存在，然后再考虑用适当的措施去降低风险出现的概率或者消减风险所造成的损失。在这一点上风险缓解与风险规避及转移的效果是不一样的，它不能消除风险，而只能减轻风险。风险缓解采用的形式可能是采取更有把握的施工技术，运用熟悉的施工工艺，或者选择更可靠的材料或设备。风险缓解还可能涉及变更环境条件，以使风险发生的概率降低。

　　分散风险也是有效缓解风险的措施，通过增加风险承担者，减轻每个个体承担的风险压力，如联合投标和承包大型复杂工程，不需要单独的投标者完全承担失标的风险，而作了分散，中标后，风险因素也很多，这诸多风险若由一家承包商承担十分不利，而将风险分散，即由多家承包商以联合体的形式共同承担，可以减轻他们的压力，并进一步将风险转化为发展的机会。

　　在制定缓解风险措施时，必须将风险缓解的程度具体化，即要确定风险缓解后的可接受水平。至于将风险具体减轻到什么程度，这主要取决于项目的具体情况、项目管理的要求和对风险的认识程度。在实施风险缓解措施时，应尽可能将项目的每一个具体风险减轻至可接受水平。

4. 风险自留

风险自留是一种风险财务技术，其明知可能会有风险发生，但在权衡了其他风险应对策略之后，出于经济性和可行性的考虑，仍将风险留下，若风险损失真的出现，则依靠项目主体的财力，去弥补财务上的损失。

当采取其他风险应对策略的费用超过风险事件造成的损失数额，并且损失数额没有超过项目主体的风险承受能力，才可以自留风险，所以风险自留要求对风险损失有充分的估计。

若从降低成本、节省工程费用出发，将风险自留作为一种主动积极的方式应用时，则可能面临着某种程度的风险及损失后果。甚至在极端情况下，风险自留可能使工程项目承担非常大的风险，以至于可能危及工程项目主体的生存和发展，所以，掌握完备的风险事件的信息是采用风险自留的前提。

风险自留一般在事前对风险不加控制，但有必要预先制定费用、进度和技术各方面的后备措施，可以大大降低风险发生时实施应对计划的成本。

5. 风险利用

风险利用仅针对投机风险而言。原则上投机风险大部分有被利用的可能，但并不是轻易就能取得成功，因为投机风险具有两面性，有时利大于弊，有时弊大于利。风险利用就是促进投机风险向有利的方向发展。当考虑是否有某投机风险时，首先应分析该风险利用的可能性和利用的价值；其次，必须对利用该风险所需付出的代价进行分析，在此基础上客观地检查和评估自身承受风险的能力。如果得失相当或得不偿失，则没有承担的意义，或者效益虽然很大，但风险损失超过自己的承受能力，也不宜硬性承担。

当决定利用该风险后，风险管理人员应制定相应的具体措施和行动方案。既要研究充分利用、扩大战果的方案，又要考虑退却的部署，充分认识风险的两面性。在实施期间不可掉以轻心，应密切监控风险的变化，若出现问题，要及时采取转移或缓解等措施；若出现机遇，要当机立断，扩大战果。

利用风险中蕴藏的机会是完全有必要的，不去冒这种风险，就意味着放弃发展和生存的机会。但风险利用本身就是一项风险工作，风险管理者既要有胆略，又要小心谨慎。

（三）风险应对的成果

风险应对的最后一步是把前面已完成的工作归纳成一份风险管理规划文件。风险管理规划文件中应当包括项目风险形势估计、风险管理计划和风险应对计划。

在风险识别阶段，风险管理者实际已对项目的风险形势做过估计。现在进行到风险应对阶段，应该对项目有了更为全面、深入的了解，在此基础上，可以对项目风险形势估计进行修改。修改时应该对已经选定的风险应对策略的有效性进行评价，并对必要的应急和后备措施进行评价。项目风险形势估计将最后确定风险管理所要达到的目标。

风险管理计划在三个风险管理规划文件中起控制作用，它常以表格的形式对整个项目的风险管理工作作出全面的、纲领性的说明。在风险管理计划中，需要确定项目风险管理组织机构、领导人员和相关人员的责任与任务；需要说明如何把风险管理的各个步骤应用于项目之中，如风险识别结果、优先考虑的重要风险、风险评估使用的方法、风险评估使用的评估基准、根据风险评估结果提出的建议、风险应对策略的内容说明、可用于应对风险的备用方案、风险监控的程序等。

风险应对计划是在风险应对工作完成之后制定的详细计划，应该细到可操作的层次，一般应当包括如下内容：
1) 风险识别，风险因素罗列，风险特征描述以及对项目目标的影响。
2) 对于已识别出的关键风险因素的估计和评估，包括从风险估计中摘录出来的发生概率以及潜在的破坏力。
3) 建议的风险应对策略，包括解决每一风险的具体应对措施。
4) 已经考虑的风险应对方案及其代价。
5) 应对措施的预算、时间进度和技术考虑的说明。
6) 应对计划实施后，预期的残留风险（风险概率和风险影响程度）。
7) 风险主体和责任分配。
8) 应急计划和反馈计划。
9) 如何更新项目风险目录摘要以及风险量化结果的说明。
10) 开始实施风险管理的日期、时间安排和关键的里程碑。

二、风险监控

风险监控就是对工程项目风险的监视和控制。

在实施风险应对计划的过程中，对风险和风险因素的发展变化进行观察，对应对措施实施的效果和偏差进行评估；寻找机会改善和细化风险应对计划；获取反馈信息，以便更好地控制风险，这就是风险监视。风险监视应该是一个实时的、连续的过程。

风险控制就是在风险事件发生时实施风险应对计划预定的处理措施；另外，当项目的情况发生变化时，重新进行风险分析，并制定新的应对措施。风险管理是一个系列化的动态过程，随着工程的进展，反映工程建设环境和工程实施方面的信息越来越多，原来不确定的因素也逐渐清晰，通过分析项目目标的实现程度可以判断风险管理者对项目风险的分析是否客观，已采取的应对措施是否奏效。因此，及时或是定期地进行监控，才能确保风险管理的充分性、适宜性和实效性。

应注意选择风险监视时机：工程项目开工前；分项工程、分部工程开工前；特殊作业、危险作业开工前；新材料、新工艺、新技术、新型机具设备使用前；现场组织机构工程审计、现场布局等有重大变化时。在常规情况下，也应定期监控。

监控的主要内容包括：风险因素的辨识是否充分，是否有新的风险因素产生；风险等级评价是否合理，是否有风险程度的变化；风险应对措施是否适宜，实施是否有效；是否有改进的需要。

在风险监视的基础上，应针对发现的问题，及时采取措施，这些措施包括：权变措施、纠正措施、变更项目计划、更新风险应对计划。

（一）权变措施

风险控制过程中，风险管理者若发现某些风险的严重性超出预计，或者出现了新风险，就应该随机应变，提出权变措施。对这些措施必须及时记录，将其纳入风险监控过程中。

（二）纠正措施

纠正措施就是为使项目的进展与原定计划一致所做的变更。若监视结果显示，工程项目风险的变化在按预期发展，风险应对计划也在正常执行，这表明风险计划和应对措施有效地发挥了作用；反之，则应对项目风险做深入分析，并在找出引发风险事件影响因素的基础上，及时采取纠正措施。

（三）变更项目计划

过于频繁地执行权变措施和纠正措施，会浪费许多宝贵的项目资源，大大地增加项目的风险，同时也会降低执行风险应对计划的严肃性。在这种情况下，可以考虑变更项目计划，比如改变项目的范围、改变工程的设计、改变实施方案、改变项目环境、改变工程项目费用和进度安排等。

（四）更新风险应对计划

随着项目的进行，通过有效的风险监控，可能会减少一些已识别风险的出现概率和后果。因此，有必要对项目的各种风险重新进行评价，将项目风险的次序重新进行排列，对风险的应对计划相应也进行更新，以使新的和重要的风险能得到有效的控制。通过分析，可以看出风险控制并不是一成不变地执行风险应对计划，而是风险监视与风险控制交替进行，随时将前期所做工作与实际项目进展作比较，不断发现新情况，不断地完善应对计划。工程项目管理应该是管理者能随着项目的进行而相应修改其计划的动态风险管理。

任务四　国际工程项目风险管理要点分析

一、FIDIC 中对风险管理的要求

在国际工程项目中，风险管理是非常重要的环节，它直接关系到能否实现工程项目的既定目标，特别是经济目标。因此，在 FIDIC 合同条款中，无时无刻不在体现风险管理的重要性。

FIDIC 中对风险管理的要求

（一）保障与责任

在 FIDIC 的新红皮书中"17 Risk and Responsibility（风险和责任）"条款中，风险成立的前提，必须要带来不利的后果。因此单纯的不确定因素不能称为风险。要想合同顺利实施，风险分担是重要的手段。同时，根据合同中对风险分担的不同约定，承包商在投标报价和工程实施过程中都会产生很大的影响。

FIDIC 的新红皮书中"17.1 Indemnities（保障）"条款中，对承包商和业主的保障内容都进行了约定。其中，承包商应向业主提供的保障包括人身伤害和财产损失。人身伤害包括任何人员的身体伤害、疾病或者死亡，且除非是由业主人员造成的，否则无论承包商是否有过失，都应当由其承担相应责任。财产损失指的是不包括工程本身的财产性损失，同样，除非是由业主人员造成的，否则无论承包商是否有过失都由承包商承担。而业主需要提供的保障，包括业主人员渎职、恶意行为或违约造成了人员伤亡以及"18.3 Insurance Against Injury to Persons and Damage under to Property（人员伤亡和财产损害的保险）"条款中第三方责任中不承保的财产损失。

除此以外，承包商还负有对工程照管的责任，根据时间段不同，包含以下内容：

1）从开工到颁发接收证书为止，包括工程、货物和相关文件。

2）颁发接收证书之后，包括由承包商行为导致的损害和之前原因引起的损害。

3）如果接收证书上记载的工程是在该日期若干天之前移交，则责任转移是在签发接收证书之日。

（二）业主的风险
1. 业主风险的内容
FIDIC 相关合同中，其坚持的风险分担原则是哪一方能控制风险，由哪一方来承担，若双方均不能控制的风险由业主承担。譬如工程设备及材料的采购方面的风险、施工工艺及操作方法及工程照管方面的风险，通常由承包商承担；价格与支付方面的风险、工程变更的风险、通货膨胀的风险、法律法规变动使成本增加的风险，通常由业主承担；"不可抗力"的异常事件或情况，由业主承担。

在 FIDIC 相关合同中，"不可抗力"包括以下事件：

1）战争，不限于工程所在国，如欧洲发生战争造成准备要到我国施工的施工设备有损失，由业主承担。

2）恐怖活动，通常是指工程所在国。

3）暴乱、骚乱，必须满足两个条件，即发生的地点是工程所在国，且不是由承包商雇员引发的。

2. 业主风险的后果
业主风险一旦发生，通常存在以下后果：一是履行通知、修复的义务；二是根据实际情况，进行工期和费用的赔偿；三是如果损失是由业主造成的，则除了工期和费用的赔偿外，还需要赔偿相应的利润。

（三）索赔与责任限度
1. 索赔
根据 FIDIC 相关合同条款规定，当出现纠纷需要进行索赔时，需要注意以下几点：一是索赔时效为 28 天，超过时间则认为放弃索赔；二是当出现第三方索赔时，业主和承包商一方负责打官司，另一方协助；三是第三方找承包商索赔，但引起的索赔原因属于业主负责时，则业主应替承包商进行赔偿谈判。

2. 责任限度
根据 FIDIC 的新红皮书中相关条款规定，除 "16.4 Payment on Termination（终止时的支付）"和"17.1 Indemnities（保障）"外，免除承包商对业主的任何工程使用的损失、利润的损失、任何合同的损失以及间接或由此引起的损害。此外，损失分为实际损失和可得利益损失。实际损失是指现有财产的灭失、损坏或费用的支出，可得利益损失指的是可以预见+可以得到+必须通过合同履行才能得到。根据不同的损失情况，责任限度也是不同的。此外，FIDIC 新红皮书相关条款中明确，索赔的最高限额不应当超过专用条件中列明或中标价，这一点需要在国际工程项目的承接过程中引起特别的注意。

二、国际工程项目系统风险

与国内工程项目相比，国际工程项目的系统风险往往会对项目的最终成败产生关键影响。因此，掌握系统风险内涵，对做好相关预案，降低国际工程项目风险具有重要意义。

系统风险是指项目在实施过程中，由于受到超出企业或项目决策者可控范围的政治、经济、社会和法律环境的影响而遭受损失的风险。一般来说，这类风险带有极大的偶然性，因而无法准确预测。系统风险主要包括政治、经济、法律和社会等方面，它贯穿于项目的各个阶段。

(一) 政治风险

国际工程项目更容易受到项目所在国政治局势的影响，在不稳定的国家和地区，政治风险使承包商可能遭到严重损失。政治风险通常难以预测，有的是由于国内激烈的政权争夺，有的是由于工程所在国或地区突然发生国际性的事件或外部的入侵，而引起社会动荡及权力变更，打乱了工程原有的秩序，严重影响到承包商的收益，甚至造成人员伤亡，其影响往往是综合性的并具有连带效应。

1. 政局的稳定性

政局不稳主要表现在政权的变更、政府内派系斗争政变或战争、兵变、罢工和暴乱等。由于工程所在国发生战争或者政变、内乱、国内政治形势恶化，建设项目可能被终止或毁约；由于骚乱，可能使工程现场不得不中止施工，因而施工期限被拖延，成本增大。尽管在合同条款中对于这类风险进行了比较明确的规定，承包商在发生此类风险时可以向业主要求支付一定数额的补偿费用，但由于合同双方利益的冲突或不一致等因素，承包商很难得到实际发生损失的全部补偿，这种情况在某些发展中国家如中东、非洲、拉丁美洲表现尤甚，不稳定的国家和地区一旦发生此类风险，将对企业造成不可估量的损失。有时在内乱之后，原来的承包合同虽然仍然有效，但是在战争或者骚乱期间工程现场不得不中止施工，因而工期被迫拖延，造成成本提高，且在停工期间，承包商在保护设备、工程、人员等方面的额外开支也大为增加。即使项目所在国没有发生战争内乱，仅仅是政权更迭，如项目施工期间举行该国大选等，也可能会给承包商造成风险，使得项目从盈利变为亏损。

2. 国际关系状况

如果一个国家与外界关系反常，比如与邻国经常处于剑拔弩张的状态，国内环境很可能也不稳定，企业经营甚至人身安全都会受到威胁。如果工程所在国奉行错误的至少是不恰当的对外政策，与世界上某些国家的关系紧张，可能会使其他国家对该国实施封锁、禁运或者其他经济制裁措施，从而扼杀国内的建设项目。如果与邻国关系恶化，可能会发生边境武装冲突，甚至有发生大规模战争的可能性。这将直接影响工程的正常实施和项目建设管理机构、人员的安全，使工程被迫中断或遭到直接破坏，从而蒙受损失。

工程所在国与承建单位所在国的关系也是非常重要的因素。如果两国之间关系良好，在工程实施过程中将会得到政府和民间机构、团体等各方面的支持和帮助。例如，我国对外援助项目，由于对方国家感激我国的帮助，在项目运作过程中通常会给予各种可能的方便条件。但是，在一些对我国不太友好的国家就会碰到一些预想不到的问题，例如，在投标竞争过程中可能会遇到政治性的干预，在工程实施过程中也可能在人员出入境、货物运输、工程款支付以及合同争端的处理方面遇到歧视性对待，使承包公司的权益受到损害。

3. 国有化、没收与征用

业主所在的国家根据本国政治和经济的需要，颁布国有化政策或法律，直接对外国在该国的资产宣布没收或占用，或强行将承包的工程收归国有，且不代替原工程业主履行义务。有时候国家会给予被没收财产的承包商一定的经济补偿，但这部分补偿费用远远达不到承包商的投入水平，而且往往不能够全部兑现。例如，对外国公司进行强行征收、拒绝为外国公司办理出口物资清关和出关手续等。还有些国家在经济状况恶劣的情况下，宣布冻结全部外汇，即使有些幸运的承包商能够得到一张暂借外汇的期票，其规定的利率也很低，而且要多年以后才归还本金。

4. 拒付债务

某些发展中国家在经济衰退或是出现危机、财政入不敷出的情况下，对于政府的一些工程项目，会简单地废弃合同并宣布拒付债务。如果是私营项目，承包商为免遭业主毁约或拒付债务的损失，可以在签订合同时要求私营业主提供付款的银行保函或信用证。在这种情况下，一旦业主拒付债务，承包商可以从银行获得一定的赔偿，但对于因废弃合同而遭受的其他损失则无能为力。但对于政府工程，很少有政府部门会同意对其工程提供银行保函或信用证，对此，承包商往往很难采取什么有效的措施。有些政府使用主权豁免理论，能使自己免受任何诉讼。

5. 恐怖袭击

"9·11"事件及反恐战争后，国际上恐怖主义分子针对商业和政治目标的袭击频频发生。特别是在政局不稳定、治安不良的一些敏感区域，实施工程项目时遭受恐怖袭击的风险很大。恐怖袭击风险既可能带来人员的重大伤亡，也会增加承包商相应的保安费用。

（二）经济风险

经济风险是指国际工程项目所在的外部经济环境对项目建设和经营产生的潜在不利影响。外部经济环境包括世界经济环境、国家经济环境及相关行业经济环境。

1. 国家宏观经济政策、产业政策调整

许多国际工程项目是影响该国国计民生的重要项目，项目所在国的宏观经济政策、产业政策的调整可能使原计划的项目被取消、中途终止或完成的项目不能投入使用。

2. 通货膨胀

通货膨胀是一个威胁到全世界的问题，在某些发展中国家情况更为严重，其年通货膨胀率甚至高达百分之数百。由于通货膨胀使得材料价格不断上涨，工程造价大幅度提高，承包商如果接受了"固定总价"的合同，便意味着承包商本身要承受由于通货膨胀所要额外付出的费用，必然面临很大的经济损失。

3. 汇率变动

国际工程项目的工程款一般都是以当地货币和国际硬货币（如美元）两种货币支付，这两种货币之间以及它们与人民币之间的汇率不利波动会给承包商带来一定的风险。

4. 换汇控制

有些国家对承包商兑换国际货币汇往国外实行严格的限制措施，即使承包商要购买进口材料设备，也必须经过严格的审批手续。有些国家可能允许在签订合同前事先商定一个换汇数额比例，使承包商可以采购进口材料，但是仍然不允许将正当的利润换成硬通货汇出。有些国家虽然允许换汇和寄出，但规定必须在若干年以后才可以进行，往往这个限制时间很长，形成一定的风险。

5. 利率风险

利率风险是指由于利率波动使资产价值或利息收入减少，或者使负债利息支出增加的可能性。对企业来说，经常面临的利率风险是借款利息成本增加的可能性。由于金融市场的动荡不定，主要贷款货币利率也会经常波动。大幅度的利率变动对于国际工程承包企业来说，在项目融资和项目履约收汇期间无疑会遇到巨大的利率风险。如2005年7月20日，某重装集团公司与越南电力公司签订某电站工程总承包合同合同金额5.4亿美元。该集团公司与国内银行签订贷款10亿元、美元700万元的合同。2005年7月21日该国银行公布汇率交易价

格调整为 1 美元兑换 8.1 元该国货币，作为次日银行间外汇市场上外汇指定银行之间交易的中间价，由此，该集团公司产生的瞬间损失近 1000 万美元。2006 年 4 月 26 日，该国货币贷款利率上浮 0.2 个百分点，利率从 2006 年 4 月至 6 月又上升 7%左右，以上利率的变动，使该集团公司增加财务成本约 810 万元。

（三）法律风险

法律风险主要是指现行法律体系不支持有关权利的实现或项目合同所强调的义务。涉及国际工程项目的法律法规、政府政策、宏观调控措施的变化会引起权利、义务的变化，进而引起风险。

1. 法制不健全

项目建设具有投资周期长、投资额大的特点。它涉及的主体较多，经历环节较复杂，需要各种法律、法规对工程建设过程进行约束，西方发达国家经过几百年的积累和探索形成了一套较为完善的建设法规体系，而发展中国家由于历史的原因经济相对落后，导致了国内法规不健全或者国内法规和国际法规相抵触，在发生纠纷时使承包商不能获得争端仲裁或判决的公正解决，而承担不应有的损失。法制不健全体现在法律规定有空白和法制观念淡薄，有法不依。

2. 法律规章变化

与项目有关的法律法规的变化直接影响项目的范围和实施环境。对外工程相关政策的变动，往往会给参与承包的外国公司带来很大的影响，这种政策变化主要包括行业发展战略及政策的变化，如基建、土地等宏观政策的变化，有关建设施工的条例和规范的变化，各种建设审批程序的变化等。政策变动频繁或变化无常，会令企业无所适从。在一些法制观念不强或法规不健全的国家，政府常常以令代法，而且政府的指令又常常不是出于客观需要。国际工程承包通常投资较大，工期较长，因此，如果项目所在国家的政策经常变动，工程承包企业无法进行合理的预测，也就无法规避由于政策变化带来的风险。

3. 法律适用性

国际工程项目从招标投标开始直至施工结束，要受到各种法律法规的限制，这就涉及法律的适用问题。适用的法律法规与项目所在国或地区有关，各个国家或地区都有自己的有关工程建设方面的规定，某些国际组织也有自己的规定，如亚洲开发银行、非洲开发银行、日本国际协力银行等。

解决合同的法律适用有两种方式：当事人意思自治，即在合同中选定；合同中没有规定，当事人直接向法院起诉或向仲裁机构申请仲裁，对于当事人双方没有事先选择法律的情况，世界上大多数国家的做法是适用与合同有最密切关系的国家的法律：①属人法，大陆法系一般规定适用于当事人国籍所属国的法律，英美法系以住所地为属人法；②行为地法，行为地包括合同缔结地、合同履行地、侵权行为地；③物之所在地法，即以法律关系的客体所在地的法律为依据。

在国际工程合同中一般应明确选择适用法律，这样履行合同有明确依据，发生争议时也有依据可循，减少麻烦。而且不同的国家和地区法律规定等往往存在差别，这种差别就带来了不确定性，即风险。

因此作为国际工程投标商，在投标之前，就要调查项目所在国的有关法律，如税法、劳动法、进出口管理法、出入境管理法、工商企业法等，最好聘请当地律师作为法律顾问。只有在了解并掌握当地法律的前提下，才能进行投标和确定投标策略。法律意识和执法方式在不同的国家和地区也往往存在差别。大部分发展中国家的法律观念较淡薄，法规不健全，执法方式具有随意性，而这些国家目前又是我国公司的主要市场，因此熟悉当地的法律意识和执法方式也是很重要的，以便尽量避免违法、争议和纠纷等，且在发生的情况下，知道如何应对。

（四）社会风险

社会风险是指国际工程项目所在地的社会各个领域、各个阶层和各种行业中存在的形式各异的风俗、习俗、习惯、文化、秩序、宗教信仰、社会治安等引起的制约及阻碍项目实施的不稳定性因素。

1. 文化差异

每一种文化都是适应特定的环境形成的，因而差异也是普遍存在的。国际工程承包跨越了国界，决定了工程项目的相关人员如工程技术人员、管理人员、工人之间以及企业与社会存在文化上的差异，这种差异性可能导致不同的价值判断和行为趋向，甚至导致冲突。

2. 风俗习惯和宗教信仰

当地的宗教信仰、社会治安、劳工素质的高低、工会对外国公司的态度等都直接或间接影响项目的正常进行。另外还由于宗教信仰、社会习俗等给施工带来困难。进行国际工程投标，不能不考虑并重视项目所在国的宗教因素，尤其不能违背其宗教教规和宗教习俗。

3. 强烈的排外情绪

强烈的排外情绪可能出于民族的或宗教的原因，可能造成的影响是巨大的，也是多方面的，它可能影响决策方向，可能影响法律的公正，也可能导致暴乱。这些即使在今天的国际社会也是屡见不鲜的。强烈的排外情绪还可能招致受排斥国家的报复而使有关企业蒙受重大损失。

4. 语言差异

世界上有多种语言，人们通过语言来传递信息、交流思想、协调关系。在进行跨文化交流时，很容易出现误解。即使同种语言的交流，有时沟通也会是困难的。国际工程中往往需要使用多种语言、文字进行交流，尤其是书面文件如合同、设计说明等。在交流时，直接接触的是文字的符号和形象，能否通达意义的层次，取决于沟通的质量。因此跨文化交流时出现沟通问题的风险相当高。

5. 社会治安

良好的社会秩序是企业取得成功的重要保证。社会治安混乱必然会妨碍项目正常的建设生产及经营活动。治安混乱、偷盗成风，企业将不得不花费巨款以加强保卫力量，无形之中增加了项目成本。

6. 社会风气

不利的社会风气表现在多方面，如政府的办事效率低下，官僚习气重，公职人员的品行败坏、职业道德差等。

7. 文化素质

项目所在国公众文化素质不高或是知识结构不合理，这些都会造成项目所雇用的员工素质不高，从而增加项目管理的难度，加大项目的风险。

三、国际工程项目政治风险管理

在系统风险中，政治风险的不确定因素最多，最难应对，对国际工程项目的影响也最为关键。

（一）政治风险的涵义及形成过程

1. 政治风险的定义

政治风险历来是跨国企业在国际扩张中不可回避的难点问题。政治风险的定义丰富多样，从学者们关注的角度来看，政治风险的定义大致分为以下两种：

（1）强调政治风险是由政治事件或政府行为而导致的不利结果。以 Root 为代表的学者认为：政治风险是由政治事件、政府行为所带来的一系列干扰；各种政治事件（比如战争、政变、革命、没收、征税、交易控制和进口限制）发生的不确定性，并且这种不确定性会在东道国的内外引起跨国公司潜在利润和（或）资产的损失。Stephen Kobrin 从两个方面对政治风险的来源进行了定义：其一是东道国政府的经济政策（没收、现金返回、限制商业交易等）给企业造成的风险；其二是由东道国的政治不可抗力（恐怖主义、政变、罢工等）给企业带来的风险。Simon 认为：政治风险是由东道国内部或者东道国外部的因素所导致的，可视为由这些因素产生的政府或社会的行动与政策，这些政策和行动会对大多数外国投资经营产生不利影响。Hamada 将政治风险定义为以直接或间接的方式对跨国经营或项目造成财产损失或损坏的一系列的具有政治性质的决策、条件或事件。何新华将国际环境下项目的政治风险定义为：国际环境下项目参与者因东道国政局结构与演变因素、政府控制与管理手段的变化的影响而遭受经济损失的可能性谓之政治风险。政治风险属于国家风险的一种。

（2）强调政治风险是由商业环境的变化和不连续性而导致的负面影响。Robock 从"政治的不连续性"角度提出政治风险是由政治变化引起企业经营环境出现难以预料的不连续性而导致企业利润受损或其他目标受到重大影响。Ting 将政治风险定义为：由于东道国政治、政策或者外汇制度的不稳定性而导致的围绕某一国际项目或企业的设定经营结果（收入、成本、利润、市场份额、经营的连续性等）产生的非市场的不确定性或变化。也有学者指出政治风险不仅包括"主权风险"（主权风险将影响一个公司偿还应付投资者款项的能力），还包括其他形式的风险，如政治、经济以及影响海外投资盈利率，且如果这个国家有更加稳定的商业环境和发达的法律制度就不会出现的国家特定风险。Wenlee Ting 将政治风险定义为"环绕某一个国际项目或企业的设定经营结果（收入、成本、利润、市场份额、经营的连续性等）的可能源自于东道国政治、政策或外汇制度的不稳定性的非市场不确定性变化"，强调大多数政治风险主要是针对特定项目或企业的。Lensik 认为政治风险是指在政治、社会和经济环境中存在的不确定性，它源自一种政治力量所引起的经济生活的变化，而这种变化会对跨国公司的经济活动带来负面的影响。

在本书中，综合上述内容，将政治风险界定为：由于政治事件、东道国的政府或者社会强力组织（环保组织、工会等）的作为、不作为以及歧视性的行为，可能恶化或中断项目的商业环境，进而影响到企业的利润或其他商业目标的实现。这一种非市场的不确定性叫做政治风险。

2. 政治风险的形成过程

传统的风险理论中，风险多被表征为风险事件所造成的潜在后果的严重程度与发生的可能性之乘积（即：Risk＝Severity×Possibility），但忽视或低估受灾体（如工程项目系统本身的特征及受灾体的能动性作用）。但实际上当外在的威胁和内在的脆弱性重叠时才会产生风险，风险是突发的危险和系统环节中各种脆弱性共同作用的结果。其中，脆弱性反映了系统的内在特征，不依赖于外在威胁，但却为外在威胁所利用，体现了系统在外在威胁下的易损性，如同计算机病毒利用系统漏洞、细菌侵袭伤口等。这个概念也揭示了风险内在的和外在的方面：内在方面如对脆弱性的预知、应对、抵制和从影响中恢复的能力，外在的方面特指危害的类型及强度。

一般认为，风险的进程是由一个风险事件引发的并且导致了一个风险后果。通过脆弱性和风险的结合分析，可以将国际建设工程中的政治风险路径扩展为：风险源——→可能事件风险（威胁和脆弱性）——→结果。

在实际国际工程项目中，政治风险的风险源一般源自东道国，可能是东道国自身的原因，可能是东道国与母国关系变化的原因，也有可能是受全球大环境影响的原因。这些原因会引发一些政治事件，而这些政治事件会成为工程项目正常运行的威胁，如因东道国政府的变更导致新政府拒绝履行与承包商的相关合同；因两国关系突发紧张使得之前的优惠税收政策被取消；因全球经济的变化导致当地货币的汇率发生大幅度变动等。项目系统因存在脆弱性不能承受这些事件的威胁就会发生政治风险事件，其结果可能是项目延期、成本超支，严重的甚至造成生命财产的损失。这样连续的进程提供了一个追踪政治风险的来源和发展的路径。

（二）政治风险的影响因素

政治风险的成因复杂、影响因素众多，既可能来自于东道国国内，也可能来源于跨国企业的母国、第三国及全球政治和经济环境的影响，以及东道国政府与跨国企业双方的相对议价能力。

从国家层面来看，政治风险的影响因素主要有：东道国的政治体制和政权稳定性、经济发展状况、社会收入和财富的分配、文化差异和宗教信仰、语言的多样性，以及政府对经济的干预等许多因素的影响，也受到外部国际环境的影响，如贸易争端、禁运及制裁、东道国与母国、周边国家及其他一些国家和国际组织之间的关系等。

从行业层面来看，不同行业所面临的政治风险也不尽相同，行业的竞争度、成熟度、集中度及其在国民经济中的地位也都影响到其政治风险程度的高低。

从微观层面而言，企业及项目的特性也都会影响到其所能承受的政治风险程度，如企业的国籍、背景和文化，企业及其子公司的规模和技术水平，企业的资本结构、国际化程度和本地化程度，以及企业与东道国政府、社会组织及当地民众之间的关系等都是影响企业的政治风险程度的因素。国际工程项目本身的一些内在特性，如项目的规模大小、工期长短、资金来源、合同条件、技术和管理的复杂性等也是影响其政治风险程度的重要因素。

（三）我国承包商所面临的政治风险状况

国际工程项目具有规模大、周期长和地域性等特点，其政治风险体现出鲜明的行业特色。外在的政治风险同工程项目本身所固有的各种风险结合起来。同时，我国承包商的业务主要集中在欠发达地区，所面临的政治风险有地区冲突、国际恐怖主义、宗教极端主义等，使得我国的国际承包商面临更多的制度障碍和更为复杂的政治风险。

在"走出去"战略的指导下，我国的国际承包商对外承包工程业务取得了跨越式的发展，但与此同时，国际市场上的政治风险也给我国的承包商造成了灾难性的损失。

（四）政治风险的应对措施

一旦项目开始施工，就几乎没有办法来管理难以控制的政治风险，因此，在项目的策划决策阶段，政治风险就需要得到充分重视。政治风险管理的基本思想就是切断政治风险的来源或者阻挡其形成和发展的过程。但由于政治风险来源的多样性，应从国家、项目和企业的角度综合考虑影响政治风险的变量。相应的风险策略也应该考虑到不同层面：项目层面、企业层面和国家层面。

1. 项目层面政治风险应对措施

海外投资项目是政治风险的直接冲击对象。政治风险可能会给海外投资项目带来停建、成本超支、工期延误等后果，进而给项目参与各方带来非常大的损失。政治风险的管理和应对对于海外投资项目来说可谓是至关重要。

2. 企业层面政治风险应对措施

企业是政治风险的最终承受者。基于"风险本身并不危险，危险的是对它的处理失当"这一逻辑框架，政治风险的错误应对可能导致海外投资企业陷入困境。海外投资企业在面对各种偶然事件，比如恐怖主义、人权问题、用工争议和环境问题时，应当做出合适的反应，提出适当的风险应对策略。

3. 国家层面政治风险应对措施

东道国政府则是政治风险的主要来源。母国政府在帮助企业抵御政治风险的过程中起着至关重要的作用。如果东道国与母国之间关系紧张，东道国政府的决策很有可能突然变得对跨国公司不公平，但政府间协商和谈判可以促使减少东道国政府违约的现象。本国政府的国际形象对本国承包商的国际经营环境也存在非常大的影响。

任务五　国际工程目标国介绍——南非

一、国家与城市

南非共和国简称"南非"，地处南半球，有"彩虹之国"的美誉。2021年南非人口总人数约为5962万人，官方语言为英语。南非是非洲的第二大经济体，拥有完备的硬件基础设施和股票交易市场，黄金、钻石生产量均占世界首位。

南非地处非洲高原的最南端，南、东、西三面的边缘地区为沿海低地，北面则有重山环抱。北部内陆区属卡拉哈里沙漠，多为灌丛草地或干旱沙漠，此区海拔650~1250m，周围的高地海拔超过1200m。南非最高点为东部大陡崖的塔巴纳山，海拔3482m。东部则是龙山山脉纵贯。南非全境大部分处于副热带高压带，属热带草原气候。每年10月至次年2月是夏季，6—8月为冬季。德拉肯斯堡山脉阻挡印度洋的潮湿气流，因此越向西越干燥，大陆性气候越为显著。秋冬雨水缺乏，草原一片枯黄。降水主要集中在夏季，全年降水由东向西从1000mm降至60mm。东部沿海年降水量为1200mm，夏季潮湿多雨，为亚热带季风气候。南部沿海及德拉肯斯山脉迎风坡能全年获得降水，湿度大，属海洋性气候。西南部厄加勒斯角一带，冬季吹西南风，带来400~600mm的雨量，占全年降水的4/5，为地中海式气候。全国全年平均降水量为464mm，远低于857mm的世界平均水平。南非气温比南半球同纬度其他国家相对低，年均温度在零度以上，一般在 12~23℃，温差不大，但海拔高差悬殊造成气温的垂直变化。此外，流经西部海岸的本格拉寒流和流经东部海岸的莫桑比克暖流形成气温在经度上的差异。冬季内陆高原气温低，虽无经常性雪被，但霜冻十分普遍。

南非拥有三个首都：行政首都（中央政府所在地）为比勒陀利亚，立法首都（议会所在地）为开普敦，司法首都（最高法院所在地）为布隆方丹。

行政首都比勒陀利亚（Pretoria），又名茨瓦内、茨瓦尼或茨瓦纳，是位于南非豪登省（Gauteng）北部的城市，亦是南非的行政首都。南非总统府位于这个城市内，各国使馆亦集中于此城的使馆街，所以事实上比勒陀利亚是南非的政治决策中心。城市建于 1855 年，以布尔人领袖比勒陀利乌斯（Marthinus Pretorius）的名字命名。市内种满不同的花草树木，故亦有"花园城"的美誉。

立法首都开普敦（Cape Town）是南非第二大城市，西开普省省会，开普敦都会城区的组成部分，南非国会及很多政府部门亦坐落于该市。开普敦以其美丽的自然景观及码头而闻名于世，被称为世界最美丽的城市之一，亦成为南非其中一处旅游胜地。开普敦在英语中意为"海角城市"，市背山面海迤逦展开，西郊濒大西洋，南郊插入印度洋，居两洋之会。市内多殖民时代的古老建筑，位于大广场附近，建于 1666 年的开普敦城堡是市内最古老的建筑，当年其建筑材料多来自荷兰，后用作总督官邸和政府办公处。

司法首都布隆方丹是奥兰治自由邦首府，位于中部高原，为全国的地理中心，四周有小丘环绕，夏热，冬寒有霜。它最初为一堡垒，1846 年正式建城。现为重要交通枢纽。布隆方丹一词，原意为"花之根源"。布隆方丹是南非白人最集中的城市，因犯罪率低和能为人们提供优质生活而被誉为南非最适合居住的城市。

二、南非营商环境与政策法规

（一）营商环境

根据世界经济论坛发布的《2019 年全球竞争力报告》显示，在全球 141 个经济体中，南非全球竞争力综合得分 62.4 分（满分 100 分），排名第 60 位，比 2018 年上升 7 位，在撒哈拉以南非洲排名第 2 位。各细项排名分别为：金融系统（19）、市场规模（35）、创新能力（46）、制度（55）、宏观经济稳定性（59）、商业活力（60）、劳动力市场（63）、产品市场（69）、信息通信技术应用（89）、技能（90）。

南非凭借丰富的矿产资源、完善的基础设施、齐全的产业门类、完备的法律体系以及较高的市场化程度，成为非洲大陆具有吸引力的投资地之一。据联合国贸易和发展会议发布的《2020 年世界投资报告》显示，2019 年南非吸收外国直接投资流量 46.24 亿美元，吸收外国直接投资存量 1509.51 亿美元。南非吸收外资主要来源地包括英国、美国、荷兰、比利时、卢森堡、德国及中国等。其中，英国是南非最大的外资来源国，2018 年，投资存量达到 443.27 亿美元，占南非外资流入存量的 29.45%。

1. 政治环境

1994 年临时宪法是南非历史上第一部体现种族平等的宪法。1996 年，在临时宪法基础上起草的新宪法被正式批准，并于 1997 年开始分阶段实施。宪法规定实行行政、立法、司法三权分立制度，中央、省级和地方政府相互依存，各行其权。

外交政策方面，南非奉行独立自主的全方位外交政策，主张在尊重主权、平等互利和互不干涉内政基础上同一切国家保持和发展双边友好关系。以非洲特别是南部非洲为外交政策的基本立足点和核心关注点，在巩固周边基础上倡导"非洲复兴"，致力于在非洲事务方面发挥领导作用。努力调解非洲地区冲突，推动非洲民主进程和人权发展。南非与欧洲（主要是西欧、北欧国家）保持着良好的政治、经济关系，近年来双方领导人互访频繁。欧盟是南非最大的区域贸易伙伴、投资方及援助方。欧盟投资占南非外来直接投资的一半以上。南非与中国自 1998 年 1 月 1 日正式建立外交关系以来，两国关系迅速健康发展，双方高层交往频繁，各领域合作不断深化和扩大，南非已经成为中国在非洲的重要贸易伙伴。

2. 经济环境

南非经济最初以农牧业为基础，19 世纪下半叶钻石和黄金的发现大大促进了经济发展，采矿业成为支柱产业。20 世纪制造业发展迅速，1945 年其产值超过采矿业。经过一个半世纪的矿业开发和工业化进程，南非已经建成世界领先的矿业和门类比较齐全的制造业以及现代化农业，拥有相当完备的金融体系和基础设施。

近年来，南非宏观经济并不景气，特别是受到新冠肺炎疫情影响，GDP 增长长期徘徊在 1% 左右。GDP 构成中，农业占比 2%，矿业占比 7%，制造业占比 12%，电力、水、煤气供应业占比 2%，建筑业占比 3%，批发、零售、住宿业占比 13%，交通、仓储和通信业占比 8%，金融、地产和商业服务业占比 20%，政府服务业占比 15%，个人服务业占比 5%。债务方面，南非政府自 2009 年起一直收不抵支，赤字占 GDP 的 7% 左右，通胀率方面，基本维持在 4%~5% 的水平。由于国内经济不景气，南非失业率较高，达到了 30% 左右，青年失业率更是达到了 60%。

3. 基础设施

（1）公路。南非拥有非洲最长的公路网络，公路四通八达，公路网不仅覆盖全国，且与邻国相通，往来十分方便。南非公路分为国家、省及地方三级，总里程约为 75.5 万 km，其中经过铺设的道路超过 7 万 km。年客运量约 450 万人次，货运量 310 万辆。南非交通部负责制定交通政策。国家公路管理局（Sanral）、各省和地方政府负责公路的建设和维护。国家公路管理局负责国家级公路网。目前，国家级公路 16170km，其中收费路段约 3000km。在南非人口和经济第一大省豪登省，南非政府实施了价值数十亿兰特的高速公路改造计划，有效缓解了该省交通拥堵情况。此外，南非还制定了公共交通战略规划，拟与私人资本合作实施铁路、出租车、公交车一体化。约翰内斯堡市成功实施的快速公交（BRT）项目也将推广到开普敦、曼德拉湾等主要城市。2015 年，南非出台高速公路电子收费新标准并与年检系统联网。

（2）铁路。南非铁路网与公路网相辅相成，构成完整的陆路交通体系。南非铁路与津巴布韦、莫桑比克、博茨瓦纳、赞比亚、马拉维等国相接，总里程 3.41 万 km，世界排名第 11 位，占非洲铁路总里程的 35%。其中，1.82 万 km 为电气化铁路，拥有电气机车 2000 多辆，年度货运量约 1.75 亿 t。95% 的铁路用于货运。国家运输集团（Transnet）控制南非铁路货物运输，是南部非洲最大的铁路运营商，在非洲 17 个国家有经营业务，雇员 2.5 万人。南非政府还大力发展铁路客运服务，并专门成立了南非客运铁路管理局（Prasa）。由茨瓦内驶往开普敦的豪华蓝色客车享有盛誉。豪登高铁是南非唯一的高速客运铁路，连接奥利弗·雷金纳德·坦博国际机场（约翰内斯堡机场）、约翰内斯堡和茨瓦内，全长 80km，运行时速 160km。此外，南非还计划建设约翰内斯堡到德班的高速铁路，并已在东开普、开普敦、

德班、约堡和比陀等地开设城市列车，价格低廉，专为低收入者提供服务。

（3）空运。南非航空运输业比较发达。南非现有民航机场 27 个，前 10 大机场位于约翰内斯堡、开普敦、德班、布隆方丹、伊丽莎白港等主要城市，占全国航空客运量的 98%，由南非机场公司（ACSA）运营。每周有 600 多个国内航班和 70 多个国际航班，与非洲、欧洲、亚洲及中东、南美一些国家直接通航。约翰内斯堡奥利弗·雷金纳德·坦博国际机场是非洲最大的国际机场，年均客运量达 2400 万人次；开普敦国际机场年客运量为 500 万人次，2011 年获评非洲最佳机场。截至 2021 年，南非注册飞机总数约 1.6 万架，其中南非航空公司拥有各类民航机共 61 架。

（4）港口。南非是世界上海洋运输业较发达的国家之一，拥有非洲最大、设施最完备、最高效的海运网络，其出口 96% 通过海运。南非共有商船约 990 艘，总吨位 75.5 万 t，年港口吞吐量约 12 亿 t。南非国家运输公司国家港务局（Transnet National Ports Authority）负责管理港口。主要港口分别是理查德湾港、德班港、东伦敦港、伊丽莎白港、莫塞尔湾港、开普敦港和萨尔达尼亚湾港。德班港是非洲最繁忙、集装箱吞吐量最大的港口，年处理集装箱 120 万个，年货物吞吐量 4500 万 t。理查德湾港则是世界上最大煤炭出口港。

（5）电力。南非是非洲电力大国，供应全非洲电力的 40%。以煤为燃料的火力发电为主，有 13 座火电厂，发电量占总量的 90%；此外还有 1 座核电站、2 座抽水蓄能电站、6 座水电站、2 座燃油电站。据南非统计局统计，2017 年南非全年发电量 2551 亿 kW·h，同比增长 1%。出口 152 亿 kW·h，进口 86 亿 kW·h，电站及辅助系统消耗 191 亿 kW·h，最终配电量 2293 亿 kW·h。南非的电力生产主要由南非电力公司（Eskom）负责，南非 95% 以上的电力供应来自该公司。其发电能力名列世界前 10 位，电力销售名列世界前 11 位，拥有世界最大的干冷式火电站。当前，南非电力公司越来越不能满足国内不断增长的电力需求，公司计划在今后 10 年内每年增加 1000MW，其后则每年增加 2000MW。南非目前约 6% 的电力供应来自核电。开普敦以北的科堡（Koeberg）压水堆核电站，是非洲唯一的核电厂，其装机容量为 1800MW。由于南非政府近年来疏忽电力维护和发展，爆发了大规模电力危机，且一时难以完全恢复，虽然政府紧急出台了扩容计划，但受金融危机等因素影响，本国电力公司资金短缺，外国公司也在投资方面持观望态度。2016 年 11 月，南非内阁会议批准了综合能源计划草案，为天然气和可再生能源在 2050 年前大规模扩建装机容量指明了方向。与 2011 年的计划草案相比，燃煤发电的装机容量显著减少，但煤电和核能仍然是南非 2050 年之前混合能源的主要构成。根据该草案，到 2050 年，在新装机容量方面，核能将达到 2000 万 kW，天然气为 3500 ~ 4000 万 kW，煤电为 1500 万 kW，风能和太阳能总计 5500 万 kW。

（二）政策法规

南非的法律渊源主要包括《宪法》《制定法》《普通法》（包括法学经典著作及判例法中的司法先例）和《习惯法》（或称"土著法"）。南非法是一种典型的混合法，一方面土著人固有的习惯法及酋长法庭被长期保留下来；另一方面，自 17 世纪以来，英国普通法和罗马-荷兰法占据了主导地位。

南非已经成功建立了一个半联邦政府系统，由国家、省级、地方三个部分组成。现在，南非是一个拥有 9 个省份的统一国家。国家政府的责任是制定总体的政策、规范及标准。省级政府则负责落实大多数与国家发展相关的机能，包括：教育、医疗、农业、社会发展等。

同时，地方政府则负责水利、供电、一体化规划、道路、便利设施的建设工作等。每个省份都有自己的立法机关，并享有很大的自治权。这样的政府体制，必须有相应的规划以及监测评估系统，来确保在从国家到地方的各个层面上，公共资源得到了高效负责的利用。

三、涉南非项目介绍

1. 南非莫德方丹新城项目

2015年，中国企业上海证大集团斥资约80亿美元在南非约翰内斯堡莫德方丹（Modderfontein）地区拿下了约1600公顷的土地，准备将其打造成"非洲版纽约"，即莫德方丹新城项目。该项目体量巨大，被当地媒体喻为"南非版曼哈顿"，将包括办公楼、工业园区、以及可容纳10万人的住宅区、学校、图书馆和娱乐中心。预计整体工程需10年至15年的时间。项目已于2015年开建，最初的工程主要包括道路、住房和学校的建设。

2. 北汽集团南非工厂

2015年12月2日，中非合作论坛约翰内斯堡峰会举行，在中国国家主席习近平与时任南非总统祖玛的共同见证下，作为26项中南合作项目之一，北汽集团与南非工业发展公司（IDC）签订了总投资额8亿美元、规划年产能10万台的北汽集团南非工厂合作项目。该项目是北汽集团投资建设的第一座海外整车制造工厂，也是南非40年来投资额最大的汽车制造工厂，更是"一带一路"建设的代表性项目。

北汽集团南非工厂项目位于南非东开普省伊丽莎白港市，是北汽集团与南非工业发展公司（IDC）的合资项目。工厂占地面积为54.62公顷，厂区内布置焊装、涂装、总装三大生产工艺，于2022年全部投产，规划目标为年产能5万辆。该项目按照中国标准设计、南非标准深化施工，将中国设计运用到南非，成功实现了中国南非设计标准双向转化和运用。项目利用BIM技术进行虚拟施工演示，为各专业交叉施工提前进行有效协同和调整，并对电器、暖通等设计进行碰撞检查，极大地提高了施工效率。该项目的成功落地，是中非合作的里程碑，也是中国标准、中国技术在海外成功推广应用的又一例证。

思 考 题

1. 风险有哪些特征？
2. 工程项目风险管理的流程分为哪三个阶段？
3. 风险评价的步骤是什么？
4. 在FIDIC合同中，"不可抗力"主要包括哪些事件？
5. 我国在南非开展工程项目业务需要注意些什么？

知识拓展屋——风险的由来

"风险"一词的由来，最为普遍的一种说法是，在远古时期，以打鱼捕捞为生的渔民们，每次出海前都要祈祷，祈求神灵保佑自己能够平安归来，其中主要的祈祷内容就是让神灵保佑自己在出海时能够风平浪静、满载而归；他们在长期的捕捞实践中，深深地体会到"风"给他们带来的无法预测、无法确定的危险，他们认识到，在出海打鱼捕捞的生活中，

"风"即意味着"险",因此有了"风险"一词的由来。

在早期的运用中,风险也是被理解为客观的危险,体现为自然现象或者航海遇到礁石、风暴等事件。大约到了19世纪,在英文的使用中,风险一词常常用法文拼写,主要是用于与保险有关的事情上。

现代意义上的风险一词,已经大大超越了"遇到危险"的狭义含义,而是"遇到破坏或损失的机会或危险",可以说,经过两百多年的演化,风险一词越来越被概念化,并随着人类活动的复杂性和深刻性而逐步深化,并被赋予了从哲学、经济学、社会学、统计学甚至文化艺术领域的更广泛、更深层次的含义,且与人类的决策和行为后果联系越来越紧密,风险一词也成为人们生活中出现频率很高的词汇。

参 考 文 献

［1］ 吕文学. 国际工程项目管理［M］. 北京：科学出版社，2013.
［2］ 李启明. 国际工程管理［M］. 南京：东南大学出版社，2010.
［3］ 常腾原. 国际工程政治风险的机理、度量与对策研究［D］. 南京：东南大学，2020.
［4］ 邱佳娴. FIDIC合同条件下不可抗力特殊性研究［D］. 南京：东南大学，2020.
［5］ 丁士昭. 工程项目管理［M］. 北京：中国建筑工业出版社，2014.
［6］ 张琛. EPC总承包模式下国际工程项目的采购管理研究［D］. 郑州：华北水利水电大学，2020.
［7］ 谭漪. 中国国际工程承包企业海外工程项目跨文化管理研究［D］. 石家庄：石家庄铁道大学，2018.
［8］ 韩志鹏. 总承包商视角下国际工程项目关键成功因素的识别［D］. 天津：天津大学，2018.
［9］ 张磊. 国际工程政治风险"情景—对策"研究［D］. 南京：东南大学，2016.
［10］ 边静. 国际工程中文化冲突对合作行为的影响研究［D］. 天津：天津大学，2016.